新潮文庫

最後の日本人

斎藤明美著

日本人とは何か――。

私にはその問いに答えるだけの見識は無い。

ただ、二十年余りインタビュー記事を書く仕事をさせて頂くうちに焦燥感が募るようになった。

「あぁ、こんな人がどんどんいなくなってしまう」という焦《あせ》り。

それは、指の間から砂がこぼれ落ちていくのをどうすることもできずに見つめている心細さと無力感に似ている。

たぶん私は、「こんな人」に日本人を感じたのだと思う。

「こんな人」の中に見た忍耐、努力、信念、謙譲、潔《いさぎよ》さ……、
それを私は日本人の美徳と信じてきたのだと気づいた。

だから限りない憧《あこが》れと敬愛の念を抱くのだと。

日本人とは何か――。

ここに登場して下さる方々が、即《すなわ》ち、私の答えである。

目次

高峰秀子　見事な人生を完成させた、〝女優嫌い〟の大女優――11
吉行あぐり　飄々とした佇まいの中に秘めた、明治女の強い意志――31
双葉十三郎　〝目立たず、ただコツコツ〟に見る律儀と善良――43
緒形　拳　本当の苦労人だけが持つチャーミングさ――57
石井好子　伝法で真っ直ぐな〝いいとこのお嬢さん〟――69
永　六輔　この人ほど日本の現状を知っている人はいない――81
山田太一　作品に溢れる品格と人間への怖いほどの洞察――95
中村小山三　中村屋三代に仕える大部屋俳優の心意気――109
安野光雅　その姿勢に溢れる〝職業人としての覚悟〟――123
戸田奈津子　夢を叶えることの厳しさを知っている人は美しい――137

水木しげる　人間本来の逞しさを感じさせる人――151
伊東四朗　〝役者たる前に人間たれ〟を実践する稀有な人――165
澤地久枝　女にして〝正義漢〟が似合う人――179
山田洋次　〝変わってほしくない大切なもの〟を描き続けている映画監督――193
佐藤忠男　文字通り〝苦学独学〟で人生を切り拓いた気骨の人――207
森　英恵　過酷で優雅な〝蝶〟の営みを体現するアーティスト――221
岩谷時子　ただ一人の人に無償の愛を捧げた人――233
サトウサンペイ　飄々として反骨の〝最後の漫画家〟――247
出久根達郎　どこまでも慎ましく、そして本物の〝自負〟を持つ人――261
鈴木史朗　業界には稀有な、愚直なまでに真面目な人――275

野村万作　妥協を知らぬ求道者の品格 ―― 289
天野祐吉　大事なことを、いとも軽々と言える人 ―― 303
佐藤忠良　極めて、なお、とどまらず ―― 317
松山善三　心正しき、不屈の男 ―― 331
王　貞治　二〇〇六年十二月、私は〝生きる伝説〟に会った ―― 347
「S氏のこと」～あとがきにかえて
文庫版あとがき

最後の日本人

各扉の登場者の年齢、および本文中の年齢などは取材時のものです。

高峰秀子（女優 80歳）

見事な人生を完成させた、〝女優嫌い〟の大女優

高峰秀子（たかみね・ひでこ）一九二四（大正十三）年、北海道生まれ。五歳の時、『母』で映画デビュー。〝子役は大成しない〟というジンクスを破り、「天才子役」から「少女スター」、大女優になった稀有《けう》な女優。『二十四の瞳《ひとみ》』『浮雲』『名もなく貧しく美しく』など、五十五歳で引退するまで実に三百余本の名作に出演。無声映画、トーキー、カラー時代を知り尽くす〝生きる日本映画史〟、日本では珍しく演技力と人気を兼ね備えたスターである。文筆にも優れ、五三年の『巴里《パリ》ひとりある記』から『わたしの渡世日記』上下、『にんげん住所録』まで著作は二十六作。〝高峰節〟と呼ばれる名文は読者に甘露の至福を与える。夫は脚本家・映画監督の松山善三。二〇〇八年、文筆家の斎藤明美を養女にする。二〇一〇年十二月没。享年《きょうねん》八十六。

私は、初めて高峰さんに会った時のことが忘れられない。一九九二年の初秋、一時間ほどのインタビューだった。高峰さんが向かいに座ってピタリと私に視線を据えた。その目と対峙《たいじ》した瞬間、思ったのだ、「あぁ、私はただの頭の足りない子供に過ぎない」と。それまで仕事で様々な方におめにかかって、怖いと思うことは何度もあった。頭が下がるような方もたくさんいた。だが高峰さんの場合は少し違った。「こんな人、初めてだ」というのが一番近いかもしれない。その目はとても静かで、それでいて何か壮絶なものを秘めていた。それまでの私の人生には存在しなかった、ある凄絶《せいぜつ》なもの。だが不思議と、怖くはなかった。むしろ、とてつもなく大きな、温かいものに包まれた安堵感《あんどかん》を覚えたのだ。ありのままの拙《つたな》い自分を晒《さら》してもかまわないと思える安心感。だから私が取材の際、常に武器の如《ごと》く携《たずさ》えていた虚勢もお世辞も警戒心も、その場で捨てた。そんなものはこの人の前では何の用もなさぬと思ったし、何故《なぜ》か、持っていてはいけないと思ったのである。

そして高峰さんを「かあちゃん」と呼ぶようになって十余年経《た》つ。その経緯《いきさつ》は長くなるので割愛するが、きっかけは私の母の死だった。突然だが、映画『エイリアン2』を観《み》た方はいるだろうか。シガニー・ウィーバー扮《ふん》する宇宙航海士リプリーがエイリアンの執拗《しつよう》な襲撃に立ち向かい、命懸けで七歳の少女を救う。ラストで、エイリ

自宅の居間に飾ってある
梅原龍三郎作「高峰秀子像」の前にて。
1998年9月28日の高峰さん。撮影／操上和美

アンを討ち果たし満身創痍《そうい》になったリプリーに少女がしがみついて言うのだ、「ママ」と。つまり自分に命を与えてくれた母親に対するのと同じ全幅の信頼を感じた時、少女は思わず「ママ」という言葉が口をついたのである。その精神構造と同じだ。ただし私は当時既に四十に近い大人だったから、七歳の少女と重ねるのはあまりに厚かましく、恥ずかしいことではあるが……。

以来、私は松山夫妻（高峰さんの夫は脚本家の松山善三氏）と近しくさせて頂いている。だから、見るとはなしに高峰さんという人を身近で見てきた。

たぶんこの十年、私は自分が高峰秀子という人に対して最初に抱いた鮮烈な印象、「こんな人、初めてだ」という〝不思議な感じ〟の正体を、無意識のうちに解き明かそうとしてきたのだと思う。

一言で言えば、高峰さんは〝特異な人〟だ。変わっている、とても。夫の松山氏は言う、「秀さんは変人だ」。本人も明言する、「奇人変人です」と。少なくともまず私が思うのは、「女優らしくない人」ということである。

私は十年ほど、著名人の半生を記事にする仕事をしていた。「最低でも二時間は頂きたい」というのが依頼する時の条件だった。三百人近い方にインタビューしただろうか。七十歳を過ぎた人で、ピタリ二時間で生まれてから現在に至るまでの話を終えたのは、後にも先にも高峰秀子ただ一人だった。もちろんインタビュアーとしての私はできるだけたくさん話を聞こうとして引き延ばす。優しい方、話すことが好きな方は、三時間、四時間と語って下さった。こちらの誘導に乗ってくれたのだ。だが高峰さんだけは、こちらの質問に答えると見せて、最後まで主導権を渡さなかった。まるで「こんな話が欲しいんでしょ」と言わんばかりに、簡潔に、横道に逸《そ》れることなく、仕事を終えたのである。記事は読者から絶大な支持を受けた。私は舌を巻いた。

以後、親しくなるにつれて多少は主導権を渡してくれるようになったが、事前にこちらが申し出た取材時間を過ぎることは一度もなかった。私はその姿に限りなく〝プロ〟を見た。「お望みの時間をさしあげましょう。約束は守ります。だからそちらも約束の時間内にきっちり欲しいものを持っていきなさい」、そう言われているような気がしたのだ。

高峰さんは、仕事の依頼に対して返事を引き延ばしたり、あやふやな答えはしない。是か非を即答する。一言「ダメです」と言ったら、テコでも動かない。だが一度だけ、私は動かしたことがある。ある雑誌に随筆の連載をお願いして「イヤ」と言われたのを、「イエス」に覆《くつがえ》した。三年かかった。これは正直、私の自慢である。この人がひとたび「イエス」と言えば、しめたものだ。うるさいことは一切言わない。仕事が速い。その上で、こちらが期待する以上の山のような〝金銀財宝〟をくれる。受けた以上は精一杯やりますよという姿勢が見えて、こちらも全力でやることがせめてもの礼儀だと思えてくるのだ。

仕事をするとはどういうことか、私は高峰さんから学んだ。

取材の時はもちろん、私生活でも、高峰さんは〝感情的になる〟ということがない。常に冷めているのだ。日本エッセイスト・クラブ賞を受けた高峰さんの名著『わたしの渡世日記』を読んだ方はご存じだろうが、彼女の半生は一様のものではない。私が最も〝惨《むご》い〟と思うのは、彼女に〝子供時代〟がなかったことである。そして〝精神の安息場所〟もなかった。四歳で実母を亡《な》くし、叔母に攫《さら》われるように北海道から東京に連れてこられ、養女となった。半年もしないうち、養父が彼女をおんぶして松竹蒲田《かまた》撮影所に見学に行ったら、たまたま映画『母』の子役オーディションをしていて、野村芳亭《ほうてい》監督に「この子がいい」とつまみ出された。それが五十年に及ぶ女優生活の始まりだった。気がついたら女優だった。次に気がついたら、その職業が自分の性に合わなかった。あまり知られていないようだが、高峰秀子という女優は最後まで女優業を好きになれなかった女優なのである。

「朝、撮影所に出勤すると、まず行くのが結髪部なんだけど、そこは女優たちがメイキャップする所だから鏡がズラッと並んでるわけ。すると鏡の前で必ず誰かしらが、『○○さんと××さん、アヤシいんだってね』とか、『△△さんが私にこんな意地悪するのよぉ。ひどいッ。シクシク……』。ウーンザリでした。だから私はさっさと支度を済ませて宣伝部で本を読んでた」

「大道具、小道具、照明、衣装、床山、監督、脚本……、俳優も同じスタッフ。たまたま画面に出るというだけのことです。自分はビルを建てるための一本のクギにしか過ぎないと思ってます」

「でも、ものを創《つく》ることは好きです。だから生まれ変わってまた映画界で生きるとしたら、衣装とか美術とか、裏方の仕事がしたい。人前に姿を晒す商売はイヤ」

今までに私が聞いたこれらの言葉の中に高峰さんの、女優は単なる職業の一つに過ぎないという考え方が表れている。もっと言えば、「女優がなんぼのもんじゃい」と思っている。

少なくとも私が会った数多《あまた》の女優の中にそんな考えの人は一人もいなかった。大半が「私は特別な人よ」とばかり孔雀《くじゃく》のように羽を広げ、高慢だった。自己愛が強く、中には自分を語る自分自身に陶酔する人もいた。それは高峰さんが最も嫌う仕儀である。自己顕示、虚飾、見栄《みえ》。女優にとって必要悪とも言える要素を彼女は唾棄《だき》すべきこととして嫌悪《けんお》する。生まれつきの性格と言ってしまえばそれまでだが、高峰さんの育ってきた環境が一層その気質を堅固なものにしたと思える。

ある随筆の中で高峰さんは自身を〝ねじりん棒人間〟と称した。四歳で養女になった時、養母に「私があんたの本当のカアサンだよ。さ、カアサンと言ってごらん」と攻めたてられ、死んだ実母の面影を覚えている彼女は、目の前の太った女を「これは怪《あや》しの者だな」と思うのだ。だが明けても暮れても「カアサンと呼べ」と攻められるので、遂《つい》に「カアサン」と呼ぶ。その後に続く記述だ。

〈いずれにしても、私の中で実母と養母とカアサンがごちゃごちゃになった時点から、私の根性は時計の秒針が動くようにゆっくりとねじれはじめたにちがいない。おまけに、それまでどこかで眠っていた「人間不信」という小さな種が芽をふきだして、私の成長につれて枝葉を広げ、やがて「人間嫌い」という大木になっていった〉

（拙著『高峰秀子の捨てられない荷物』のあとがきより）

本人の見解に逆らって申し訳ないが、私は、高峰さんは「ねじれて」いるのではなく、〝シラけて〟いるのだと思う。

デビューした五歳の頃。撮影所で助監督が「秀ちゃん」「秀坊」とニコニコ顔で控室に迎えにきても、「ふん、私が金を稼ぐからこんなに愛想よくするんだ」と思い、

「おんぶして連れてってあげよう」と言われても、「こいつの背中には乗っかりたくない」と思った相手には決しておんぶされなかった。養母が彼女の乳歯を全部引っこ抜いてしまった時は、「ハハァーン、子役っていうのは歯がきれいなほうが売れるんだな」と思ったそうだ。

恐るべき子供である。

つまり高峰さんは既に五歳の時から、冷めた目でじっと人間を観察していたのだ。その根っこは、養母を「怪しの者」と思った四歳の秋にある。だから彼女の「人間不信の種」は「どこかに眠っていた」のではなく、養母によって蒔《ま》かれたものだと私は思う。しかしその種は彼女の賢さも開花させた。やはり五歳の時。五所平之助監督の自宅に行った折、五所が玄関で下駄を履こうとしたら、それが真新しい下駄だと見てとった彼女は、ポーンと三和土《たたき》に飛び下り、小さな手で懸命に下駄の鼻緒を伸ばした、五所が履きやすいように。こんな逸話は数え上げたらきりがない。

かつて、博覧強記の才人・徳川夢声は高峰秀子を評して言った、「ああ利口じゃ、気の毒だ」。

少女スターとなり莫大《ばくだい》な金を稼ぐようになってからは、養母を始め十数人の血縁の生活がその細い両肩にかかった。ために高峰さんは、普通の人間が当たり前に受けて

五歳の時から、その冷めた目と鋭い感性で
人間を見つめ続けた人。そして今、
一切のしがらみを断ち切り、夫と静かな生活を送る潔《いさぎよ》さ。

いる教育というものを受けていない。小学校にも通算で一ヵ月も通っていないのだ。義務教育も児童福祉も徹底していない時代、彼女は五歳の時から昼夜なく働き続けた。遠足も修学旅行も知らない。一度だけ小学校二年の時、運動会で徒競走に出た。ゆっくりゆっくり最後を走ったそうだ。「転んで膝小僧《ひざこぞう》に傷でも作ったら、画《え》が繋《つな》がらなくなって大勢のスタッフに迷惑をかける」と思ったからだ。だから観衆の罵声《ばせい》を浴びながらビリを走ったのである。

ああ利口じゃ、気の毒だ――。徳川夢声の言葉は、あまりに的を射ていて、惨い。見えなくてもいいものが見え、わからなくてもいいものがわかる不幸。そして女優という生き物は嫌いだが、演技者として類稀《たぐいまれ》な才能を発揮した皮肉。その中で、高峰秀子という人は運命から逃げず、真正面からそれと闘ってきたのである。

私が彼女の目の中に見た〝凄絶〟は、彼女が背負った過酷な運命より、それに立ち向かっていった彼女の心の強さだったのだ。

冷めた目は、長じるにつれて客観性へと育っていった。それも極めて徹底した自己の客体化へ。だから演技が上手《うま》いのだと思う。自分に溺《おぼ》れないから。常にもう一人の自分が厳しい目で自身を見張っている。人がどう思うかではなく、自分がどう思うか。何が本物で、何が偽物《にせもの》か。こいつには裏があるか、ないか。私が高峰さんの目の中に見たもう一つのもの、猜疑《さいぎ》。〝金の卵〟に群がってくる「怪しの者」たちの浅ましさと醜さに囲まれるうち、高峰さんの冷めた目はあらゆるものを用心深く見据える、猜疑の目にもなった。それだけが、安息の場所を持たなかった彼女の唯一《ゆいいつ》の守り刀だったと思う。

気がつくと、私の耳元で「シャク、シャク、シャク」という音がしていた。それは、女優・高峰秀子が自らが目指す理想に向かって歩を進める音である。

いつから私はそれを聞き始めたか。恐らくその音は私が生まれるずっと以前から、静かに着実に鳴っていたのだ。その音が一段と強くなった時。それが、松山善三という一人の男に出会った時に違いない。

作家の沢木耕太郎氏が高峰さんと対談した時に言った、「高峰さんの随筆を読んでいていつも思うことは、『それでもよかったね、松山さんがいて』ということなんです」。ライターとして同席していた私は、思わず心の内で賛同の拍手を送った。沢木氏は、松山氏の存在に〝救い〟を見たのだ。氏は聞いた、「もし松山さんがいなかったらどうなっていたでしょうね？」。高峰さんは即答した、「イヤぁな婆《ばあ》さんになってたと思いますよ。今でも十分イヤな婆さんだけど（笑）」。これにも大賛成だ。もちろん前半部に。

貧しい松山青年の中に〝正直〟を見た時、高峰さんは初めて猜疑の鎧《よろい》を脱ぎ、彼を己の内に招じ入れたのだ。

そして生涯の味方を得たその時から、高峰秀子の〝計画〟は一気に動き出したと思う。それはかねてから望んでいた〝自分らしい生活〟を実現すること。もっとも、夫は貧しい助監督だったので、すぐには女優をやめられず、夫が脚本家として大成するのと入れ替わるように仕事を減らしていくことになる。

その実行力はすごい。まず、自分にまとわりつく一族郎党と全《すべ》て縁を切った。彼女の向学心を踏みにじり金を稼がせ、遂に最後まで「疲れたろう」の一言も言ってはくれなかった養母をきっちり看取《みと》った。五十五歳で悲願の〝女優引退〟を果たして以後は、自身の過去の仕事に一切興味を示さない。テレビで自分の出演作が放送されようとファンがビデオを送って来ようと、全く無関心だ。「スクリーンの中の人は私とは別の人だと思ってます」と言って。六十五歳の時には、家をぶっ壊した。九部屋もある教会建築の豪邸を二年がかりで跡形もなく消し去り、そこに「三部屋だけの小さな家」を建てた。五十年の女優生活の間に溜《た》まった膨大な台本とスチールを川喜多記念映画文化財団に寄贈し、これまた膨大な家具調度、骨董《こっとう》の類を処分。松山氏と合わせて百五十本はあった映画賞のトロフィーを、こともあろうに、捨てた。

「人はその時の身丈に合った生活をするのが一番です。今、私の周りには、亀《かめ》の子束《だわ》子《し》に至るまで気に入らない物は何一つありません」

ものすごい人である。

だが少しも力んではいない。粛々とやり遂げたのだ。本当は「とっとと片づけてしまいたかった」山のような〝意に反するもの〟を、実に五十年の歳月をかけて片づけたのである。

私はこの高峰秀子の〝削ぎ落とす〟ダイナミズムに、ただ呆然《ぼうぜん》と目を見張るだけだ。峻《しゅん》として前を向き、無駄を言わず、簡潔。シンプルな装《よそお》いに始まり、家の中は塵《ちり》一つ埃《ほこり》一かけらなく清潔、台所真っ白、バスルームピカピカ、窓ガラス透明。気に入らない物は一秒たりとも家に留め置かず、夫から「ほとんどビョーキだ」と言われながらキッチリきちち整頓《せいとん》にこれ努め、テレビも見ず音楽も聴かず、ボーッとしたりゴロゴロしたり、するわけがないッ。甘い物は大嫌いだから間食は一切せず、茶も飲まず、三度三度美味《おい》しい食事を夫に供し、起床から就寝まで判で押したように正確に過ごす。五十年の女優生活の中でも遅刻欠勤の類は、十五歳から十六歳にかけて出た『馬』の撮影中、盲腸炎で倒れたこと一回きりだという。潔癖、まさにここに極まれりである。

疲れないのか。

「そういう性分です」

答えも簡潔。

そうかと言って、決して堅苦しくない。

数年前、ハワイの松山家に伺った時だ。明日は日本へ帰るという夜、私は食卓の椅《い》子《す》に掛けた高峰さんの膝にしがみついて、「このままずっとかあちゃんの側《そば》にいたい」と甘えた。すると真っすぐ前を向いて煙草《たばこ》を吸っていた高峰さんが表情も変えずに言ったのだ、「そうはいかのきんたま」。え⁉ 一瞬私はポカンと彼女の顔を見上げ、次に爆笑した。高峰さんも煙草をくわえたまま「グフフ」と笑った。可笑《おか》しい人である。

高峰さんが私に言ったことがある、

「自分が不幸だった時は他の人間もみんな不幸になればいいと思った。あんたに優しくできたのは、私がとうちゃん（松山氏）と二人で穏やかな生活ができるようになってたからよ」

正直な人だと思った。

〈うらうらとした陽ざしの中でノンビリ日向《ひなた》ぼっこをしていた私の眼の前に、とつぜんモーターボートでも飛びこんできたような案配である〉（出典　前に同じ）

私の出現はさぞや迷惑なことだったと思う。だが、母を亡《な》くして絶望の穴に落ちた私を、「こいつは一人じゃ這《は》い上がれまい。よし、いっちょ手を貸してやるか」とばかりに、高峰さんは抱きかかえるようにして深い穴から引っ張り上げてくれたのだ。

だから、再び異議を唱える。高峰さんが自身を評した「人間嫌い」。確かに彼女のことをそう言う人もいる。全く人に会おうとしないからだ。ならば、人と会ってお喋《しゃべ》りをするのが好きな人が「人間好き」なのか。そんなものではあるまい。私如《ごと》きの体験だけでなく、高峰さんが心から尊敬していた方々、作家の川口松太郎、谷崎潤一郎、司馬遼太郎、画家の梅原龍三郎……そういう人達に対して、彼女は自分のほうからアクションを起こしたことは一度もない。「人の大切な時間を奪ってはいけないから」と。「人間嫌い」の人がそんなことを思うだろうか。第一、高峰さんの随筆を読んだ人はわかるはずだ。そこに描かれた人間の機微、心の襞《ひだ》。人間に対する限りない思いやりと慈《いつく》しみ。高峰さんは「人間嫌い」などではなく、ただ「人間に疲れた人」だと私は思う。そしてその心の奥には、人間への限りない情が溢《あふ》れている。

まもなく高峰さんは八十一歳（※二〇〇五年当時）になる。〝救いの天使〟松山氏は八十歳。文字通り共白髪となった老夫婦は今も麻布の高台で仲良く暮らしている。高峰さんは、最後の仕上げとばかり完全に世間と交渉を断ってしまった。ひたすら大好きな読書に浸り、「お宝亭主」に美味しい食事を作る毎日を送っている。

「一番幸せだと思う時はどんな時?」、聞くと即答した、「どこかから松山が帰ってきた時」。その時は俄《にわか》には理解できなかったが、最近その現場を、私は見た。確か夏だった。私は仕事に行く前に松山家に届ける物があって立ち寄った。松山氏は留守で、高峰さんが玄関に迎えてくれた。用が済んで私が外側から門扉《もんぴ》を閉めていると、表に一台のタクシーが止まった。「ちょうどいい。あれに乗っていけば」、高峰さんが門の内から言った。と、次の瞬間、彼女の顔がパッと輝いた。「あ、とうちゃんだ。とうちゃんが帰ってきたッ」、そう言ったのだ。私が振り向くと、確かにタクシーから降りたのは松山氏だった。あの時の高峰さんの顔——。あれほど嬉《うれ》しそうな顔を私は見たことがない。

私は高峰秀子という人を見ていると、人間の限りない可能性を感じる。人はここまでやれるのか、ここまで己に厳しくなれるのかと。

冒頭の写真は一九九八年のものだ。おそらくこれが、高峰秀子が公式に、プロの被写体としてレンズを見つめた最後の一葉になるだろう。凄絶《せいぜつ》の中から得た、あまりにも静かな面差しである。

何が人生の理想か、それは人様々だろう。高峰さんの理想は「煙のようになって消

八十余年の半生で、自ら望んでしたことは「結婚だけ」だという。「普通の生活がしたい」、日本映画史に残る大女優の、それが唯一《ゆいいつ》の願いだった。ただ無心に家事をする時、この人は至福の中にいる。

えること」だという。後に何も残さぬこと。

人としての身仕舞い——。

シャク、シャク、シャク。私の耳元では、相変わらず音がする。日本映画史に永遠にその名を刻む大女優・高峰秀子が、自らの理想に向かって歩を進める音である。いつまでもその音に私は耳を傾けていようと思う、心から敬意を込めて。

吉行あぐり

（美容家　97歳）

飄々《ひょうひょう》とした佇《たたず》まいの中に秘めた、
明治女の強い意志

吉行あぐり（よしゆき・あぐり）
一九〇七（明治四十）年、岡山県生まれ。本名・安久利。検事から県議になった父・松本豊と母・美禰の二男五女の、四女。十三歳の時、スペイン風邪で父と長姉、次姉を失う。十五歳の時、遠縁で一歳上の吉行栄助（のちの作家・エイスケ）と結婚、一男二女を産む。二五年、上京、美容師となり、二九年、新宿区市ヶ谷に「山ノ手美容院」を開店。四〇年、栄助死去。四九年、辻復と再婚。九七年、その半生を描いたNHK朝の連続ドラマ『あぐり』で一躍人気者に。三児は共に芸術の道を歩み、長男は作家の故・吉行淳之介、長女は女優・和子、次女は詩人の故・理恵。著書に『梅桃が実るとき』などがある。

私はNHKの朝の連続ドラマ「あぐり」を数回しか観《み》ていない。夫・エイスケを演じた野村萬斎に才能を見ただけで、正直、退屈なドラマだと思った。〃あの中で描かれている吉行あぐり〃には少しも魅力を感じなかった。私は元来が臍《へそ》曲がりなので、世間が吉行あぐりという人物を持ち上げれば持ち上げるほど、彼女に対して関心が失《う》せた。息子（作家の故・吉行淳之介）や娘（長女は女優・和子、次女は詩人の故・理恵）が有名だからじゃないか、歳《とし》をとっていさえすれば有り難いのか……と。

偏見とは浅はかで、脆《もろ》いものだ。

十年後、本人に取材する機会が訪れた。私の偏見と先入観は一時間もしないうちにかき消え、別れた後は心の内が清々《すがすが》しさで満たされていた。何と気持ちのいい人だ、ドラマの印象とはまるで違うじゃないか。そして俄《にわか》に申し訳ない気持ちになった。強い先入観を抱いて観察していたことが。

＊

「私は（子供の頃）あまりお行儀がよくございませんでね。母たち――うちは子供が大勢おりましたから、私たちの和服を縫って下さる方もいて下さって――の横で私が寝転がって足をピンピンしておりましたら、母に二尺差しでピーンッと叩《たた》かれました。あ、これは大変だと思いまして（笑）、座り直しました。この連中（側《そば》の和子さん）

は何も知らないの。みんな（取材で）バレちゃいます（笑）」

あぐりさんは、ちょっと早口だ。そして喋《しゃべ》った後、小さく笑う。「アハハ」と「エヘヘ」の間のような笑い方。堂々と述べるという態度はまるでなく、どこか遠慮したように、そそくさと喋る。だが語る内容は実に明瞭《めいりょう》で、おわかりのように言葉遣いが丁寧である。それでいて朴訥《ぼくとつ》と思えるほどざっくばらんだ。

元気ではあってもさすがに九十七歳（※二〇〇五年当時）で足元が危ういから、取材の時には和子さんが自身の仕事を調整して同行する。今回、取材が始まる前に、和子さんが私に小声で「今朝、母は一人でバスに乗ってどこかへ行ったみたいなんですよ」と。驚いた私はつい本人に聞いてしまった、「一人でバスになんかお乗りになって大丈夫だったんですか？」。

あぐりさんは少しバツが悪そうに、

「もう聞いたの？　そうなんです。今年になりまして急に足がダメになりましてね。夏が暑うございましたでしょ。以前は毎日散歩しておりましたけど、それが原因でサボっておりましたのよ。でも今日はうららかで風もないから、停留所を三つばかり乗って、お知り合いの方にお送りするお菓子を買いに行ったんです」

そのバスの中で、

「何とか席、優先席？　この歳ですからね。優先席に座ります。そうしますと、あとからヨロヨロとなさった方がいらして、私の前に立つんです。この方きっと私より若いと思うけれど、でもヨロヨロしてらっしゃるから、私が席を替わったりして」

私は噴き出してしまった。字面《じづら》ではわかりにくいだろうが、あぐりさんのとぼけたような語り口と〝間〟が、実に可笑《おか》しいのだ。

「自分では全然わかりませんけど」

と、また飄々《ひょうひょう》としている。

吉行あぐりは岡山で裕福な少女期を過ごしたが、大正八（一九一九）年末から猛威を振るったスペイン風邪のために大黒柱の父と二人の姉まで失う。父の死後、人の良い母は家財産を騙《だま》し取られ、十五歳の彼女は「吉行さんの家に行けば女学校が続けられるけど、行く？」と言う母の言葉に頷《うなず》き、遠縁に当たる吉行栄助（のちに作家・エイスケ）のもとに嫁ぐのだ。人の噂話《うわさばなし》など一切しない家庭に育った彼女は、栄助が地元でも聞こえたプレイボーイだったことも知らない。十六で生んだ長男・淳之介を姑《しゅうとめ》に預けて、栄助に続いて上京し美容師になるが、以前から仲の悪かった舅《しゅうと》を置いて出てきた姑との同居、長女と次女の誕生、ほとんど家に帰らない栄助、その若過ぎる死……。少なからず苦労があったはずだが、あぐりさんにはそんな苦労の陰りが見えない。私はそこに何か〝柳〟にも似た強さを感じる。

今日は、残酷だが、その飄々とした佇《たたず》まいの奥にある、恐らくこの上もなく強い芯《しん》を、あえてこの目で見てみたいと思った。

初孫・淳之介を溺愛《できあい》して放そうとしなかった姑との関係は辛《つら》くなかったのか？

「あんまり感じたことはございませんけど、うちは母が父を奉《たてまつ》って、内心はどうか知りませんけど、私たち子供にはお父様が一番偉いんだというように躾《しつ》けられましたでしょ。ですから家庭環境が違いましたから、慣れるまでは大変でした」

いつもは黙って同席しているだけの和子さんが、助け船を出してくれた、

「あなたが淳之介のことを怒ったら、言われたんでしょう？」

その言葉に、あぐりさんは「あ、そうそう」という表情になった。

「淳が（小さい時）お祖母《ばあ》ちゃまのお顔色ばっかり窺《うかが》うんです。私はそれが嫌で、たまたま淳が美容室に遊びに来ました時に『あなた、人の顔色を見るのはとてもいやらしいわよ』と、その頃私は西洋かぶれですからね、淳のお尻《しり》をパンパンと叩いてやったんですよ。それをちゃんと見ている人がいまして、お祖母ちゃまに（告げ口を）。そうしましたら姑《はは》が『栄助があんまり遊ぶからあぐりは淳に当たるんでしょう』とおっしゃったの。それでびっくりしまして、そういう気持ちは全然ございませんから。

それじゃあ、もう言えないなと思いました。そういうことがございました」

　よくわかる。私があぐりさんに会って清々しい気持ちになるのは、この人に〝邪《よこしま》〟を感じないからだ。人の言葉の裏を探ったり、婉曲《えんきょく》に皮肉を言ったり、ネトネトした女臭さがない。姑の言葉に驚いてポカンとしたあぐりさんの様子が目に浮かぶようだ。

「でもいろいろなことに気が付かなさ過ぎましてね、人を傷つけることもあるらしいんですよ。吉行へ来たばかりの頃、姑が指輪を買ってくれましたの。ルビーの指輪。でもはめましたら、こんな甲の高いひどい手にルビーなんて似合わないと思って、側にいたお手伝いさんにあげちゃったんです（笑）。姑にものすごく怒られまして。当たり前ですよね。今頃になってやっとわかるんですよ。いけなかったんだなぁと。私は嫌な物は全然嫌なんですよ。だから周りに置きたくないんです」

　栄助氏の放蕩《ほうとう》は嫌ではなかったのか？

「嫌もくそもないですよ、ほとんどうちにいなかったんですから。喧嘩《けんか》をする暇もないんです、私も（美容室が）忙しいですし。うちにいてもらいたいと思わなかったんでしょうね（笑）。やっぱり足りないんですね、私は。そう思います。でも淳が小さい時はよく三人で小石川の植物園に行きました。栄助さんって子供にはとても良かったんだと思いますよ。悪気のない、いい人だったんです。それも今になってわかるんですけど（笑）」

そして一番辛かったであろうことを聞いた。以前、「お孫さんは？」と聞くと「あそこは奥さんたちがしっかりしてますから、寄せつけて頂けません」と小さく笑った。

息子・淳之介をめぐる女性たち……。

「こんなこと言っていいかわかりませんけど、淳にまだ子供が生まれる前、『淳之介の財産はみんな妻のものです。あなたには何の権利もありません』って言われたんです。何でこの人は私にこんなことを言うのかと思って、淳に『あなたのお嫁さんはこんなこと言うんだけど、どういう訳なの？』と言ったら、（爽《さわ》やかに）『そうですか。そういうことを言いましたか。それなら話はやりいいや』と、こう言うんですよ。だから私はますます何のことなんだろうと思って……。淳が死んでからその意味がわかりました。あなたなど（お金をめぐる人々の争いが）想像がおつきにならないでしょう？」

いや、十分に想像がつく。金というものがいかに人を変えるものか、その醜さも。

「でもこの連中（あぐりさんは和子さんたち子供のことをなぜか〝連中〟と言う）もよく耐えたと思います。本当にひどかったですから、この人（和子さんを見て）に対しても」

「もうご存じですね、淳が一緒に住んでいた方のこと。やはり前の奥さんとの対抗上でしょうね、私に（甘えるように）『ママぁ、ママぁ』とおっしゃって大変だったんです。『私ね、淳が死んだらすぐ死ぬのよ』と言うような方だったの。私は『ああ、そう』って聞いていたので。『そんなこと言わないで』なんて言うべきだったんでしょうけど（笑）」

一九九四年夏、作家・吉行淳之介は七十歳で逝《い》った。

「とにかく私を排除しなければいけないことがあったんでしょうね。私は別室に入れられまして、そこでいました」

私は以前、ある人から聞いたことがある、「あぐりさんも和子さんも、一切争わなかった。実にきれいな母子《おやこ》だと思ったよ」

あぐりさんは淳之介氏が遺《のこ》した物は、その日記に至るまで何一つ受け継いでいない。

「私は本当に人間がトロいんですね。淳がまだ元気だった頃、平気で淳に電話をかけてたんです。物を書いている人ですから普段はかけてはいけないと思いますけど、お天気の悪い日は、喘息《ぜんそく》を起こしてはいないかなと思ってかけますのよ。全然気がつきませんでしたけど、それはその方（淳之介氏と暮らしていた女性）にはとっても嫌なことだったんです。その方を通さずに私が淳に電話をかけることが」

「淳が亡《な》くなりましたことが一番辛いです、今でも」

九十七歳の潤《うる》んだ目を、私は正視できなかった。

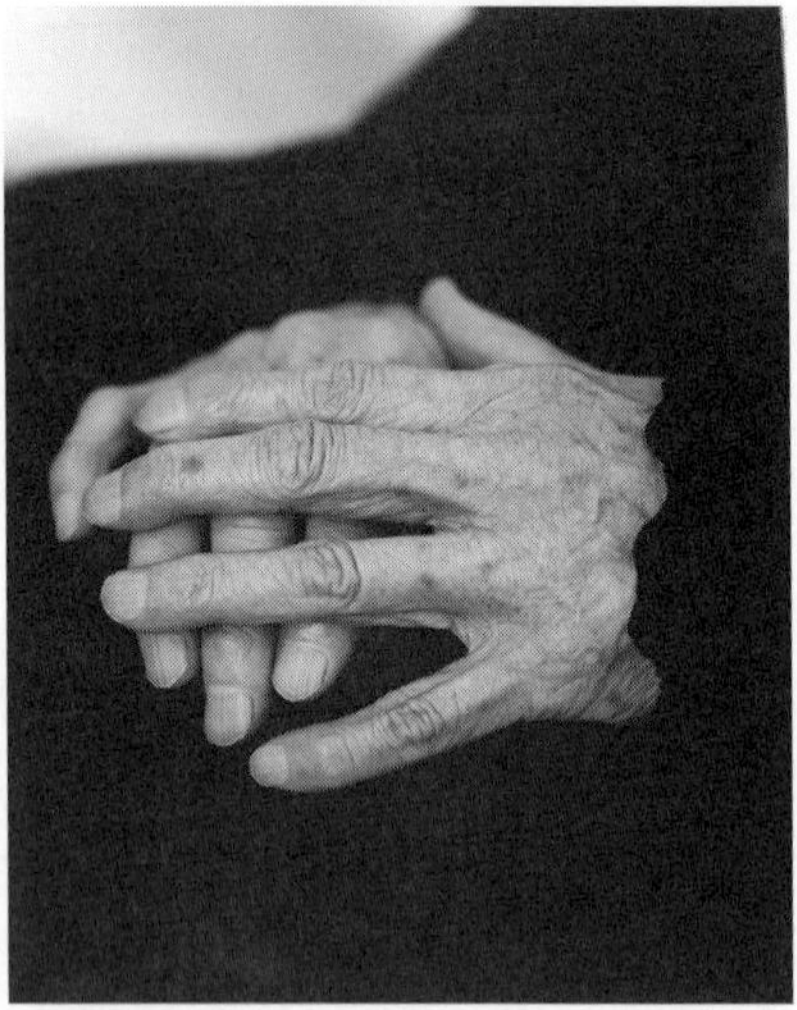

手を撮らせてください、というお願いに
「節が高くて、綺麗《きれい》じゃないわよ」と恥じらい、
編集者の顔を眺めて
「肌が若くていいわねえ」と微笑《ほほえ》んだ。
80年近く美容の道を歩んできたその手は、
なんとも美しかった。

あぐりさんが自分に直接電話をかけてくるとその女性がとても荒れるから彼女を通してくれないかと、和子さんが淳之介氏に言われ、初めてあぐりさんは知ったのだ。

「淳が病院にいた時も、その方の指示がなければ行かれないいんです。最期《さいご》は、朝六時ぐらいにその方から電話がありまして、慌《あわ》てて参りました。そうしたらもうほとんどダメな状態で。そんな病人をその方が、病院の先生のなさり方が気に入らないと他の病院に移したんです。そこにまた私は駆けつけていきまして、病室で淳を一所懸命なでたりしていましたけど、彼女は淳の側へは来なくて私にサンドイッチや何かを持ってきて食べろって」

そのような出来事や人間関係に、心を悩ませたり、悶々《もんもん》としたことはなかったのか?

「そういうことはないんです。エゴイストですかね、私。自分の好きなことしかできませんしね。嫌な人はみんないないないと同じになっちゃうようにしてるんです」

九十七年の人生で一番辛かったのはいつかと聞いた時、初めてその表情が動いた。

「淳が亡くなりましたことが一番辛いです、今でも」

その目は潤んでいた。

当時、あぐりさんは日記を書いた。和子さんもその内容を知らない。出版社から公開するよう随分勧められたが、固辞したという。誰にも吐露せぬ憤《いきどお》りや辛さを、あぐりさんは綴《つづ》ることによってやっと耐え、封印したのだ。

「人間って、きっと生まれた時から、死ぬ時が決まってるんですよ。そう思わないと諦《あきら》められません。淳はいい時に死んでよかったんだなと思います。ホントよ。だから私なんてね、いつまで生きてるのか怖いですよ。もういい加減で、いいの（笑）」

しかし、こうも言った、

「この歳《とし》になりますとね、本当に何でも有り難いですよ。ご飯を食べられることだって有り難いですしね。お水を飲めることだって有り難いと思いますし」

話しにくいことを話して下さった。いや、話させてしまった。静かな老いの顔を得た人ほど、その向こうには越えてきた辛酸がある。それを掘り起こそうとした私を許してくれたあぐりさんに、深く感謝する。

吉行あぐりは、やはり明治の女である。運命に逆らわず、置かれた環境の中で黙々と生きてきたのだ。その一徹さを、私は立派だと思う。はるかな明治の空気を、ほんの少しだけ吸わせてもらったような気がして、私は嬉《うれ》しかった。

双葉十三郎

（映画評論家　94歳）

〝目立たず、ただコツコツ〟に見る律儀《りちぎ》と善良

双葉十三郎（ふたば・じゅうざぶろう）一九一〇（明治四十三）年、東京生まれ。本名・小川一彦。高校時代から映画評を書き始める。東京帝国大学経済学部卒業後、大阪の住友本社に入社。サラリーマン生活を送りながら映画評を書くも、三十四歳で退職、映画評論家として独立。氏の映画評は、五二年から五十年続いた雑誌『スクリーン』の「ぼくの採点表」を中心に、全六巻となって刊行されている。他に『ぼくの特急二十世紀』『ミュージカル洋画　ぼくの500本』など。観《み》た映画は二万本を超える〝歩く映画辞典〟。R・チャンドラー作『大いなる眠り』の翻訳者でもある。二〇〇九年、心不全のため永眠。享年《きょうねん》九十九。

実は、私がこの連載を思い立った裏には双葉氏の存在が大きく影響している。大抵、氏におめにかかるのは、ある私鉄沿線駅前の喫茶店だ。そこが氏のご指定の取材場所である。氏はいつも笑顔で現れる、トレードマークのベレー帽を被《かぶ》って。ご自宅から歩いて十数分はある道のりを、ゆっくりゆっくり歩いて来て下さる。私は氏と会う度に「あぁ、有り難いなぁ」と思う。氏のお宅にはファクシミリがないから手紙で取材の主旨を伝えておくのだが、氏は必ずその時々のテーマについて〝予習〟してきてくれるのだ。

例えば「食」がテーマの時。

「僕なんか〝おみおつけ〟という言い方をするんだけど、この頃は皆さん〝お味噌《みそ》汁《しる》〟と言うから、今日お話しするのに〝おみおつけ〟という言葉を使ってもいいかなと思って、ちょっと広辞苑《こうじえん》を引いてみたの。〝おみおつけ〟ってどう書くと思います？」

「あ、そう言えば……。どんな字を書くんですか？」と聞くと、「あのね、『御』の字を三つ重ねてから『付』なの。面白いでしょう。僕も初めて知ったんだけど」と笑った。その時、氏が「味噌汁という言葉はいかにも散文的で、好きじゃないいな」と言うのを聞いて、私は俄《にわか》に恥ずかしくなったのを覚えている。

「おじさんを励ます映画」を選んで原稿をとお願いした時は、『ストレイト・ストーリー』を始め数本を挙げてくれたが、氏は『外国映画　ぼくの500本』を上梓《じょうし》したばかりだった。普通なら、五百本も挙げたのだからその中から流用しても誰も責めはしないのに、氏はちゃんと新たに選んでくれた。

これは決して些細《ささい》なことではない。私は千人に近い著名人にインタビューしたが、いくら事前に見本の記事を送ってテーマを知らせておいても、会って開口一番、「今日は何の取材？」と言う人が大半だった。原稿にしても、明らかに〝やっつけ仕事〟と思えるものを送りつけてくる人がいた。忙しいことなど理由にならない。第一自分から「忙しくて忙しくて」と言うほど見苦しいことはないと私は思っている。芸能人の中には、マネージャーが電話口で、こちらが聞きもしないのにズラズラと今後のスケジュールを並べ上げ、「だからとても忙しいんです」と自慢げに言う。ハッキリ言って、下品である。

仕事に対する真摯《しんし》な気持ち。私は双葉十三郎という九十歳を過ぎた人に、そのことを強く感じる。そして思った、「こういう人がだんだん少なくなるなぁ……」。そしてふと浮かんだのだ、「最後の日本人」という言葉が。

もしかすると、ある年代以下の方には双葉氏は馴染《なじ》みが薄いかもしれない。だがもしそうだとすれば、そこにこそ氏の〝本質〟があると私は思う。そしてそれこそが私の思う〝日本人の本質〟なのだ。ある人が言った、「有名になりたい人が有名になるんだよ」と。なるほどそうなのである。映画評論家にも〝有名な〟人は大勢いる。テレビに出るからだ。テレビに出れば誰でも〝有名〟になる。

双葉氏はその対極にある人だ。名声を求めず、ただ映画が好きで、黙ってコツコツと映画評を書いてきた人だ。一九五二年から始まった雑誌『スクリーン』の連載「ぼくの採点表」は、実に五十年続いた。締切りに遅れたことは一度もない。もちろん他の原稿でも。地道である。実直である。

氏は〝締切り二日前主義〟だ。だから締切りを早くサバ読まれると困るという。

「僕は気がちっちゃいのよね（笑）。早く書かないと気が落ちつかないのよ。頼まれたことを早く片付けちゃわないと」

耳が痛い。私など締切りまでに時間があれば、つい好きな映画のビデオを観《み》てしまう。

「僕は頼まれたことをやっちゃってから観ますね」

また耳が痛い。

じゃ、子供の頃も宿題をやらなかったり忘れたなんてことは一度も？

「ハイ、ないです（笑）」

元気な少年のような答えだった。

本名は小川一彦《かずひこ》。ペンネームの「双葉十三郎」は大好きな「トム・ソーヤー」から取った。「ソーヤー」が「双葉」、「トム」が「十三」。父は麴町《こうじまち》の材木商の三男で、東京帝国大学を出て、当時の逓信省《ていしんしょう》に勤めていた。母は銀座生まれで芸事が好きな明るい女性。そんな江戸っ子の両親のもと、高輪《たかなわ》で育っている。

「何しろ人力車の時代だから、その頃の風俗をご案内しとくとね、『塩瀬』なんてお菓子屋さんが注文を取りにくるの、重箱の中を仕切ったやつにいろんな和菓子を入れて、『今日はどれになさいますか？』って。後から、選んだのを届けてくれるわけです」

「僕は病弱で、夜昼構わず甘い物ばっかり食べてたから（笑）、学校でお腹《なか》の具合が悪くなってよく早引けしてたの。だから遠足には一度も行ったことがないんですよ」

「最近、〝シロガネーゼ〟とか何とか言ってるけどさ、僕なんかその元祖だ（笑）。当時は場末の、商店街もない所だったんですよ。目黒から市電が走ってたんだけど、白金町っていう停留所の側《そば》に酒屋と本屋の『玄誠堂』があったくらいでね。あと寄席《よせ》が一軒あった。だから不思議な町だったと言えるでしょうね」

以前、そんな遠い少年時代の話や高輪・白金界隈《かいわい》の様子を語ってくれた。穏やかな口調でユーモラスに語る氏の傍らで、私は失礼も省みず「ふーん」「へーえ」と、まるで孫がお祖父《じい》ちゃんの話でも聞くように聞き入ったものだ。その時間の何と楽しかったことか。

その時、氏の言った言葉で未《いま》だに印象深く残っている言葉がある。「先生はこれまで、声を荒らげたり、人と喧嘩《けんか》をしたことなどないでしょう?」と聞くと、氏は小さく言った。

「僕、喧嘩は嫌いだな」

私はふいに胸を突かれた思いがした。

もちろんそれは、私が元来好戦的な人間だからということもある。だがそれ以上に、私には、氏の言葉が普遍的な〝戒め〟の言葉に聞こえたのだ。「奥ゆかしさ」や「謙譲の美徳」が死に絶え、我と我が身をがむしゃらに押し出す人々の群れ。気がつけば私もその一人だった。その浅ましさを双葉氏の小さな呟《つぶや》きが鋭く突いたような気がしたのだ。

だがしかしそれでも、と思うところが私の悪癖だろう。いくら氏がいい人でも、世の中には必ずイヤな奴《やつ》というのがいる。長い人生では内心コンチクショーと思うようなこともあったはずだ、と思うのだ。子供の頃、友達と喧嘩ぐらいは？

「全然記憶にないですね。政治家みたいな答えだけど（笑）。内向的だったのかもしれないですね。だから友達と付き合いはしても、喧嘩するほど仲良くならない」

じゃ、一緒にチャンバラごっことか？

「あんまりしなかったですね。〝フィルムごっこ〟というのはしました。駄菓子屋で映画のフィルムを売ってんですよ。新聞紙で拵《こしら》えた袋にフィルムのコマを一枚ずつ入れて、一銭か何かで。買って開けてみないとどんなのが入ってるかわからない。変な字幕だけのもあるんです（笑）、サイレントの時代だから。特にいいのは『的の黒星』って連続活劇の一コマ。今で言えば『００７』の冒頭のタイトルね、あれの元祖みたいな画《え》。それが入ってた時は喜んだなぁ。僕、連続活劇のファンだから」

映画館の映写技師が勝手にフィルムをちょん切って売り飛ばしていたわけだ。

「だからね、三番館、四番館あたりに行くとフィルム（映画）が短くなってる（笑）。それを学校の机の上で友達と飛ばしっこするんです。机の端に置いておいて、手でポンッとやる。強くやりすぎちゃうと向こうへ落っこっちゃうのね。落っこちると負けなの。ギリギリの所で止めるのが技術なのよ（笑）」

でも中には「お前、何でいつも遠足休むんだよ」なんて言う意地悪な子もいたのでは？

「全然いなかった。誰もそういうこと言わなかったもんね。でも……そうね。そう言われてみりゃ、そんなこと言われてても不思議じゃないよね。僕が胃腸が悪いとか近眼がひどいなんてことがみんなに行き渡ってたのかもしれないね」

高校時代から映画評を書き始めたが、東大を卒業後、「親孝行のために」大阪の住友本社へ。源氏《げんじ》鶏太《けいた》に算盤《そろばん》を教わり、山口誓子《やまぐちせいし》が人事課次長、歌人の川田順《かわだじゅん》が重役。自由な社風で、やるべき仕事さえしていれば映画雑誌に原稿を書いても咎《とが》められなかったという。

「居心地が良かったんですよ。それでもやっぱり映画が好きだから、十年で会社を辞めてこの道一本になったんです」

奥さんには一切相談せず辞めたというから、「気がちっちゃい」わりには大胆である。

「そうなんです。見切りはいいんだよね。でももちろん原稿を書いて食べていかれる見込みがあったからですよ。気がちっちゃいんだもん、行く末どうなるかわかんないということだったら、辞められないですよね」

住友時代は、当時神戸にいた淀川長治《よどがわながはる》氏とも交遊があったという。淀川氏には私も何度かお会いしたことがあるが、好き嫌いのハッキリした、「○○は大嫌いッ」と実名を挙げて言う、非常に人間臭い人だった。

　自分には好意的でも、そういう好き嫌いをハッキリ口にする人物に対して双葉氏は閉口したりはしなかったのか？

「彼らしいなと思ってただけで、人はそれぞれの価値観があるから、僕がとやかく言うことじゃないしね」

　あまり人に踏み込まない？

「確かにそういうところがありますね」

　では、学生時代に友達の下宿で朝まで語り明かしたなどということも？

「全然ない。人のうちで泊まったりするのが一番ダメなの。気遣っちゃうのよね。野《の》口久光《ぐちひさみつ》君（音楽評論家）なんかは大学時代からの親友だけどね。戦争中に二、三回、彼の船橋のうちに行って半日ぐらいアメリカの短波放送を聞かせてもらったっていう、そのぐらいのものですよ、人のうちに行ったのは」

　それもお夕飯前には辞して？

「そう。人のうちでご飯ご馳走《ちそう》になったこと、記憶にないな。不思議な奴でしょう（笑）。大体、外食はしないんです、怖いから、お腹が（笑）。僕の先輩の南部《なんぶ》圭之助《けいのすけ》さん（映画評論家）がね、僕のお腹を悪くさせるの訳ないって言うのよ。一緒にご飯食べた後で、『さっき食べたの、ちょっとおかしかったよって一言言えば、明くる日はフラフラになって出てくる』って（笑）」

　では人生で一番辛《つら》かったことなども？

「今日そういう話も出るかなと思って考えてみたけど（と、やはり予習している）、嫌な思いしたっていうのは、火事で家が焼けた、空襲でうちがやられたことぐらい。人との関係ではないですね。何か運命論みたいになるんだけどさ、いい人ばっかりに出会ってきたんじゃないかな。僕なんか才能があるかどうかわかんないのに、南部さんみたいないい先輩が引き立ててくれて。今だってそうだよね。出版社の人が『本出しませんか？』と言ってくれたり、あなたみたいにインタビューやりませんかって言ってくれたり。全部人任せみたいな感じよ」

　予想はしていたが、やはりどこをどうつついても双葉氏からは憎しみや嫌悪《けんお》の対象は出てこない。それどころか、「嫌なことはなかったか？」「嫌いな奴もいたでしょう？」と責めたてるように聞く私に、心なしか氏は顔を曇らせていったような気がする。私は自分が、善良なご老人を苛《いじ》めているひどい奴に思えてきた。

　たぶんこの人には、相手の悪意を受け取る因子がないのだ。

「背伸びしないで、ごく自然体でフラフラしていよう」と、
九十四年間で観た映画は二万本以上。

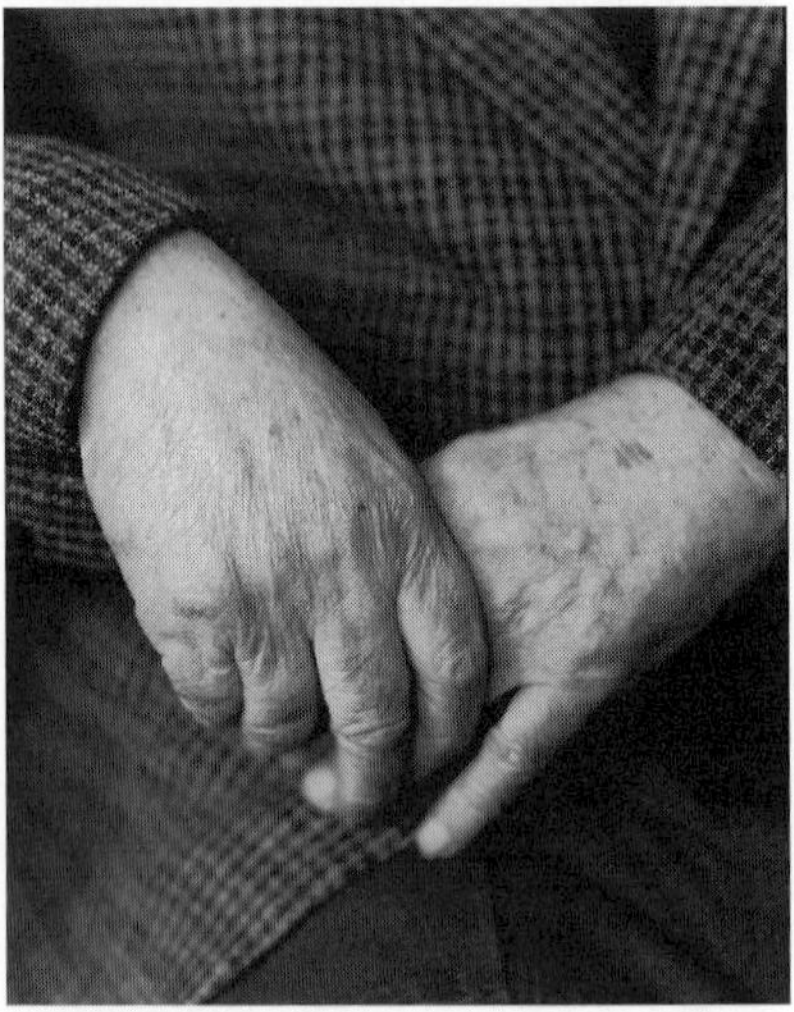

迂闊《うかつ》にも事前に伝え損ねていた手元の撮影に、
寛容にも応じてくださった双葉氏。
「爪《つめ》の手入れが不十分だから、気がひけるなあ」
と組んだ手に力をこめるその仕草に、
氏の律儀《りちぎ》さが垣間見《かいまみ》えた。

「濾過《ろか》しちゃうのかな。自分が嫌な思いするの嫌いだからっていうんで。自分の程度をわきまえてて気張らないから……。自己防衛の表れかもしれない。それはね、やっぱり病身だったせいかな。気が弱いって言うか、目立つことが好きじゃないのね。一人でもってモソモソやって、人がやることを面白がって見てて、その行動を分析してみたりしてね」

家庭にも恵まれ、東大と一流会社を経て映画評論家になった。私がそんな風に言うと、氏はひどく決まり悪そうに、「だからあんまり言いたくないのよね、たくさん苦労していらっしゃる方に申し訳ないから」と。

「背伸びしないで、ごく自然体でフラフラしていよう」がモットーの氏が九十四年間（※二〇〇五年当時）で観た映画は二万本以上。今現在、地球上で最も多くの映画を観ている人物のはずだ。

私はこの人に会う度に、誰にともなく、謝りたくなる。懺悔《ざんげ》したい気分になる。日本人は本来、人にそう思わせるほどの清廉《せいれん》を持っていたのではないだろうか、この双葉氏のように。

本当の苦労人だけが持つチャーミングさ

緒形 拳（俳優 68歳）

緒形　拳（おがた・けん）
一九三七（昭和十二）年、東京生まれ。本名・明伸。辰巳《たつみ》柳太郎《りゅうたろう》に憧《あこが》れ、五八年、新国劇に入団。二十代半ばで同劇団のホープに。六五年、ＮＨＫ大河ドラマ「太《たい》閤記《こうき》」の主役で一躍人気を得、翌年の大河「源義経」では弁慶役を。六八年、新国劇を退団。以後、テレビ・映画・舞台に活躍。映画『鬼畜』はブルーリボン主演男優賞を始めその年の映画賞を独占。他に『砂の器』『復讐《ふくしゅう》するは我にあり』『楢山節考《ならやまぶしこう》』など。主演した『長い散歩』は二〇〇六年、モントリオール世界映画祭にてグランプリなど三冠を受賞。〇八年、肝臓癌《かんぞうがん》のため永眠。享年《きょうねん》七十一。

私は苦労人が好きだ。自分が苦労なしに育った甘ちゃんだから憧《あこが》れに似た尊敬の念を抱くのかもしれないが、とにかく、苦労してきた人が好きだ。中でも、子供時代に苦難を体験した人。長じてからの苦労は、それが金銭問題であれ人間関係であれ、そこには必ず本人にも責任の一端があるものだが、子供時代のそれは本人に責任がなく、また本人の努力によってどうにかなるものではないからである。だと言って、苦労が身についてまるで仕返しでもするように他人に対して冷酷になってしまった人はイヤだ。苦労して、なおその苦労に染まらず、乗り越えてきた人。そんな人は、必ず〝いい顔〟をしている。厳しくて穏やかで、深くて、強い。

緒形拳は、そんな顔をしている。

緒形さんは昔から、私の好きな俳優だった。人の好き嫌いというのは厄介なもので、理屈ではない。もちろん、理屈で説明せよと言われたら説明できないことはないが、好きだから好きなんだ、逆もしかりで、嫌いだから嫌いなんだよと言う以上に的確な表現はないと思う。それでも、役者については明確な理由があり、芝居が上手《うま》い、まずはそれありきである、私の場合は。

名作『砂の器』。ハンセン病のために故郷を捨て放浪の旅を続けた父子《おやこ》が岡山の山村にたどり着き、村人の冷たい目から逃れて神社の縁の下に身を潜める。通報を受け

て駆けつけた巡査が縁の下を覗《のぞ》くと……。その時の巡査の顔。緒形拳が見せたその一瞬の表情に、この物語の核がある。

そして二〇〇四年、北野武主演でテレビドラマとしてリメイクされた『鬼畜』。北野武も良かったが、自分の子を崖《がけ》から落とすシーンで勝負あった。愛人に産ませた子供が邪魔になった印刷屋の主人が、殺すことにも捨てることにも失敗し、連れ回した挙げ句、遂《つい》に、眠りこけた男の子を横抱きにして断崖《だんがい》に立つ。そして両腕からボロッと落とすのだ。その時に見せた顔で、北野武は遠く緒形拳に及ばなかった。緒形拳の表情には、人間のどうしようもない弱さが滲《にじ》み出ていた。自分の腕の中から幼い命を落下させる時の、放心したような哀《かな》しみ……。

冷血な殺人犯を演じた『復讐《ふくしゅう》するは我にあり』も、姥捨《うばす》ての物語『楢山節考《ならやまぶしこう》』も、そして最近の映画『あつもの』も。人間の〝負〟の部分を演じて、秀逸である。

トルストイの『アンナ・カレーニナ』の冒頭「幸福な家庭はすべて似かよったものであるが、不幸な家庭はみなそれぞれに不幸である」ではないが、英雄や賢人を演じるのは簡単で、普通の人間を演じることほど難しいものはない。類型がないから。私たち誰もが持っている弱さ、醜さ、浅ましさ。できれば持っていたくないが、必ず持ち合わせていて自身を悩ませる負の要素。その微妙な陰影を観《み》る者の胸に伝えることができるのが優れた役者だと、私は思う。

役者とは酷な商売で、その人自身が丸出しになる職業だ。もちろん、「泥棒をしたことがない人に泥棒は演じられないのか」と言われるように、想像力も大事だ。しかしやはり本人が経験してきたこと、それらを通してその人が何を考え感じて生きてきたかは、動かしようもなく大きい。人間を問われる、そら恐ろしい商売である。

緒形さんに初めて会ったのは、二〇〇二年の夏だった。「家」について聞くインタビューだったが、正直、楽な取材ではなかった。家の変遷《へんせん》を聞くということは半生を聞くことに等しく、当然少年時代の話にも及ぶ。初めは映画の話などした。だがひとたび本題に入ると、緒形さんは「生まれた富久町《とみひさちょう》の家は全然覚えてない」に始まり、明らかに言いよどんだ。彼は、十九の時、二ヵ月間を過ごした劇作家・北条秀司《ほうじょうひでじ》の鎌倉の家について語ればいいと思っていたようだ。ところが私があれこれ細かく質問するものだから、戸惑っていた。それでもポツリポツリと語り始めた。私はまるでライオンを前にしたネズミのように、いつ食われるかと戦々恐々としながら、だが執拗《しつよう》に聞き続けた。

今回、その時のことを、緒形さんがこんな風に言った。

「俺、斎藤という人と初めてニューオータニで会ったじゃないですか。何を聞くんかなぁと思いつつ、北条先生の家の庭の話なんかしてる時に、思わず、そんなふうな話に行くとは思わなかったのに、母親の話になったりなんかして、そういう……こう、自分の恥ずかしいところも全部含めて、わりと話が出来る人と出来ない人といて……。それは〝相性〟。共演者。舞台で共演者っていうのがどんなに大事かというのと同じでね。こうやってじっと顔を見ながら、話してることがすごく嬉《うれ》しいというかね、滅多にないって。たくさんインタビュー受け答えしてる中で、(次に、短い取材を申し込んだ時)『斎藤? あ、斎藤、会いたいよ』って。それはどっかで信じてるのよ。お互いどっかで引き合うんですね」

自慢みたいになるが、いや、正直、自慢だ。とても光栄だった。だがそれ以上に、私の中で何かが腑《ふ》に落ちた。つまり、〝仕事は人とするもの〟という極めてアナログな考えをやはりこの人も持っていたのだと知り、私がまだ芝居が上手いの下手のと生意気なことを考えぬ幼い頃から、画面を観て「この人いいな」とボンヤリ感じていた理由がわかったような気がしたのだ。

「俺は別に顔がいいわけでもないし、姿がいいわけでも声がいいわけでもない」と緒形さんが言った時、私はすぐに切り返した、「そんなこと言ったらジャック・レモンだって別に顔も良くなきゃ声だってどうってことない。でも、ものすごく良かったじゃないですか」。そこなのである。役者、殊《こと》に男優の良し悪《あ》しに容姿は関係ない。人生で培《つちか》った〝顔〟がものを言うのだ。それが先に言った、役者が人間として持つ力なのだ。緒形拳にはその力を、私は感じる。

「親父《おやじ》は農業やりながら、インチキ新聞社みたいな所で何か書いてた。内容はともかく、字を書くのが好きでしたね、父親は。僕は……何か食いたかったことしか覚えてない。甘いもん食いたいなぁ、肉っけのあるもの食いたいなぁって。まぁ、何ともつまらない少年時代だ」

「でもそう言えば、なけなしのいい思い出も一つ二つあるかなぁ……。でもなけなしですよ。苦い思い出のほうが多い、万引きしたとか。当時、漸《ようや》く少年雑誌っていうのが出たんだけど、俺はその付録が欲しくてね、付録だけかっぱらったんだ。ドキドキしながら……」

「高校に入ってすぐ一家離散です。各々《おのおの》、人の家に寄宿したり。俺はどっかの物置借りて、弟は二番目の兄（緒形さんは男兄弟五人の四番目）とどっかへ。母親は人の家で住み込みのお手伝いさんになった」

緒形さんは母親の知人宅の物置を一日十円で借りて、リンゴ箱を並べた上に中古で買った登山用の寝袋を敷いて、そこに寝起きしながら高校に通うのだ。後楽園でホットドッグを売ったり、青山のボウリング場で働いたり。当時のことで、血も売った。牛乳瓶一本分が五百円ほどで売れたという。それで肉を買って食べたのだ。学校へ持っていく弁当はない。ボウリング場の売店でサンドイッチの耳だけ買うと十円で袋一杯買えたそうだが、「旨《うま》くてねぇ。ハぁー、耳じゃない部分はどこへ行ってるんだろうなんて思って。微《かす》かにジャムの味が残ってたりしてね……」。

これらは三年前に聞いた話のほんの一部だが、一気に聞けたわけではない。「俺、少年時代の話はあんまりしたくないんだ」「いかにも苦労しましたみたいなのイヤなんだ」「ヤだなぁ、こういうのが記事になると……」、逡巡《しゅんじゅん》しながら、それでも傷口をほじくるように聞いてくる私に、少しずつ話してくれたのだ。だからここでまたぞろその話を蒸し返すのは緒形さんにとっては快くないと思うが、私はこれらの事実が、非常に重要だと思う。十五、六の少年が一人で貧しい生活を送りながら、学校もやめず非行にも走らず……。その心の風景を私などが推し量ることはできない。だが、その時、確かに一人の人間の確固たる土台ができたことだけは確かではないだろうか。

「お袋がね、人の家でお手伝いさんしてて、忘れられないんです、それはね。その家の余ったご飯をかき集めて、海苔《のり》もないから味噌《みそ》でくるんで、寝袋の枕元《まくらもと》に新聞紙に包んで置いてあるの。それ、ガッて食ったらね、涙がボロボロボロボロ出てきた。何でかわからないけど……」

私は泣いてしまった。取材で涙ぐんだことは何度かあるが、その時は嗚咽《おえつ》しそうになった。慌《あわ》ててハンカチで口許《くちもと》を押さえたが、涙が止まらなかった。「すみません、取材中に泣いたりして」と言うと、緒形さんはただ小さく「うん、うん」と頷《うなず》いた。

「北条先生の家を出た後、ある日訪ねると、奥さまが『この間、私ぐらいの歳《とし》の女の人が来て、庭の草を毟《むし》らせて下さいって言うの』。俺、変な人もいるもんだと思って聞いてたら、『その人、お弁当持参で朝から晩までかかって庭の草を全部毟ると、どうも有り難うございました、って。あんまりよく働いてくれたんで、帰りしな、あなたはどちら様って聞くと、緒形がいつもお世話になっております、って』。たまんなかったねぇ……。俺に何も言わないで……」

この時だけは緒形さんの目が潤《うる》んでいた。

このお母さんは、その十年ほどのち、緒形さんが新国劇を辞める直前に、癌《がん》で逝《い》ってしまう。

「何ていう生涯かなぁと思って……。六十八だった」

だが一方、父親の話は爆笑続きで、妻の死後まもなく七十三か四で再婚した。恐らく一家を困窮の淵《ふち》に至らせたのはこのお父さんが大きな要因だったろうし身内にとっ

「汗水垂らして仕事がしたい」、こんな言葉を
心底から言えるこの人が、私は好きだ。

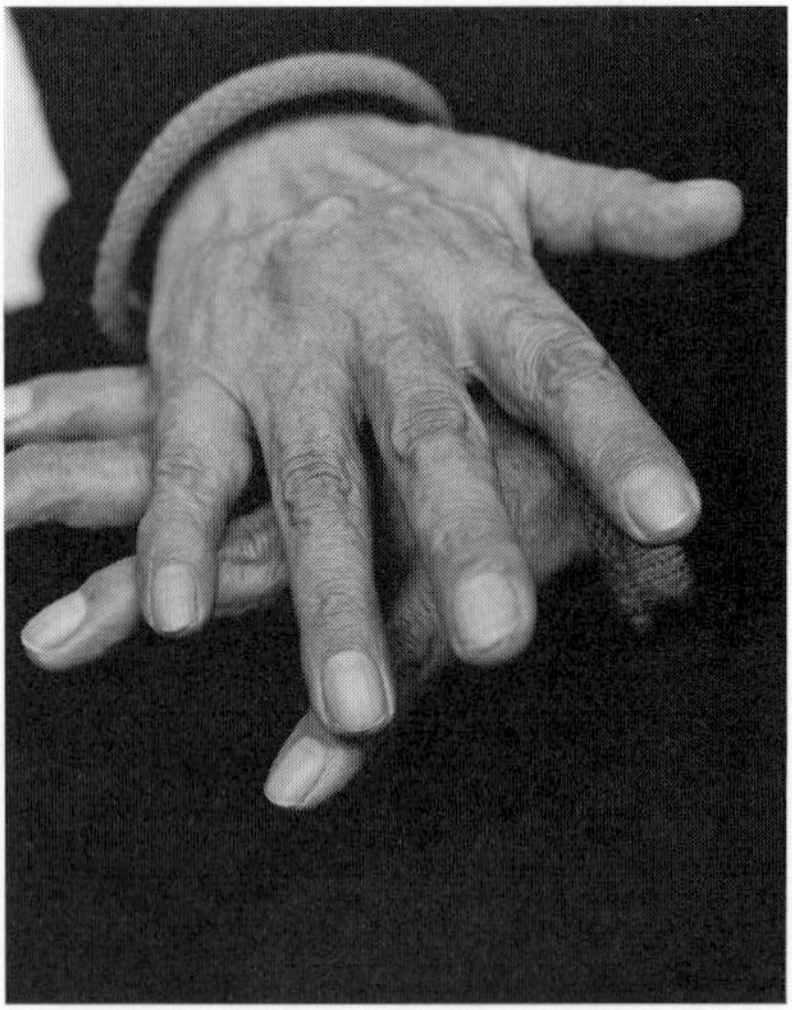

「子供の頃、よく母親に言われたよ。『人様の前では手をこうやって（身を屈《かが》めて引きつけて小さく結び）、お蔭様《かげさま》です、お蔭様ですって言うんだよ』って。俺の手、不細工なんだ」とはにかんだ。そして言った、「もうすぐお袋が死んだ歳《とし》になるんだ」と。

ては困った人だったのだろうが、芸術に通じた、実に洒脱《しゃだつ》な、そしていつまでも男の色気を漂わせた、魅力的な人物だったのだろうと緒形さんの話から想像できる。

事実、幼い頃、この父に寄席《よせ》に連れていってもらったことで「今の俺がある」と本人も言っている。その延長で芝居を観るのが好きになり、辰巳柳太郎《たつみりゅうたろう》の舞台「王将」に感銘を受け、役者云々《うんぬん》ではなく、ただ「あんな所で働きたい」と願うのだ。新国劇に入りたい、それが孤独な青年にとってどれほど大きな支えだったか。

だが今回、緒形さんはのっけに言った。

「僕にとってこれまでの話というのは、さしたる話ではないんですね。僕はこれからの話をしたいんですね。過去の話は得意でないということもあるんですけども、今のところ、何て言うかな、過ぎ去りし日を振り返っている暇もないというんですかね。だから、斎藤が描こうとする緒形とちょっとイメージが違うかもしれないですけども」

いきなりガツンとやられた気がした。だが同時に、やっぱり、と思った。そうか、やっぱりこういう人だったかと、妙に嬉しかった。

「去年（※二〇〇四年）の十一月二十六日に島田正吾《しまだしょうご》先生の訃報《ふほう》を聞いてですね。旅先（地方公演中だった）から先生の枕元へ馳《は》せ参じて、またお芝居をやって、またお葬式に帰ってきて、それでつくづく先生の死に顔を眺めながら、新国劇というか、沢田《さわだ》正二郎《しょうじろう》（新国劇の創始者）という人の『右に芸術、左に大衆』っていう、その匂《にお》いみたいなものをですね、何か自分なりに……継承していくって言うと大それてるけど、ささやかに自分なりに匂いみたいなものを、沢田先生と島田先生、辰巳先生の匂いみたいなものを継いでいけたらなぁと夢に描いてるんですよ」

島田・辰巳、両御大《おんたい》の演目《もの》を演《や》りたいという。そして最終的には「良寛《りょうかん》が演れるような役者になりたい」とも。「良寛は、僕ぐらいの年齢の時にもう、人の見た目なんて何も気にしてなかった人なんだと思って。できればそうありたいなと思って」。

今年（※二〇〇五年）撮る三本の映画、テレビドラマ……そんな話をする時の緒形さんは実に生き生きとしている。

「汗水垂らして、身上《しんしょう》削って、生き死にが懸かってるような仕事をしたい」

本当の苦労人は前だけを見ている、土の匂いがするような、いい笑顔をして。

緒形拳は、そんな笑顔をする人である。

伝法で真《ま》っ直《す》ぐな〝いいとこのお嬢さん〟

石井好子（シャンソン歌手 82歳）

石井好子（いしい・よしこ）
一九二二（大正十一）年、東京生まれ。衆議院議長などを務めた石井光次郎の二男二女の次女。東京音楽学校（現東京藝術大学）声楽専科卒。敗戦後すぐ横須賀の米軍キャンプでジャズを唄《うた》ったのが歌手デビュー。五〇年米国留学、五二年渡《と》仏《ふつ》、パリデビュー。五八年より日本で本格的に歌手活動をする一方、加藤登紀子や岸洋子を育て、外国人歌手を多数招《しょう》聘《へい》するなど、日本におけるシャンソンの普及に尽力。得意な料理とパリの思い出を綴《つづ》ったロングセラー『巴里《パリ》の空の下オムレツのにおいは流れる』は、第十一回日本エッセイストクラブ賞を受賞した。二〇一〇年、肝不全のため永眠、享年《きょうねん》八十七。

「石井さんはいいとこのお嬢さんだけど、気取ってないからいいね」

今思えば、核心を突いた言葉だった。言ったのは高峰秀子さんである。聞いたのは十年ほど前、私はまだ石井さんに会ったことはなかった。その時、高峰さんからこんなエピソードも聞いた。あるパーティでのこと、石井さんと高峰さんが会場で立ち話をしていたら少し離れた所にもう若くはない〝ブリッ子〟が特色の女性歌手が現れた。洋服の後ろに大きなリボンをつけていた。それを見て石井さんがボソッと言ったそうだ、「やめてくれってんだ」。高峰さんは愉快そうに私に言った、「石井さんのそういうところ、好きだよ」。

私はその話が妙に印象に残っている。幼い時から独りで闘うように生きてきた高峰秀子が、普段なら「ふんッ」と一瞥《いちべつ》して終わる〝いいとこのお嬢さん〟を何故《なぜ》「好きだよ」と言ったか——。

その後、私は仕事で石井さんに会う機会を何度か持つことになるのだが、その度に自分が想像していた〝石井好子像〟を直《じか》に確かめ、像は次第に大きさを増していった。

今回、一年ぶりに石井さんに会って、私は常々感じていたことを口に出してみた。

「人には上中下があると思うんです」

石井さんは顔を曇らせ、小さな子供を諭すように、穏やかに言った。

「そんなこと言うもんじゃないわ。人はみんなおんなじ、平等なんだから」

その通りである。人は全《すべ》て平等だ。私が勝手に決めた上中下はもちろん差別的な意味ではない、〝区別〟なのだ。人間の心映えの区別。

「あなたの言いたい意味はわかるけど、でもそういう言い方はいけないわ」

そう、いけない言い方だ。誤解を招く。だが、石井さんという人には、そんな私の過激な言葉を曲解しない賢明さと、何より私ごとき小わっぱがガタガタ言っても揺るがないほどの器がある。

「先生にはリッチな雰囲気がありますね」

「私の好かないことばっかり言ってるの」

しょうがない人ね、とでも言うように石井さんは笑った。

「私、そういう言葉は非常に避けたいの。私の父は朝日新聞の営業局長で、別にすごいお金持ちではないけど、まぁ重役だから人によく『石井さんのお父さんは偉い人だ』と言われて育って、いつも〝親の七光〟の中にいたの。若い頃はそんな風に誇張して言われるのがイヤだった。親の力じゃなく私は自立するんだと思って生きてきたの。もちろん、とても恵まれた環境で育ったことは幸せだし有り難いと思うけど、反面ちょっと申し訳ないというか、そうでない人がたくさんいるわけだから、何か後ろめたいような気持ちがずっとあったの。だからそういう言葉は好きじゃないのね」

だが私はなおも言った。

「それはそういう立場の方にしかわからないことですよね。私は羨望《せんぼう》を感じます」

「またそんなこと……頑固ね、あなたは」

石井さんはもはや諦《あきら》めたように笑った。

この人には、何か適《かな》わないような鷹揚《おうよう》さがある。

やはり石井好子はリッチだ。もう言葉には出さなかったが、私は心の内で再び思った。いつ会っても、かなり高価であろうアクセサリーや服装をさり気なく身につけ、ゆったりと構えている。金に飽かして高価な物を身にまとい、その高価な物に負けてしまうアンバランスな著名人はいくらも見たが、高価な物が〝身につく〟人は少ない。そこには精神的な、品性の高さがなければならない。それが、私の言う〝上中下〟、〝人の分〟なのだ。そしてやっと、その気持ちに近い言葉を思いついた。

「つまり〝格〟ですね」

石井さんは初めて頷《うなず》いた。

「フランスではクラースと言うの。『あの人にはクラースがある』とか『ない』とか。フランス人は品格があるないという言い方をよくするんです。私はミシェル・エメという作曲家に認められてパリでデビューしたんですけど、私がいつもの着物姿で、でもその時はちょっとウケようと思って得意だったマラカスを演奏しながら唄《うた》ったの。そしたらエメが後で私の所に来て、『あなたのようにクラースのある人がそういう軽々しいことをしないで欲しい。僕はイヤだ』。その時、初めてクラースという言葉を聞いたんです。『君にはクラースがあるから大事にしなくちゃいけない』と」

ミシェル・エメはあのエディット・ピアフに多くの曲を作った人である。

エメは知らなかったが、当時、石井さんの父・光次郎《みつじろう》氏は運輸大臣だった。政界に転じ、吉田内閣の閣僚になっていた。その後、池田、佐藤内閣でそれぞれ通産、法務大臣も務めた。そして石井さんの母方の祖父・久原房之助《くはらふさのすけ》氏は現在の日立グループの礎《いしずえ》を築いた人物で、六十歳を目前に政界入り、戦後公職追放になるも八十二歳にして政界復帰、日中ソの国交回復に尽力した。石井さんが幼い頃は白金の八芳園《はっぽうえん》が自宅で、遊びに行くと石井さんの姉など今の金額で十万円の小遣いを貰《もら》ったという。石井さんに言わせると「最後は破産して小さな家に住んでた」そうであるが。つまり極めて破天荒な、文字通りの風雲児だったのである。

石井さんは〝いいとこのお嬢さん〟からただの〝いいとこの奥さん〟になっても不思議ではなかった。それが「歌唄い」になったところに、この人の「やめてくれってんだ」に通じる何かがあると私は思う。

「うちの母は気の強い人でね、いつも言ってましたよ、『女が自由もなく夫にかしずいていなきゃならないのは、自活できないから』と。母自身、それが面白くなかったのね。だから姉や私を音楽家にしようとしたの。でも私は姉と違ってピアノが嫌いで。そしたらピアノの先生が私は声楽家に向いてると言って下さったんです。だから八歳で『歌唄いになる』と決めてました。それに母と姉はとても綺麗《きれい》だけど、私は器量が悪い。よく子供の頃、人が『まぁ、お姉様はお綺麗ねぇ』と言って、横の私を見ると口籠《くちご》もるように『あ、お妹さんはご健康そうで』なんて（笑）。だから私は、美しくなくても存在価値がある女になりたいと思い続けてきたの」

石井さんの人生を大きく動かしたのは最初の結婚だった。婚約者が結核で死に、父は、娘を熱愛する温厚な男との結婚を勧めたのだ。だが、夫となった人は酒乱だった。

「でもとってもいい人でね。普段は、人がいいから強いことや相手に反対するようなことを言えないのよ。だからお酒飲んでその分暴れるっていうことになっちゃう。もう哀れでね……。子供が『こっち向いてぇー』っていう感じで暴れる、そんな人だった。でも私には怖い顔しないの、出ていかれるのがイヤだから。私の友達や周りの人に対して凶暴になるの。だから別れた後もずっと気掛かりでした」

石井さんから聞く事実はかなり悲惨だったが、石井さんに憎しみの気配は毛ほどもない。「あの人を好きになれなかった自分にも責任があるから」と。離婚後アメリカに旅立つ石井さんにその人は手紙を渡したという。そこには「僕が叶《かな》えてあげられなかった幸せをこれから育てて下さい」と。

「確かに私の人生は最初の夫によって狂ったけど、でもお蔭《かげ》で歌手になれたんですよ」

アメリカで歌の勉強をしていた時、再会した小学校の同級生。それが生涯の伴侶《はんりょ》となる土居通夫氏だった。特攻隊で自分だけが生き残ってしまった苦しさを抱え続けている男と、結婚生活で痛手を負った女は自然と心を寄せ合った。だが男には日本に妻子がいた。普通なら遠い国でそのまま一緒に暮らし既成事実を作り上げるのだろうが、石井さんは単身でパリに発《た》ち、土居氏とは三年間会わなかった。

「子供の頃よく父に言われたの、『物事はしっかりけじめをつけなくてはいけない』って。私は父が大好きだったから、父の教えを何でも素直に聞いてたんです。そして自分でも様々なことを学んだし、妻子のある人と一度はルール違反をしてしまったけど、それをいつまでもずるずると続けるのはイヤだと。一度ルール違反から外れて、きちんと正式に一緒になりたかった。それに、両親に反対されたまま、両親に恥をかかせるような結婚はしたくなかったし」

好きな人と三年間も離れる……。辛《つら》さもさることながら相手の心変わりを心配しなかったのか。

「私ってね、そういうところがバカ正直っていうか（笑）。信用したら信用しっ放し。土居は女にモテる人だったから、接近してきた人がいたのね。でも私はあんな女を愛するはずがないと思ってたし、私でなくちゃダメだと言ってたんだから、そうなんだと信じて疑わなかった（笑）」

パリの独り暮らしで、歌が手につかないということもなかったという。

「歌っていうものがあったから、どんなに苦しい時でも励まされた。土居と会わない間、振られるんじゃないかと思うよりも、歌いながら、自分たちは愛し合ってるんだと思える気持ちのほうが強かったわね」

私は、石井さんがパリの「ナチュリスト」で踊り子たちと親交を結んだ話が好きだ。

「裸で踊るコは大体が娼婦《しょうふ》なんだけど、真面目《まじめ》なコもいたのよ。男に利用され騙《だま》され、それでも懸命に生きてる女たち。そういうコたちが私を信じて打ち明け話をしてその相談に乗ってあげたりしたの。友情を感じたわね。そのコたちの呆《あき》れるほど赤裸々な生き方が好きだった。〝ざぁます族〟は嫌い。パリにいた時の私は、誰の孫でも娘で

「パリの踊り子たちの赤裸々な生き方が好き。
〝ざぁます族〟は嫌い」と言う、この人の精神性。

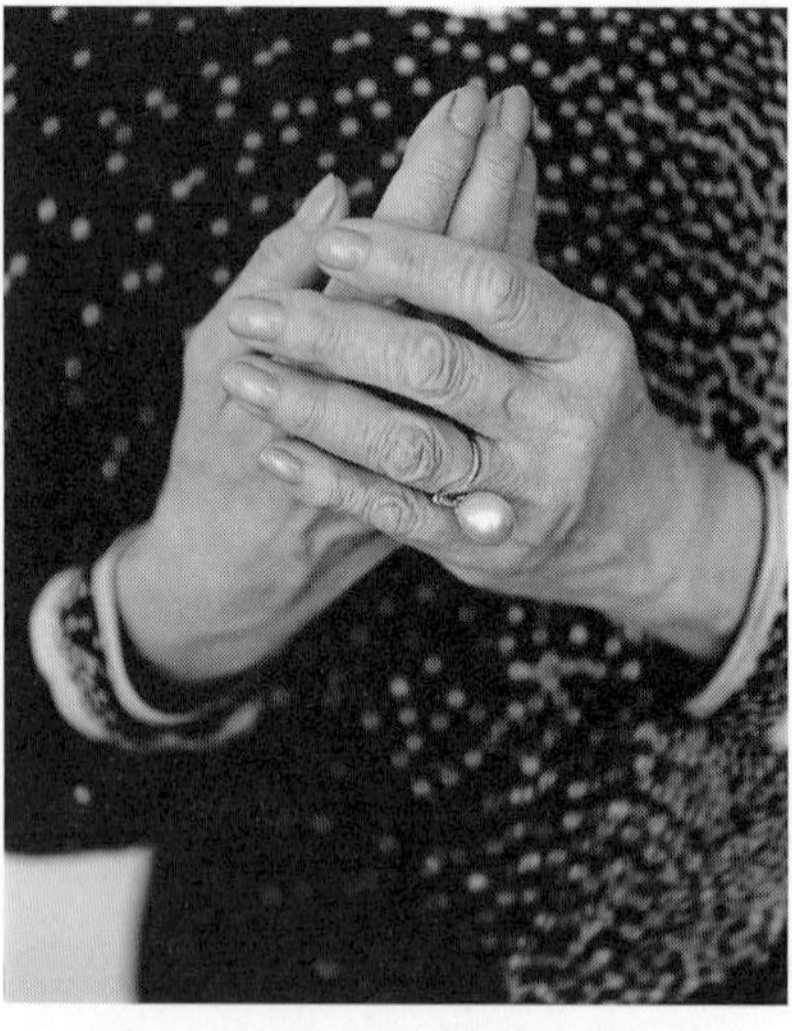

「人生のアクを消さなきゃと思って（笑）」
石井さんは両手に薄く化粧をして、
カメラに向かって手を構えた。
小走りに行くその足取りと
悪戯《いたずら》っぽい笑顔に、
この人の少女時代の面影を見るようだった。

もない。みんなに『ヨシコ』って呼ばれるただの日本人の歌唄い。日本にいたらそういう踊り子たちとは決して交流を持つチャンスがなかったと思う。あのパリでの三年間は私の人生にとって本当に大事だったと思いますよ」

当時、日本では「大臣の娘、裸レビューで唄う」と書き立てられた。だが日本から来た客が踊り子たちに「あの人のお父さんは大臣だ」と言っても誰も信用せず、「また変なこと言う日本人が来てるよ」と。石井さんも「そういう悪い冗談言う人もいるのね」と笑い飛ばしていたという。

「うちの母は祖父の正妻の子じゃないんです。だから祖父は、まるで孤児みたいに育って奨学金だけで勉強してきた父を見込んで結婚させたのね。祖父にはたくさん女性がいて、うちの母が最初に手をつけた女の人の子だから一番上なわけです。次に本妻さんが産んだ三人の叔母さんと叔父さんがいて、その下にお妾《めかけ》さんの子供が数えきれないほどいるんですよ。だから私と同い年の叔父さんがいるし、姉が雙葉《ふたば》高女に入ったら叔母さんと同級生になってしまったの（笑）。でも祖父は策士で根回しが上手《うま》い人なのね。十何人の腹違いの子をしょっちゅう寄せて遊ばせたりしてたから、みんな仲が良かった。つい最近ですよ、亡《な》くなった元お妾さんで後に正妻になった、ある高名な方の孫娘の一周忌があって、私より歳下《としした》の叔父とか叔母がいっぱいいる所で腹違いの私たちが偲《しの》ぶ会をやったの。だから久原という人は凄《すご》い人だったと思うわ。でも母はそういう境遇を面白くないと思う気持ちがあったから、人に後ろ指を差されないような生き方をしなければいけないと身をもって私に示したんだと思いますね」

貧しい生活の中で苦学してきた父・光次郎氏は九州男児の典型で、甘い言葉など妻に囁《ささや》くような男ではなかった。だが石井さんは、父が死ぬ前、「死んだらお母さんに渡してくれ」と一通の手紙を渡され、中にはこう書いてあったという。「あなたと結婚して私は幸せだった。ありがとう。この次の世でも、また私と結婚して下さい」

私は石井さんに会う度に、失われた時代の豊かさを感じる。今の時代の人間が金を積んでも権力をもってしても、そして薄っぺらな道徳観を振りかざしても手に入れることができない豊かさ。

「存在価値のある女になりたい」、そう思い続けてきた歌唄い・石井好子は、二〇〇五年秋、デビュー六十年を迎える。日本の敗戦後と同じ、決して短くはない六十年を。

この人ほど日本の現状を
知っている人はいない

永 六輔

（放送タレント 71歳）

永六輔（えい・ろくすけ）
一九三三（昭和八）年、東京生まれ。本名・孝雄。父・忠順氏は浅草の寿徳山最尊寺十六代住職。早稲田大学中退。高校卒業後、三《み》木《き》鶏郎《とりろう》の冗談工房に招かれラジオ・テレビ番組の放送作家に。作曲家・中村八大とのコンビで「黒い花びら」「上を向いて歩こう」「こんにちは赤ちゃん」などを作詞、大ヒットとなる。司会、出演者としても活躍。尺貫法を守るコンサートや売上税反対講演を開くなど、市井《しせい》にあって社会運動を続ける。八六年、スポンサーの国鉄民営化に反対して「遠くへ行きたい」のレポーターを降りる。大ベストセラーとなった『大往生』他、著書多数。文字通りのマルチタレント。

誰が使い始めたのか、〝文化人〟というのはイヤらしい言葉である。〝タレント〟に勝るとも劣らぬほどイヤらしい。最近はそのイヤらしい語群に〝コメンテーター〟というのも加わった。だが考えてみると、そのイヤらしさは言葉自体に罪があるのではなく、その言葉に関わる人間に問題があるのかもしれない。文化人と呼ばれるに相応《ふさわ》しい教養を身につけ、タレントと名乗るに値する才能を有し、コメンテーターとして稼ぐに足りる実のあるコメントを発すれば、これらの言葉から寒々しさは消えるのではないだろうか。

本当の〝文化人〟とは永六輔さんのことだと私は思っている。しかも肩書は「放送タレント」。ある時「放送タレントでいいでしょうか?」と聞かれ「どうぞ。お任せしますから」と、そのまま使っているという。私は十数年前、逆の経験をした。一冊だけ小説を書いたことがある俳優に短い文章を貰《もら》い肩書を「俳優」にしたら、本人に「肩書は作家だ」と強引に押しつけられた。

そして永さんの著書『伝言』(岩波新書)にこんな会話が出てくる。

〈ゲスト・コメンテーターとして、ご出演願いたいのですが…

…エッ?

ゲスト・コメンテーターですよ?

こういっちゃ何ですが、有名になりますよ。

ただ並んでいてくだされば……

ダメですか？

……信じられませんねェ〉

永さんは断ったのだ。私は読んでいて、快哉《かいさい》を叫んだ。

中学生の頃からラジオが好きだった六輔少年は、投稿したコントが毎回採用され、三木鶏郎《みきとりろう》に認められて放送作家に。大学時代には教室までテレビ局のスタッフが台本を取りにくるほどの売れっ子になっていた。だがある時からテレビが嫌いになる。

「僕らがテレビの仕事を始めた頃というのは、誰に出演を頼んだって断られました。即座に断られました。でも断られても、どうしてもこの人に頼みたいという時には、通って通って通って、説明して説明して、何とか『うん』と言わせるまで努力したんですよ。それがプロデューサーの仕事なんです、ものを作る時の。最近は『その日はダメ』って言うと、『はい。じゃあ、どなたかいませんかね』って言うね。なら何で俺に電話してきたの。俺がどうして必要なのか説明しろと言うの。大抵できませんね。誰でもいいんですよ」

「テレビのスタジオって、『お前、何でそこにいるんだ』っていう、訳のわからない知らない奴《やつ》がゾロゾロゾロゾロいるんです。あれが不愉快なの。代理店の人やメイクさん、仕事してる人がいるならわかるんだけど、ものを作るという緊張感はあんな知らない奴がゾロゾロいる中ではできませんよ」

私も昔、構成作家の端っこにいたことがあるが、確かにスタジオにはスタッフの知り合いなどという人もいた。

『伝言』にはこんなくだりも（全《すべ》て改行なしで表記させて頂きます）。

〈バラエティやクイズ番組を見ていると、出ている奴がバカだ、ということしか伝わってこない（笑）。だいたい、テレビカメラの前でモノを食ったりしているのって、恥ずかしいと思わないのかな。嫌いなものに無理して出ることはないし、出たい人はほかにいっぱいいますしね。（中略）いまは、テレビにはときどき出るだけにしています。黒柳君の「徹子の部屋」、筑紫《ちくし》君の「ニュース23」に、それぞれ年一度は出るとか。あとは、勝手にしゃべっていいという番組がもしあれば、それに出るとか。それ以外のテレビは出ません。〉

〈結局のところ、やはり、テレビではなくラジオ。ラジオで四〇年近く続けている「誰かとどこかで」がありますが、仕事とはもともと、三〇年くらいやって、はじめて仕事らしくなってくるものですよ。職人さんの仕事も、コツコツものを彫ったり、削ったりしながら、時間をかけてようやく一人前になっていく。それはいまのテレビにはない。瞬間瞬間の忙しさですから。想像力と創造力を鍛えるのはラジオ。〉

永さんは作詞家もやめた。「上を向いて歩こう」「こんにちは赤ちゃん」など大ヒット曲を生み出したにもかかわらず。

だが旅だけは続けている、半世紀以上。今でも一年のうち三百日は全国を歩いている。一人で。タクシーは使わない。

「僕は寺生まれ、寺育ちでしょう。寺っていうのはどういう生き方をすべきなのか、父が日本人の信仰の問題をわかりやすく話してくれる時、いつも気になっていたのが〝雲水〟と〝出家〟という言葉なの。この二文字が子供の時からこびりついてました。だからうちを出るということと雲の如《ごと》く水の如くというのに憧《あこが》れてたんです」

永さんはラジオ番組「永六輔その新世界」でも旅の報告をする。民俗学者・宮本常一《みやもとつね》《いち》の言葉があるからだという。「放送の仕事をするのなら電波の飛んでる先に行って物を考えなきゃいけない。スタジオで物を考えるな。とにかく歩いて歩いて、そこで見て聞いたことをスタジオに持って帰るんだ」。

他にも安藤鶴夫《あんどうつるお》、武智鉄二《たけちてつじ》……数えきれない人に、永さんは無名の学生の頃どれだけ教えてもらったかしれないという。

「そのお返しをしてないんですよね。無名の学生に招待券を届けて、この芝居は見ておいたほうがいい、この文楽は聞きなさいということを、僕は普段してないですから。せめて何かの役に立ちたいというのが、放送の電波、特にラジオなんです。必ずどこかから帰ってきて、その時のことを報告する。東京っていう街はそれができるんですよ、日本中の人がいるから」

あまりに方々を歩いているから、永さんの著作を読んでいると笑ってしまうことがある。例えば平成三年から五年にかけて出演したＮＨＫ「ニュース解説」「視点・論点」の放送内容に加筆訂正した『もっとしっかり、日本人』（ヴィレッジブックス）。〈私の友だちで、ロッキーの山の中でインディアンといっしょに暮らしている人がいます。彼の……〉〈私の友だちが、本当に鬱蒼《うっそう》たる森の中に家を作ったというんで、天竜川のずーっと先の方なんですけれども、出かけました〉。本人はサラリと書いているのだが、読んでいるこちらは「ロッキーの山の中……エェーッ」と、驚いてしまう。

あんまり可笑《おか》しいので、永さんに言うと、

「ネットワークとして人しか頼りにしてないの。インターネットとか携帯とか、そういうの頼りにしない。人と人だけ」

私は可笑しさが消えた。そして忘れようとしていた恐怖を思い出した。今回、『もっとしっかり、日本人』を読んでいて、本当は永さんに会うのが恐ろしくなっていたのだ。同書には〝コメ百俵の教え〟の誤用に始まり〝緑の保護と環境〟〝過疎《かそ》を逆手にとる〟など様々な内容が網羅されていた。それも全て旅の中から実地に得た事実だ。机上の論は一つもない。我々がどこかで聞きかじって、割り箸《ばし》を使わぬイコール自然保護だと信じていたことが、実は割り箸というのは製材で出る端材《はざい》を利用したものであること、割り箸を袋に入れる仕事の多くは障害者の授産所でやっていること、だから単純に「割り箸を使うのはよしましょう」と運動するのはそのまま障害者の自立にブレーキをかけることに繋《つな》がってしまうということを知った時の驚き。単に私が物知らずで、とうに知ってたよという人もいるかもしれない。しかし、それは〝誰かに聞いて〟知っていたのではないだろうか。永さんのように直《じか》に自分の目で見て知っている人がどれだけいるだろう。あぁ、私は何と無謀なことを……。この人が〝最後の日本人〟などということより、この人自身が〝最後の日本人〟について書くべきじゃないか。一体私などがこの人の何を書く……。自分の愚かさにほとほと呆《あき》れ果てたのだ。

だがお目にかかった。会わなかったからといって私の愚かさが直るわけでなし、と妙な理屈をつけて。

永さんはそういう私に呆れる様子もなく（と思ったが）、実に朗らかに（と見えたが）対峙《たいじ》して下さった。対峙しながら今度は、かねてから永さんについて感じていたことを思い出した。この人は実は最も恐るべき人なのに一見そうは見えないのは、きっと大事なことや難しいことを易しい言葉で軽々と表現できるからだと。「俗談平話」。この言葉は永さんが大学の物理学部を卒業した作家の稲本正《いなもとただし》さんから原子について説明してもらったエピソードを書いた文章に登場する。稲本さんの見事な説明を受けて永さんは思う。〈政治家であれ、あるいは財界の方であれ、「はあぁ、この人の話は聞いててわかる。あぁ、この人は、たとえ話が上手だな」といわれる人がどれだけいるでしょうか。わかりたいことが俗談平話でならわかってくるもんなんです。難しいことを難しくいうのは簡単で、難しいことを相手にわかる言葉で伝えることがどれだけ難しいか〉。

永さんが稲本さんに対して抱いた思いは、そのまま私の永さんに対する思いだ。なのに私が永さんにぶつけたことは、「今の日本がイヤになりませんか？」。

永さんは笑いながら答えた、

「イヤになってます。いろんなものがなくなってるけど、含羞《がんしゅう》という言葉があります

「含羞——。あれがね、探してもないんですよ」

今の日本を表すこれ以上の言葉があるだろうか。

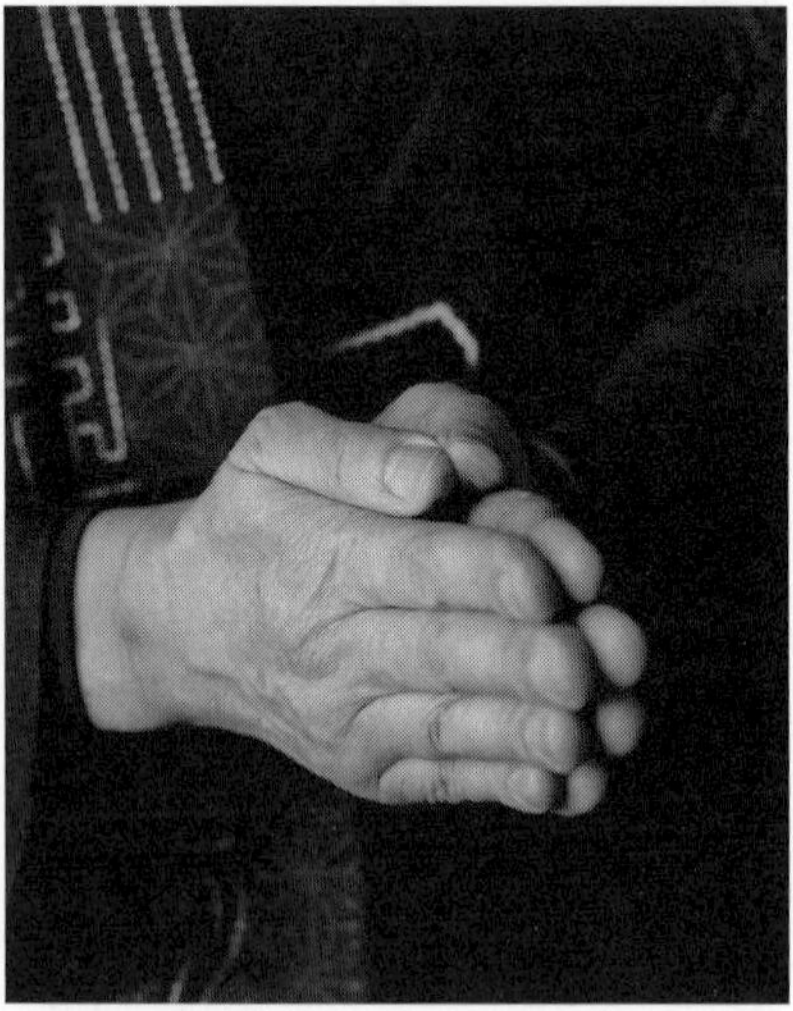

永さんは饒舌《じょうぜつ》だと思われている。
確かに多くを語ってくれる。
だが、永さんが静かに掌《てのひら》を合わせた時、
あぁこの人は寡黙《かもく》なんだ、
なぜか私にはそう思えて
仕方なかった。

ね。あれがね、探してもないんですよ」

含羞――。

日本に絶望している私はなおも聞いた、

「永さんのご本を拝読しているとある意味で絶望的になります。こんなに一所懸命日本中を歩いて、職人さんや農業をしている人や老人問題に取り組む人に会って、失ってはいけないものを繋ぎ止めようとしても、もう無駄なのに、転がり落ちる日本を止めることはできないのに、徒労なのにと思って絶望しませんかッ？」

永さんはやはり朗らかに笑って答えた、

「あなたが心配して下さっているように、やっても無駄だからと思っても、でもやり続けている仲間はいますよね。ジャンルは違いますけど。それは三味線の世界でもいるし、畑にもいるし。その人たちを細い糸なんだけど、繋いでいく仕事をすることでちょっと変えられるかなって、絶望してないです、僕は。ちょっとずつ変わってます。心細いですけどね（笑）」

「女房を看取《みと》ってからのほうがやたら忙しく動いてるんです。それもあるんですよ、供養《くよう》のためにね。『あなたは私がいることでうちに帰ってこなきゃいけないとか、うちに電話しなきゃいけないとか、それがなければあなた楽よね』って言われたことがあるの。今、そういう状態なわけです」

　今の若者にも絶望していないと言う。

「あなたが期待しているような返事にならないと思いますけど、若い奴は面白くて。一緒になって道端にしゃがんで見てたい。あのホリエモンもそうなの。ひょっとすると日本を動かせる力を持ってしまっていないかと。ただその先がね、どう変えるかっていうことに関して言うと……。日枝《ひえだ》さん（フジテレビ会長）や北尾《きたお》さん（ＳＢＩ代表取締役）のほうがイヤ。どうしてさ、お金の仕事してる人の顔って品がないんだろう、共通して。含羞っていう言葉をもう一回持ち出すと、何もないんですよ」

　永さんに初めて原稿を頂いたのは約二十年前、私が教師から記者に転職したばかりの頃だった。その時も永さんは旅先だった。原稿をゲラにすると、「……しました。」の「た。」一字だけがポッンと次の段の先頭に印字され出てきた。永さんから戻されたゲラには、その部分に「僕、こういうのは気持ち悪いので」と添え書きがあり、「た。」を前の段に追い込んでいた。恥ずかしい話だが、当時の私にはその座りの悪い字組みをこちらで調整しておく知識さえなかった。永さんの添え書きを見て顔から火が出た。数日後、永さんから絵葉書が来た。「互いの顔を見て仕事をするのが僕のやり方なのに、お顔も見ないまま失礼しました。沖縄にて。永六輔」。名もない記者に葉書をくれた人は永さんが初めてで、その後十年、高峰秀子さんに出会うまで、いなかった。

この取材当日、知覧から帰ったばかりの永さんは、翌日は天草に、その足で八丈島に行くと言っていた。宮本常一が「島にしかないよ、日本は」と言ったそうだ。

努力している人に「無駄だ」とは……。私は二十年ぶりでまた顔から火が出た。

山田太一

（脚本家　70歳）

作品に溢《あふ》れる品格と
人間への怖いほどの洞察

山田太一（やまだ・たいち）
一九三四（昭和九）年、東京生まれ。本名・石坂太一。早稲田大学教育学部卒業後、僻地《へきち》の教師を希望するも就職口がなく、学生課で「次の日曜日に入社試験のある会社はありませんか？」と、松竹大船撮影所入社。木下（恵介）組となり、六五年、木下に従いテレビ界に転じ、「木下恵介アワー」の脚本を担当。以後、「それぞれの秋」「男たちの旅路」「岸辺のアルバム」など続々と名作ドラマを生む。小説『飛ぶ夢をしばらく見ない』、『空也上人がいた』、随筆『路上のボールペン』など著書も多い。小説『異人たちとの夏』では山本周五郎賞受賞。他に芸術選奨文部大臣賞、毎日映画コンクール脚本賞など。

もし私が辞書の編纂者《へんさんしゃ》なら、テレビドラマの意味を〈山田太一が書くドラマ〉とする。

そんな結論めいたフレーズがすぐ頭に浮かんで、そういえば私は〝山田太一ドラマ〟を幾つか録画して持っていたはずだと、わが家のビデオ収集棚を見たら、「男たちの旅路」「岸辺のアルバム」「シャツの店」「夕暮れて」「冬構え」があった。私が高校の教師だった頃にテレビから録《と》ったものだ。だから仕事に必要だったわけでも、ましてや作者に会うなど想像もせず、ただいいドラマだと思って録ったのだ。結構たくさん録っていたんだなと我ながらちょっと驚いた。そして思い出してみると、子供の頃に観《み》た「おやじ太鼓」（数回を氏が書いたそうだ）「二人の世界」「それぞれの秋」も心に残っている。もちろん観ていないものも多く、「想《おも》い出づくり。」「早春スケッチブック」「今朝の秋」「ながらえば」などは観ていない。「ふぞろいの林檎《りんご》たち」は、当時あまりに話題になったのでわざと避け、やっと最近になって再放送で観た。

優れたテレビ脚本家の中でも、なぜ私は「テレビドラマの意味を〈山田太一が書くドラマ〉とする」のか。改めて考えてみると、私は山田太一という作家の〝人を見る視線〟が好きなのだということに気づいた。

例えば「冬構え」。妻に先立たれた老人が、家族の厄介者になる前に自死しようと

旅に出る話だ。結末だけ書くと、旅先で出会った若い男女の男のほうが老人の決意を察し、さりとてどうすることもできず、困って自分の実家に連れていく。貧しい農家には、出稼ぎに出た家族に打ち捨てられたように祖父が独居している。若者は祖父に、老人が死を思い止《とど》まるよう説得してくれと頼むが、祖父は無反応だ。だが老人と二人になった時、祖父は……。

（以下脚本を引用させて頂きます。老人・圭作は笠智衆《りゅうちしゅう》、祖父・惣造《そうぞう》は藤原釜足《ふじわらかまたり》）

惣造「孫がな」
圭作「（声を聞いたように思い）は？」
惣造「（立上り、ゆっくり隣の部屋へ行く）」
圭作「いや、すっかりお世話になりまして（と一礼）」
惣造「孫がな（おだやかにいう）」
圭作「はい」
惣造「（キチンと座り）あんたさに、いえという」
圭作「はい（なにをですか？）」
惣造「人間、生きとるのが一番だといえという」
圭作「（目を伏せ）そうですか」

物造「そしたこといえねえ」
圭作「（物造を見る）」
物造「わしには、生きとるのが一番だのって、そしたことはいえね（淡々という）」
圭作「…」
浜辺を走る物造の孫と恋人の姿が挿入され、再び老人二人の場面。そして最後にこんな台詞《せりふ》が交わされるのだ。
物造「少し、ここさいてみねがして」
圭作「（目を伏せ）はい（と考える）」
物造「こう見えても、気心知れてくれば結構しゃべるだ」
圭作「そうですか」
二人、笑い合う。
実に静かな、そして残酷なシーンだ。「わしには、生きとることが一番だのって、そしたことはいえね」――。だが、最後にほのかな希望が見える。
山田ドラマは〝平凡な人間〟を借りて、観る者に生きることの意味を問いかけてくる。殊《こと》に中高年を描いて秀逸だ。これは難しい技だと思う。若者は、たとえ過《あやま》ちを犯したとしても、若いというだけで美しく、希望を感じさせる。だが歳《とし》をとった人間はそうはいかない。くたびれ、人生の垢《あか》にまみれ、希望どころか、一体自分は何を成し得たのかという失望感、挫折感《ざせつかん》、あるいは過去への未練……どうしようもない醜さを抱えている。それは普通の人なら皆同じだ。山田太一はそんな姿を否定するでも肯定するでもなく、淡々と、しかし鋭く切り取って、現実よりリアルな台詞で私たちに伝え、最後に、ここが特に私は好きなのだが、必ずささやかな希望を残してくれるのだ。私は氏のドラマを観ていると、映っているのが風景であろうと空の部屋であろうと、常に〝人の心〟が映っているように感じて、時々、怖い。ふいに自分の粘膜に触れられたような痛みとでもいうか……。そこまで人の心の奥底を作者が凝視しているのかと思うと、とても怖い。だが、そこが好きだ。

もちろん演出も優れているのだろう。だが山田氏は常に〝あて書き〟をする。あらかじめ俳優を決めて書くのだ。

「ある話を何となく思い描きますね。そうすると、それに相応《ふさわ》しい俳優さんは誰だろうと考えるわけです。そしてプロデューサーとの間に何度か往復運動があって、その俳優さんがつかまるまで書き出さないんです。この人だったらこういう台詞は有効だけど、この人だったら要らない、黙っていたほうがいいとか、そういうのがあるんです。そしてみんながまだ生かしていないその俳優さんの側面が書けそうだなという時は嬉《うれ》しいですね」

先の老優二人のシーンでその意味がわかるはずだ。私は小津（安二郎）映画に出ていた笠智衆より数倍も山田作品の笠智衆がいいと思う。藤原釜足は昔からよかったが、ここでは名人の域だ。他に、死の床にある旧友・小沢栄太郎《おざわえいたろう》、旅先で惹《ひ》かれる沢村貞子《さわむらさだこ》。どれも映画時代からの名脇役《わきやく》だが、山田脚本はそういう人を一段と生かす。「岸辺のアルバム」の八千草薫、「夕暮れて」の岸惠子も、確かにそれまでにない側面を生かされている。

その山田脚本の台詞を俳優は書かれた通りに喋《しゃべ》る。完成度の高い台詞なのだから当然そうであろうと予想はしていたが、試しに既刊の「冬構え」の脚本を目で追いながらドラマを観たら、一字一句違わなかった。

「変えていいよと言ったらぐずぐずになっちゃうから。要するに、ある顔を整形するといったって、目を直すと次は鼻、口元というふうに終《しま》いに何が何だかわからない顔になるのと同じで（笑）。昔、ある演出家に勝手に台詞を変えられて、その人に長文の抗議文を書いたことがあるんです。なしのつぶてでしたね。もうそいつとは二度とやるもんかと思って、未《いま》だにやってません」

この長文の抗議文というのは私には意外だった。へぇー、山田さんってそういうことをする人だったのか……と。原稿を頂く時に何度か電話で言葉を交わし、半生を伺う長いインタビューをさせて頂いた印象からは、静かな物言いの、こちらが申し訳ない気分になるほど優しい人、というのが私の〝山田太一像〟だった。ところが先日、氏の随筆『路上のボールペン』（新潮文庫）を読んで、もっと意外なことを知った。氏が大学生の頃の話だ（改行せずに引用させて頂きます）。

〈ある時、ひどくバカバカしい議論をしかけてくる男がいて、私は腹を立てて、これでもか、というように、その男の議論のつまらなさを叩《たた》いた。帰り道は、ちょっと勝ち誇ったような気持だった。その時、終始一緒にいた友人が、ボソッといったのである。高田馬場のホームであった。電車の来る寸前に、「君は——」といった。「う？」。「権力を持つと威張るんだろうな」。そこへ電車がすべり込んで来た。私は冷水を浴びたような気持だった。なにが嫌いといって、権力を持った人間の居丈高ほど嫌いなものはない、と思っていた。ところが、いわれてみれば、確かに私の中に、そういう嫌な芽がないとはいえないのであった。〉

——どこかでご自分が変わってきたなという部分はあるんですか？

「そうですね。一つは友達に言われたその言葉。それがずっと刺さってますね、もう一つは撮影所に入ったことです。撮影所というのは僕みたいな単純な人間が大学出たくらいで持ってるもんなんか、せせら笑われちゃうぐらいいろんな才能を持った人がいるんです。例えばカチンコ（カメラのスタートと同時にレンズの前で叩く道具）一つにしても、あれって一見簡単に見えますけど、もう不思議なくらい新人助監督って失敗しちゃうんですよ、最初。僕もできないことがショックで。できるようになるまで先輩が偉く見えるのね。なんかバカみたいな先輩なのに、カチンコ巧《うま》いなぁと思ったりするわけね（笑）」

そしてこんなことも。

「脚本家であるということがかなり影響してるような気がする。つまり、小説家とか詩人は自分が一人称で書けるけれど、脚本家というのは、特別な主役を作らない限り、いろいろな他者をほぼ等分に書くことを求められますよね。そういう作業をしていると、どの人のこともっともだと思えちゃうようなところがあるというか（笑）。そして年齢って面白いもので、加齢によって生まれる変化は実に面白い。だから僕は、耳を澄まして自分が変わっていくのを見てるようなところがあるな」

以前、氏に半生を聞いた時、とても印象に残った発言がある。氏の生家は浅草の食堂だったが、空襲による類焼を防ぐという名目で強制撤去になり一家は湯河原に移る。そこで母親が病死、父親は再婚するが、次第に不仲になる。小田原高校の一年生だった太一少年は両親にもめられるのが厭《いや》さにできるだけ家事をやるようになるのだが、夕飯の支度に間に合うよう帰宅するには四時八分の東海道線に乗らなければいけないから、毎日、学校の百段坂をすっ飛んで帰る。ために〝四時八分〟というあだ名が付く。結局三年生の時、父親は離婚。早大に入った太一青年は東京の親類宅の庭に小さな家を建ててもらって通学する。押入れも靴脱ぎもない、四畳半きりの箱のような小屋だった。心に残ったのはこの時の言葉だ。

「僕ね、その小屋で暮らし始めた時、こんな幸福があっていいいんだろうかと思ったの。いくら本を読んだって、寝坊したっていい。走って帰って夕飯を作らなくていいし」

さらに結婚した当時の心境も。

「独りの時は小間切れ肉とモヤシを炒《いた》めたのだけでご飯食べてたのが、結婚したら、お味噌汁《みそしる》やおかずが二、三品あるでしょ。僕、神が許さないいんじゃないかと思ってねえ（笑）」

「時代がそうだったから」と氏は言うが、戦争や貧しさを体験した人が皆こんな眩《まぶ》しいほどの〝幸福観〟を抱けるとは限らない。私は山田太一という作家に〝怯《おび》えの視線〟を感じる。それは卑屈とは違う。人間を畏怖《いふ》する、理性の目である。その目は、人間というのは一色《ひといろ》ではない、良くも悪くもあらゆる側面を持っていて、なおかつ変わる、そうどこかで覚悟を決めて見据えている目。その目でできる限り人の内奥《ないおう》を見つめ、全神経を研ぎ澄まして書く。そんな気がする。

一度聞いてみたかったことがある。

——脚本を書き上げた時、「あぁ、僕はなんていいドラマを書くんだろう」と惚《ほ》れ惚《ぼ》れしたことはないですか？

氏が「ある」と答えるはずもなく、それでも私がしつこく何度も聞いていると、

「あのね、実を言うとね。常に、いつ行き詰まっちゃうかわからないみたいな不安ってずっとあるんですよ、僕。何かのぼせちゃいけないという抑制が結構強いですね」

——それは脚本家になってからでなく、例えば幸せだった浅草の家がある日突然消えてしまったり、二人のお兄さん、お母さんまで結核で失う、そんな突然の喪失感がもしかすると関係があるのでしょうか？

「ありますね。大いにあると思う。いつ何が起こるかわからないと思ってるところがあるな。それと、生活をあまり広げたくないという感じがある。例えば外国に別荘を持つとか。幅が狭いのかな、人間の。抱えて不安のない範囲で生きてるのがいい。生活を広げることで苦を背負いたくない、人生をシンプルにしたいと思うんですよ」

最後に、是非聞こうと思っていたことを聞いた。私は日頃から、タレントの学芸会

「今のテレビ局は金儲《かねもう》けのためにドラマを作っている」

〝山田太一〟にここまで言わせる今のテレビを、私は憎む。

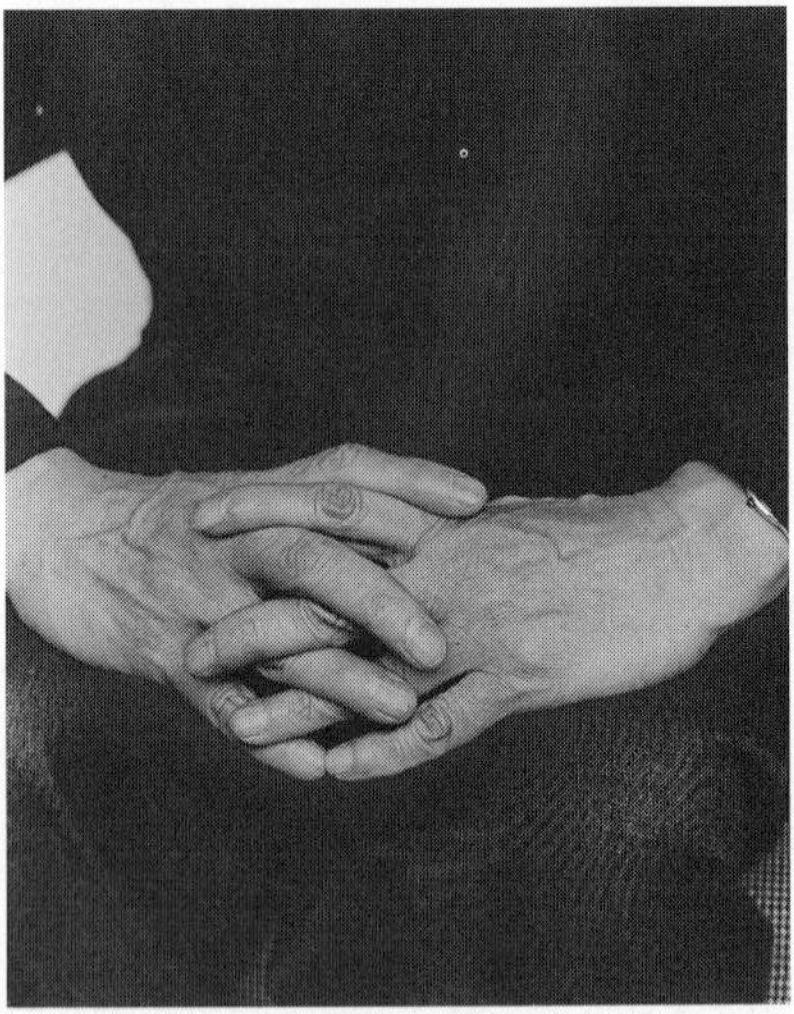

山田さんの手は、
優しくきれいな手だ。
だが、この一見ひ弱そうな手が、
実は妥協を許さず、
理想を捨てず
名作を書き続けてきたのだ。

や、ダラダラ説明を垂れ流すのを長台詞などと称するドラマにウンザリしているから。

――今のドラマをどう思いますか？

「僕らの時代よりも全体の水準はうまくなっていると思いますね。つまり技術者としてそこそこ達者だというか。ただし作家性みたいなものは無くなりましたよね。今は作家性なんかを発揮させるためにドラマをやっているんじゃなく、要するに金儲け、視聴率のためですよ。支配側のテレビ局の意向がそうであれば、書く人はそれに合わせざるを得ない。それが厭な人は離れていきますよね。小説を書くとか芝居を書くとか。今の脚本家がダメというんじゃなくて、そういう状況を作ってしまった人たちが悪いと思う。権力のある人たちがね。ライターに書きたいものを書けなんていう土壌は無くなっちゃった。オリジナルの脚本はどんなものができるかわからなくて危なっかしいからと、漫画など原作があるものにする。今は脚本家の作家性がすごく厭がられている。それは僕、とてももったいないことだと思う」

この言葉は、ドラマに限らず、今の日本そのものを象徴していると思う。

では私たちはどうか。ささやかだが眩しいほどの幸福観を持っているだろうか。テレビドラマを育てるのは、観《み》ている私たちだ。

中村屋三代に仕える
大部屋俳優の心意気

中村小山三

（歌《か》舞《ぶ》伎《き》役者　84歳）

中村小山三（なかむら・こさんざ）一九二〇（大正九）年、東京・浅草生まれ。本名・福井貞雄。四歳で三代目中村米吉（十七代目中村勘三郎）に弟子入り。六歳の時、中村小米として本郷座「忠臣講釈」の重太郎の一子で初舞台。のち中村蝶吉を名乗り、四八年、中村しほみと改名、名題昇進。五九年、勘三郎の長男・勘九郎（十八代目勘三郎）の初舞台、歌舞伎座の「桃太郎」で〝おきぢ〟（雉）を演じて、二代中村小山三を襲名。九七年、第三回日本俳優協会功労賞受賞。「四谷怪談」の宅悦女房おいろを始め、下積みに生きる女を演じて絶品。二〇〇六年、文化庁長官表彰。

「私の曾祖父《ひいじい》さんみたいな人が寄席《よせ》の奥役をやってたらしい。父方か母方か？　それが全然わからないのよ。血が繋《つな》がってんだかどうだかも。それで、師匠（先代の中村勘三郎）のお母さんという人が浄瑠璃《じょうるり》のお師匠さんだったから、うちの曾お祖父さんを知ってて、その関係で私は中村屋に行ったんだと思います。

母親は早くに死んだから顔も知らないんですよ。ずっと姉が母代わり。一緒に抱いて寝てくれて、それは可愛《かわい》がってくれました。十幾つ上ですけど、細かいこと言うとね、私のほんとの姉じゃないんです。私がそこへ養子に行ったのか、姉が養女に来たのか。そこのところは聞いたことがない。聞こうとも思わなかったし。姉は、後から思えば、お妾《めかけ》さんだったのね。三十六で死んだ後、わかったことですけど。そう言えば、私が小さい頃、時々年配の男の人が人力車で訪ねて来てたんです。姉はいつもお小遣いを一銭くれましたけど、その人が来ると決まってがま口から二銭出して『外で遊んでおいで』って。外に出ると、人力車の脇《わき》に前垂れに鳥打ち帽の小僧さんが立ってるの。旦那《だんな》を待ってたんでしょうね。三ノ輪と厩橋《うまやばし》に大きな店を持ってる本屋のご主人だったそうです。姉は綺麗《きれい》な人でねぇ。いつも大丸髷《おおまるまげ》を結って、上背のある人で……」

まるで、新派の世界である。

日本中の町がどこもかしこも均一化されたのと同じで、今は、人の境遇にもそう大差がなくなった。自らが家族や教育の機会を拒絶しない限り、誰もが少なくても義務教育までは受け、己の出自を知らないというような人も全くと言ってよいほどいない世の中になったのだ。小山三さんが語った幼少期の話は今から八十年前、大正半ばのことである。身分や貧富の格差が当たり前に存在していた時代、幼い子供が他家に貰《もら》われたり、丁稚《でっち》奉公に出されるのは日常のことだった。

小山三さんは本名を福井《ふくい》貞雄《さだお》という。浅草の鳥越《とりごえ》に生まれ、父親は製本工場に勤めていた。血縁でない姉の手によって育てられ、四歳の時、当時十六歳だった中村米吉（後の十七代中村勘三郎）に弟子入りするのである。

「これは嘘《うそ》だか何だか、姉が『この子を役者にしたい』と言った時、姉のお祖母《ばあ》さんて人が八代目か九代目だかの市川團十郎のお手付きだっていうお墨付きを持ってたそうなんです。だから私を当時の松本幸四郎のところへ弟子入りさせようとしたら、うちの師匠のお母さんが『それならうちへおいでよ』と。それが初めて中村屋に挨拶《あいさつ》に行った時で、それは薄ら覚え。私は振り袖《そで》着てたっていうんですけど、よく覚えてない。昔はね、子役は男の子でもみんな袂《たもと》のきものを着てたの。髪伸ばして真ん中から分けて」

その数日後、正式に弟子入りするため初めて米吉に会った時の〝バーカ発言〟は、歌舞伎界では有名な話。

「私は全然覚えてなくて、後で先生（十七代目勘三郎）に聞いたんですよ。『お前は最初そう言ったんだよ』って（笑）。いえ、度胸があるなんてんじゃなく、わからなかったからでしょう、結局。何を言っていいんだかわからないから、『お前なんていうんだい？』『ばか』って（笑）」

それから八十年である。名優と謳《うた》われた先代中村勘三郎、十八代目勘三郎、そして勘太郎（六代目勘九郎）と七之助、実に八十年の長きにわたって中村屋三代に仕えているのである。

役者だからもちろん舞台には出るが、小山三さんがその大半を費やしてきたのが後見の仕事、舞台の上で役者の後ろに控えて何かと世話をする役目だ。だがそれだけでなく、小山三さんは三代の、殊《こと》に師匠だった先代については食事時の給仕に始まり日常全《すべ》ての世話をしてきた。言ってみれば、乳母でありお手伝いさんであり付き人、先代にとってなくてはならない存在だったのだ。

だが周知の通り、歌舞伎というのは家柄がなければ役は付かない。それ以外の役者は生涯、脇役、大部屋俳優である。

「後見ほど難しいものはないんですよね。その後見に切り替えたっていうのは、これがそもそも自分をね、わかったからなんです。師匠に『芝居を観《み》なくちゃいけない』、つまり勉強しろって言われて、観るでしょ。そうすると、やっぱり好きで役者やってるからどうしても主役ばっかり観るんですよ。でもある日、気がついたの。この主役を観て覚えたって自分が演《や》れっこない、そんな役が貰えないんだから、私たちは門閥じゃないんだから。じゃその次の、このぐらいの役なら役者が病気したとか何とかで私のところに来るのかなと、観て覚えたんですけど、その脇役がみんな亡《な》くなっても来ないんですよ、私には。だからもう諦《あきら》めちゃって、じゃあ後見しようと」

それが戦後、「小山三」を襲名した三十八歳の頃だという。

「うちの先生が立役《たちやく》でも女形《おんながた》でもいろんなのを演るから、あらゆる後見を覚えさせられたんです。そのお陰で勘九郎（十八代勘三郎）さんが何を演っても後見ができたんですよ」

だが脇役でも、小山三さんには当たり役がある。「四谷怪談」宅悦の女房おいろ、「髪結新三《かみゆいしんざ》」白子屋の下女お菊、「籠釣瓶《かごつるべ》」の女中お咲……。先代中村屋が「〝小山三十種〟だね」と言ったという。事実、小山三さんは下積みの女を演じて絶品である。

「よく師匠に『役になりきれ』と言われました。役になりきれば自然に気持ちが出てくる、台詞《せりふ》も出てくるって。例えば女中を演るんでもいろんな女中がいるから、その世界の女中にならなくちゃいけない。亡くなられた歌右衛門さんが私が演った『籠釣瓶』のお咲を観て、『他の人が演るより、あんたが一番この役はいいよ』って褒めてくださいました」

二〇〇五年三月、十八代勘三郎襲名の舞台では「一條大蔵譚《いちじょうおおくらものがたり》」の局《つぼね》・鳴瀬という大きな役を与えられた。

「師匠が大蔵卿《おおくらきょう》を演った時に二度ばかり演ってるんですけどね、何十年も昔。でも師匠が亡くなってからはもう絶対あの役は私には来ないと思ってたんです。勘九郎さん（四代目）の時は私より（格）上の人が演ってましたから。そしたらチラシに出て、テレビでも放送されて、ドキュメンタリーみたいなのもあったでしょ、襲名の。それで大変印象づけられちゃったんですね。舞台に出て行くと、拍手と大向こうが出る（声がかかる）んです。だから知らない人からずいぶん手紙を貰いました、ファンレター（笑）。楽屋から帰る時に若いコが、玉三郎さんや勘九郎さんたちを待ってるついでだか何だか、『サインして下さい』『一緒に写真撮ってください』って、ずいぶん。テレビというのは恐ろしい。銀座なんか歩いてて、知らない人に『この間はご苦労様でした。これから観に行きますよ』なんて言われると、私、びっくりしちゃうんですよ（笑）」

大蔵卿も二度演じたことがあるという。

「最初は明治座の〝天地会〟（大名題と脇役が役を入れ替わったり女形が立役を演じたりしてギャップを楽しむ会）。私、『天地にならない』って言われたんですよ。もう一度は歌舞伎座。年に何回か子供に見せる芝居をやるんです。私は年中後見して覚えてるからできたんですけど、初めてね、引き抜き（衣装の荒縫いになっている糸を抜いて、瞬間的に衣装を変える）やったでしょう。気持ちがいいですよね。特に歌舞伎座は舞台が大きいから全然違います、格別です。観てるのは子供だけど、そんなこと忘れちゃってますよ」

この言葉を聞いた時、私は大部屋俳優の掛け値のない心情に触れた思いがした。

私は小学生の頃、テレビで歌舞伎中継を観る度に疑問だった。台詞の言葉《ことば》尻《じり》を唱和するだけのズラリと並んだ腰元役、この人たちは演っていて楽しいのだろうか。主役に「ヤぁヤぁ」と斬《き》られてとんぼを切って舞台の袖に転がり消えていく人たち、つまらなくないのだろうか。そして十代の頃、名殺陣師《たてし》・坂東八重之助《ばんどうやえのすけ》の指導を受ける若い研修生たちのドキュメンタリーを観て、何かいたたまれない思いがした。いくら才能があってもどれほど努力しても、決して主役を演れない、チャンスそのものがないのだ。またそれを承知でその世界に入っていく人たち……。

確かに名優はいる。六代目菊五郎の舞台を初めて映像で観た時は鳥肌が立った。なるほど〝伝説の名優〟だと思った。だが名優でなくても、家柄さえあれば、その多くがある年齢になると芸術院会員になり、毎年、国から金が貰える。たとえそれが老齢のため台詞が覚えられずプロンプターの声が客に丸聞こえでも。片や、生涯その他大勢で終わる役者がいる。それが歌舞伎界というものだと言われればそれまでだが――。

遠慮しいしい経済面について聞くと、小山三さんは「若い研修生がやめていくのは無理もない」、自身の生活についてもかなり詳しく語ってくれて、「こんな話したくないけど、(住宅費のために)生命保険、全部解約しちゃった」。そして「でも三月はすごいんですよ、あの鳴瀬のお陰で」と笑ったが、「私は八十幾つになってあの役貰ったけど、今、腰元で出てる何十人の中で、何年経《た》ったらあの役が演れる人があるのかって思うと、歌舞伎の将来が心配になりますよね。下回り(脇役)がなきゃ芝居できないでしょう」と。

八十年の間に、役者をやめようと思ったことはないのだろうか。

「友達にもよく言われましたよ、『お前、何十年もやってて幾ら貰ってんだい』、私がこれこれだと言うと、『何だそれっぱかりで。やめちまえよ』って。だって、やめて

かつて日本には〝分をわきまえ〟ざるを得ない生き方があった。
この人はそんな時代の最後の生き証人かもしれない。

お顔同様、手も84歳（2005年撮影当時）とは思えぬ艶《つや》やかさ。
「今日は撮影があるからファンデーションをつけてらっしゃるんでしょうけど…」と言うと、「とんでもない！　そんなイヤらしいことしませんよぉ」。毎晩、化粧水代わりにつける日本酒に秘密があるらしい。

何になるんだって。この世界が好きだから、舞台が好きだから、役者が好きだからいるんだから」

姉さんの死後、十五、六歳までは通い弟子だったが、その後、継母が来て、中村屋の内弟子（住み込みで修業する弟子）になった。そして戦後まもなく再び通いになり、師匠宅の近くにアパートを借りたという。

「内弟子の頃、怒られて家に戻されたことも何度もあります。戦後は芝居ほっぽり出して三日間休んだこともありますし。中村屋から迎えに来ましたよ。怒られた理由？些細《ささい》なことです。それから私、新派の英太郎《はなぶさたろう》（初代）さんに可愛がられてたから新派へ行きたくなって、父親に言ったことがあるんです、そしたら『バカヤロー』って怒られちゃった（笑）」

〝滅私奉公〟という言葉を投げかけると、

「そうでしょうね。今はそうでもないかもしれないけど、昔は確かに。師匠によく言われましたよ、『お前は〝路傍の石〟だ』って。子供心にそれどんな石だろうと思ってね。映画観たんです、『路傍の石』って映画。それ観て、あぁこれなんだなと。それから変わったんですね、自分が」

――今度生まれ変わったら、また同じ人生を歩みたいですか？

「考えたことないですね。考えたってしょうがないですよ」

――生まれ変わったら主役を演れるような立場に、と思ったことはないですか？

「なれっこないから考えないですね」

――もしも生まれ変わったら、ですよ。

「生まれ変わっても、なれっこないと思う」

――なれっこないというのは？

「つまり、家柄がなきゃだめだから」

――だから、そういう家柄に生まれ変わって役者をやりたいと思いませんか？

「うーん。ならないと思ってるから。絶対だめ。この社会は」

――では、歌舞伎以外の役者になるとか？

「うーん。もうそんな苦労はたくさん。もうこれ以上苦労するのは厭《いや》です」

この話題の時だけ、小山三さんは頑《かたくな》だった。その頑さに、この人の八十年の重みを感じた。

だがそれでもまだ小山三さんは恵まれている、〝大部屋俳優〟の中では。それはこの人が、「俺が死んだら小山三を一緒に棺に入れておくれ」と言われたほど、その亡《なき》骸《がら》にすがって一時間泣き通すほどの、心から敬愛し、また相手からも信頼される

〝師〟を得たからだろう。もしそれが十七代中村勘三郎という人物でなかったら……。

運命や定めというものが今とは比べものにならぬほど重かった時代、その定めに殉じて懸命に生きた人。中村小山三という人は恐らくその最後の生き残りの一人だ。

この先、どんな時代になるとしても、そして小山三さんが過ごした時代が良かったか悪かったかは別として、私たちは、確かにそんな時代があったこと、その時代を生きた人たちがいることを忘れてはならないと思う。私は決して血筋を第一義とする世界を否定するのではない。だが、歌舞伎という芸術が「舞台が好きだから。役者が好きだから」という一心で大部屋俳優を生きた人たちなしには存続し得なかった芸術であることは確かで、これからの時代、果たしてどれだけの人が〝滅私奉公〟という定めに殉じることができるだろうかと、危惧《きぐ》するだけである。

この原稿を書いている時、小山三さんから電話がきた。

「私、賞を貰ったんです、会長賞。三月四月五月と奮闘したってことと、三代に仕えた功労を讃《たた》えてって。千秋楽に（松竹）永山会長から頂いたんです！」

弾《はじ》けるようなその八十四歳の声が、今も私の耳から離れない。

安野光雅

（画家　78歳）

その姿勢に溢《あふ》れる
〝職業人としての覚悟〟

安野光雅（あんの・みつまさ）
一九二六（大正十五）年、島根県生まれ。山口師範研究科修了。教員生活の後、三十四歳で画家として独立。六八年、デビュー作の『ふしぎなえ』は、視覚トリックを使って実際にはあり得ない情景を描き、保守的な絵本業界を驚かせた。その後も画期的なアイデア溢れる絵本を次々に発表。七七年『あいうえおの本』でBIB金のりんご賞、七八年『安野光雅の画集』でボローニャ国際児童図書展グラフィック大賞、八四年には国際アンデルセン賞画家賞など国内外の受賞多数。欧米ではANNO（アノー）の名で知られている。二〇〇八年、菊池寛賞受賞。一二年、文化功労者。

私は子供の頃「大きくなったら何になる?」と聞かれる度に、迷うことなく「画家」と答えていた。絵を描くことが好きで、祖母に左手を後ろ手に縛られるまでは両手にクレヨンや鉛筆を持って毎日描いていた。だから今でも落書きをするし、絵を見ることも好きだ。

あらゆる表現芸術がそうなのだが、しかし絵ほど、受け止める側の感性次第で〝好き嫌い〟が明確に分かれるものもないだろう。

私は安野氏の絵が好きだ。初めて見たのがどの作品だったかは覚えていない。いつの間にか自分の経験の中にしみ込んでいる。ボーと霞《かす》むような欧州の山々、見ていると時を忘れてしまう小さな人間の営み、だまし絵……。好きでない絵は一瞥《いちべつ》して終わるものだが、好きな絵というのは吸い寄せられるように見てしまう。いつの間にかその絵に対して、心を開いているのだ。安野氏の絵は見る者の心を自然と開かせる絵だと、私は思う。

その安野氏に初めて会ったのは今から十年前の夏。高峰秀子さんの連載に絵を使わせて頂く御礼を述べるべく編集者の端くれとして、編集長と高峰さんのお供をしたのだ。写真でお顔は知っていたが人柄は知らない。時々、高峰さんの口から「安野先生」という言葉を耳にしていた。その言い方には明らかに氏に対する深い尊敬の念が

感じられた。私が心から尊敬する人物が〝尊敬〟する人――。一体、どんな人物だろう。興味津々《しんしん》、ちょっとドキドキしながら、その登場を待った。

　この人？　ホテルのレストランに現れたのは、ヨレヨレダブダブのジーパンをサスペンダーで吊《つ》った、ボサボサ髪の、〝くまのプーさん〟みたいな人だった。

　だが拍子抜けした次の瞬間、高峰さんがこの人物を敬愛する気持ちがわかるような気がした。呟《つぶや》くような語り口、無心に冷麵《れいめん》を食べる姿、「これ先生がお好きな、いつもの」と高峰さんからタッパーに入ったお手製の梅干しの鰹節《かつおぶし》まぶしを渡されると「あ、有り難いッ」と嬉《うれ》しそうに包みごとジーパンのポケットにねじ込んでしまう姿……。真《ま》っ直《す》ぐな人だと思った。別れる頃には、〝くまのプーさん〟は、妙な譬《たと》えだが、束《つか》の間《ま》の安らぎをかみしめている百戦錬磨の剣豪に見えていた。

　そしてその後、私は、その〝妙な譬え〟が間違っていなかったことに気づいてゆく。

　安野氏の実家は島根県津和野で宿屋を営んでいた。家の中には様々な〝絵〟があった。泊まり客のために置いてある雑誌の表紙絵や挿絵、ガマに乗った仙人やケラケラ笑っている寒山拾得《かんざんじっとく》などが描かれた屛風絵《びょうぶえ》、富山の薬売りが持ってくる食い合わせの絵、日めくり暦の裏にある大黒様の絵……そんなありとあらゆる絵を〝ミッちゃん〟は「なんだ、こりゃ？」と飽かず眺める少年だった。

「その頃僕は、絵描きというのは何でも描かなきゃいけないんだなと早とちりしたの。『鼠小僧次郎吉《ねずみこぞうじろきち》』でも『源氏物語』でも銀座の風景でも。それが僕の躓《つまず》きの初め（笑）。だから何でも描くようになっちゃったわけ」

初めてインタビューさせて頂いた時、氏はサラリと言ってのけた。なるほど、だから安野さんは絵本、風景画、本の装丁、はたまた平家物語と、オールマイティに描くのか。その時はただ納得しただけだった。しかし、時を経て自分自身の仕事の幅が少しだが広がるにつれて、その「何でも描く」ということが、絵を描く人、ひいては職業人として如何《いか》に重要な信条であるかが、楔《くさび》のように私の心に効いてきたのだ。

その信条は氏の次の言葉によく表れている。

〈むかし、田舎のこどもが、「先生は絵描き屋さんだよね」などと言った。そうだとも、シガネー絵描き屋さんだ。「ごめんください、猿かに合戦を十もんめくださいな」「はい、おまけになってますよ」てなもんだ……。〉

これは『安野光雅の世界　1974↓2001』（平凡社）の冒頭にある「かけだし」と題した文章だ。

私はこの短い文章を読んだ時、ある種の感動を覚えた。この中には安野光雅という人の、職業人としての〝覚悟〟がある。絵描き屋さん――何といい表現か。猿かに合戦を十もんめくださいな。はい、おまけになってますよ。自分の仕事に対してこれほど真摯《しんし》で厳しい表現ができる人がどれほどいるだろう。それをまたちょっと自嘲《じちょう》気味に書いてあるところが氏の人柄らしくて好ましく、同時に、怖い。

今回はその辺りをもっと聞いてみたかった。

——先生は以前、「何でも描けるのが絵描きなんだ」とおっしゃったんですよね？

「そう。何でも描けるのが絵描きだと。逆に言えば、絵描きは何でも描かなきゃいけないものなんだと、子供の頃から思ってた。その後ね、今から二十年ぐらい前かなぁ、須田寿《すだひさし》という画家の『美術に上下の区別なし』という言葉を知って、あぁこれはなかなか言えないことだなと思って非常に感心した覚えがあるの。そういうふうに言った人は僕の知る限りではいない。美術をやる人でも何をやる人でも、自分のほうがいいと思ってるものなんだ。僕も昔は口走ったことがあるわけだよ、『お風呂屋《ふろや》の看板なんて……』とか。自分が風呂屋の看板も描けないのに。しかし実はとんでもないことで、お風呂屋のあの壁にある絵を描くのがどれほど大変なことか。あそこにピカソの抽象画を描いてもしょうがないし、印象派の絵も違和感がある。銭湯に来たお客さんが気持ちよく湯に浸《つ》かれるような絵を、しかも四色しかないペンキで描かなきゃいけないわけだから。あるいはマッチ箱の絵。あの桃のマッチなんていうのは、今で言えば大変なヒット作品じゃないですか。あのデザインをした人は凄《すご》いですよ」

そして画家という職業について、店舗を持つ魚屋さんと天秤棒《てんびんぼう》を担《かつ》いで売り歩く魚屋さん、あるいは注文服と吊るしの洋服を譬えに上げながら、「うーん、あんまり適切な例じゃないな」と言った後、「要は、注文しに来るか、注文しないか。買おうと思って来るか、買おうと思わないかの違いではないかな」と。そして「分かりよくするために、一つの許せないと思う話をします」。

「僕がNHKで『風景画を描く』という番組をやった時、英国コッツウォルズのボートン・オン・ザ・ウォーターという村に風景画を描きにいったんです。それはそれは綺麗《きれい》な所で、川に石の橋が架かっていて両側に家と柳の木があって。シーズンには観光客が来る。そこで僕が『ここで描くと絵葉書みたいになっちゃうから、ここはやめて裏の方へ回って描かざるを得ないんですよ』と、その風景の裏側に回ったの。そしたらね、放送の後、手紙が来たんですよ、大学の先生から。後からの返事で言語学の教授だとわかったんだけど。その手紙には『安野さんは絵葉書のようになるから描けないとおっしゃいましたが、あなたの画集、例えば〝アメリカの風〟におけるティー・パーティーの船、あれは絵葉書ではないのか』と。続けて『ティー・パーティーの絵を描くということは』、ここが重要なんだけど、『商業主義的打算の結果なのか』

と書いてあるんだよ。僕は返事を書かなきゃならない、頭に来たけど。だから書いたんだ、『あの番組はアマチュアを対象にして作られた番組です。私はプロです。プロとアマの違いは絵の上手下手ではありません。それを仕事にしているかどうかということです。生活のためであっても気に入らない本の装丁などはしないけれど、絵葉書でもポスターでも描かねばなりません。それがナリワイです。しかしそういう仕事をしていてもお金のことは口にしないというのが一種の紳士協定です。〝商業主義的打算の結果〟という言い方は間違っていないが、紳士の言葉ではありません。なぜなら、ボランティアだけして生きている人はいないだろうからです』と」

安野氏は親切である。暗黙の了解の〝暗黙〟を取っ払って心から説明してあげたのだ、誤解される危険を顧みず。私は聞いていて氏が気の毒になった。〝仕事〟と名のつく行為に金が介在しないことなどあり得ない。だが、お金を貰《もら》うことがわかっていて仕事をするのと、お金を目的に仕事をすることとは違うわけで、そこに「商業主義的打算」などという言葉を使うかの人物は本当に言語学者なのかと、暗澹《あんたん》たる思いがした。

その人は手紙の前段に「私はあなたの絵の大ファンで、昔からあなたの本をいろいろ読んで云々《うんぬん》」と書いてあったそうだから、余計に悲しい。もしこの前段がいわゆる投書マニアの常套《じょうとう》的前段でないとしたら、この人物は「ファン」を自認するほど安野氏の絵を見た上で、氏に対して「商業主義的打算の結果なのか」と書いてきたことになる。つまり安野光雅の作品を〝そう〟見たわけだ。安野氏の返事に対して、後日その人から「感激しました。私の早とちりでした」という返事が来たそうだから、その言葉を信じたいが、私の頭に浮かんだ言葉を消すことはできない。以前、高峰秀子さんが言った言葉だ。

「言ってわかる人には言わないでもわかる。言わなきゃわからない人には言ってもわからない」

表現芸術はその最たるものだと思う。

それと関係すると思うから聞いてみた。

——先生は弟子を持ちませんが、これまでお弟子志願が随分いたのではないですか？

「うん、いた。でも絵も学問も、教えてできるものじゃないんですよ。教えればある程度までは行くけど、そこから先はダメだね。たとえ大学で学んでも、独学しないとダメなの。受け身でなく、自分で学び取らなきゃ。僕は美術学校というものに行ったことがないんだけど、師範学校にいた頃、美術の先生がいい方で、『君は教室に来ん

「ただ描きたくて描いてる。好きでやってる。それだけですよ」

人として、これ以上の〝理想の境地〟があるだろうか。

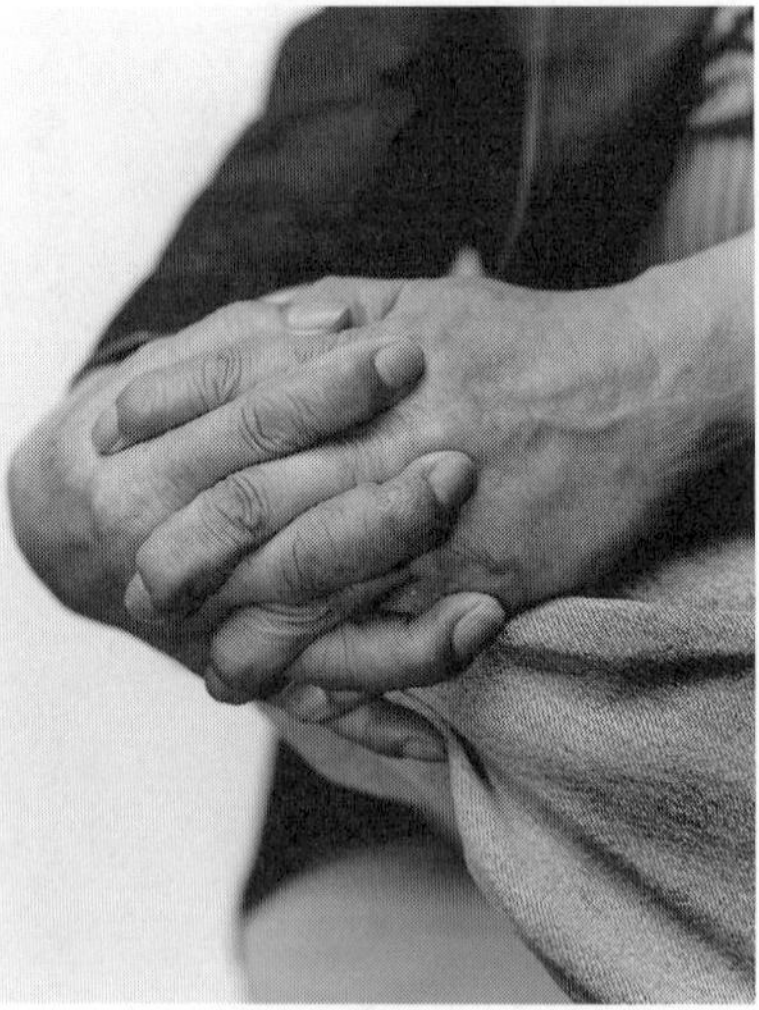

最近（※2005年当時）、体調を崩して
医師から減量するよう厳命あり、
早朝のウォーキングを励行しているという。
そのせいかお顔色も良く、
近々また海外へスケッチ旅行に発《た》つ予定とか。
ファンとしては一安心というところだ。

でいい』と、他の生徒が教室で花なんか描いている時に僕には外で勝手なことをさせてくれて、戻るとその先生と碁を打つ。それで夜はその先生のお宅で夕飯をご馳走《ちそう》になって、また先生と碁を打つ。でも絵の指導というものは、結局そういうものかもしれませんね。もっとも、僕が弟子を取らないのは、面倒臭いというのが一番大きいけど（笑）。それに弟子を取っても、その人に何の保証もしてあげられないしね」

安野氏は文字通りの〝独学の人〟である。

「親父《おやじ》が病気でなく状況が許してくれたら美術の学校へ行きたかった。やはり学校は行ったほうがいいです。でももし行けなかったとしても、絵を描くというのは技術を第一義とする自動車の運転などとは違うから、手探りでもできないことはないんです、山登りみたいに。例えば登っていて、このままじゃ頂上まで行けないぞ、つまりこのまま描いても仕上がらないと思ったら途中で引き返して初めからやり直さなきゃならないことがある。そんな時、引き返す見極めや勇気に、独学から得た経験というのが役に立つんですね」

氏が歩んできた道を私は詳《つまび》らかには知らない。だが、平坦《へいたん》でなかったことだけは確かだ。

私は安野光雅という人を思う時、〝孤独〟という言葉が頭に浮かぶ。ものを創《つく》る人の心の孤独。現に、海外へのスケッチ旅行。三十六歳の時から四十年余り、毎年、今でも年に数回一人で旅立ち、着くと迎えにくる人もなく一人でレンタカーを借りて走り回る。

――先生は旅先で一人、何を考えていらっしゃるんですか？

「働きに行ってるわけですから、早い話が。だから観光客の喜ぶ美しい城があっても、僕は『あぁ城か』と思って、中には入らないね。どこか絵を描く所はないかと思って、つまり、どこかにいい娘さんはいないかと思って探してるのとちっとも変わらない。そして、会ったら胸をときめかしてそこを描くわけです。そうやって旅をしているわけです」

働きに行ってる――。

氏の故郷・津和野に二〇〇一年春、完成した安野光雅美術館に、先日私は行った。白壁に煉瓦《れんが》色《いろ》の屋根を置いた和風建築だった。素晴らしい美術館だった。〝ものを創る人〟の精神が空間の隅々にまで満ちて、単なる容れ《い》物ではない、建物そのものが氏の作品だと思える、比類のない美術館だった。その美術館を建てた地元の大工さんや左官さんたちの技に感動して、氏は完成するまでの過程を彼らの言葉を通して『職人たちの春』（講談社）という随筆にまとめている。〝働く〟とはどういうことか、この本は教えてくれる。

氏が言語学者の手紙に憤慨した気持ちを理解できる人は、氏の言う「仕事」「お金」「プロ」の、本当の意味がわかるはずだ。

かつて安野氏は、私に言った。

「どうしてあなたは絵を描くのかと聞かれると、生活のためと答えるが、なぜ絵本を描くのかと聞かれたら、子どものためという模範解答が一番面倒がない。でも振り返るとそうじゃない気がするの。自分のために描いてる。クヌースというアメリカの数学者と対談した時、『超数学』というすごい論文を書き上げたばかりの彼が言ったんだ、『私は書かされているような気がする。それはミューズなんだよ』と。僕は腑《ふ》に落ちたんだよね。自分でない何者かに描かされている。別の言葉で言えば、やむにやまれず衝《つ》き動かされているような。ただ描きたくて描いてる。好きでやってる。それだけですよ」

一度でいい、そんな〝ミューズ〟に、私も逢《あ》いたい。

夢を叶《かな》えることの厳しさを
知っている人は美しい

戸田奈津子

（字幕翻訳家　69歳）

戸田奈津子（とだ・なつこ）

一九三六（昭和十一）年、東京出身。津田塾大学英文科卒業後、保険会社に勤めるも一年半で退職。字幕翻訳家・清水俊二に師事するがいわゆる「弟子」ではなく、子供のない清水夫妻の大勢いた〝娘たち〟の一人として可愛《かわい》がられる。その中には向田邦子も。アルバイトをしながら、七〇年のドキュメンタリー映画『野性の少年』などを担当するが、出世作は八〇年『地獄の黙示録』。以後『E.T.』『アマデウス』『レインマン』『タイタニック』など多くの名作を手掛ける。著書『字幕の中に人生』『スクリーンの向こう側』など。

「この部屋は懐《なつ》かしいわ。ここでトム・クルーズやいろんな来日スターの通訳をしたから。たいてい、今、私が座ってる所にスターが座って。だから私が座るのは心苦しい（笑）」

この日の取材場所になったホテルの一室で、戸田さんは特徴のある早口で快活に語った。

戸田さんは大学が私と同じだ。と言っても私などひどい劣等生だったから、先輩と呼ぶ資格などないのだが。それでも〝お堅い〟母校から映画関係の仕事をする人が出たことは、芝居や映画が好きで除《の》け者扱いされていた私には味方を得たような喜びだった。だから二十年ほど前テレビの仕事をしていた時、番組に出て下さった戸田さんに恥ずかしさも忘れて、「私、後輩なんです。授業をサボってばかりいた劣等生ですけど……」と言ってしまった。すると戸田さんは、「あら、私だって勉強しないで映画ばかり観《み》てたのよ」と、今と同じように明るく答えてくれた。それがとても嬉《うれ》しかったことを覚えている。

私は三日に一度は近所のビデオ店を覗《のぞ》く。借りるか借りないかを決める材料になるのがパッケージの裏にある字幕翻訳者の名前だ。もしそこに「戸田奈津子」の名前があれば、「この作品は間違いない」と判断する。

「そう言われると心苦しいけど、私も決してえり好みはしてませんし、大していい内容でない作品も（字幕の依頼が）来るんです。でも一度『やるわ』と言って試写を観てしまうと、つまらないから『やめる』とは言えないわけ（笑）。素晴らしい監督でキャストもいいのに中身がひどい時もありますしね」

戸田さんは苦笑したが、それでも、作品のある水準を保証する目安になることは確かで、それほどに〝字幕翻訳・戸田奈津子〟には〝信用〟がある。仕事、それもフリーで仕事をする人間にとって、信用は、全《すべ》てと言っていいほど重要なものだ。

今や戸田さんはその道の大家であり、若い世代は、四十年も五十年もキャリアがあると思っているだろう。だが意外にもまだ二十五年なのだ。それは字幕翻訳の世界が持つ特殊性によるもので、その中でなお自身の夢を実現したこの女性に、私は大いなる尊敬の念を抱くのである。

戸田さんは生後すぐに父親を戦争で亡《な》くし、母と一緒に父親の郷里・愛媛県に疎開《そかい》した。蚊や蚤《のみ》に刺され身体《からだ》中おできだらけになってしまう幼子を連れて母親が〝避難〟したのが、町でただ一軒の映画館だった。二十三歳で未亡人になった母は教師や会社勤めをしながら一人娘を育てたのだ。終戦後、帰京してからも、母は勤め帰りに娘と待ち合わせて一緒に映画を観たり、バレエやオペラを鑑賞したという。

〈この時期、私にとっての映画はビジュアルに語られる世界文学全集だった〉～『字幕の中に人生』（白水社）より
『美女と野獣』『仔鹿《こじか》物語』『愛の調べ』……。中高生になると『赤い靴』『黒水仙』『田園交響楽』『オルフェ』『風と共に去りぬ』……中でも『第三の男』……。奈津子さんは無類の映画少女になっていた。そして「映画のあの言葉が知りたい」と英語にも興味を持つようになる。そして大学三年の終わり、卒業後の進路を考えねばならない時期に、「字幕の仕事がしたい」と思うのだ。

人は子供の頃「こんなふうになりたい」という〝夢〟を持つ。だが殆《ほとん》どの人はそれを諦《あきら》める。諦める時期は、学生をやめる時だ。私など夢らしい夢もなかったが、同級生が就職活動に奔走している時、「本を読んだり映画や芝居を観て暮らしていけないかなぁ」と呟《つぶや》いたら、友人に「そんなことできるわけないでしょッ。あなたには世の中の役に立とうという気持ちはないの？」と叱責《しっせき》された。私は「ない」と即答して、友人を呆《あき》れさせた。その友人など典型的な母校の模範生だ。私はもし今同じ質問をされても、同じ答えをすると思う。結果的に世の中の役に立てれば幸いとは思っても、端《はな》から「世の中の役に立とう」などと考える〝高邁《こうまい》な精神〟は、私にはない。

私が戸田奈津子という人を好ましく思うのは、自分の夢に忠実だったこともさるこ

となから、そのやり方が、失礼な言い方かもしれないが、非常に不器用だったことだ。希望と野望は違う。野心家の女性は私も大勢知っている。手段を選ばず効率よく自分の夢を叶《かな》えていった利口な人は山ほどいる。だが戸田さんのように、愚直なほど控えめに自分の夢を捨てなかった、そういう人は、少ない。

好きな映画と英語を仕事にするには……。唯一《ゆいいつ》の手掛かりは映画の巻頭タイトルに出る字幕翻訳者の名前だった。そこで戸田さんは当時、英米映画を一手に引き受けていた清水俊二《しみずしゅんじ》氏に手紙を出すのだ。だが氏は親切に会ってはくれたものの、「字幕をやりたいとは困ったねぇ……」と顔を曇らせた。徒弟関係が成り立つ仕事ではないからだ。そして日本に輸入される洋画の数からすれば、字幕翻訳者は二十人もいれば事足りる。その需要と供給の関係は現在も変わらない。

「今でこそ女性もいますけど、当時は全部男性。二十歳そこそこの私から見ればオジサマよね（笑）。みんなソフト帽なんか被《かぶ》った紳士で。だから『何？　この女の子』みたいな感じよ。でもね、女性差別はなかったんです。官庁じゃないんだから。だから逆に問題にもされず、警戒もされなかったの。言ってみれば、隙《すき》を突いて入っちゃったみたいな（笑）。でも二十年かかりましたけどね」

二十年……。

そうなのである。大学を出たら母親に代わって自分が働き手になる、それが母娘《おやこ》の暗黙の了解だったため、自分の食い扶持《ぶち》ぐらいは稼がねばならない。かと言って字幕で食べていける見込みは到底ない。戸田さんはOLになった。会社が日比谷《ひびや》の映画街に近いことが魅力だったというから、あくまで考えるのは映画のこと。だが組織に向かない自分を痛感して一年半で会社をやめる。そして「翻訳何でも承ります」と、通信社の英文原稿作成、化粧品会社や広告代理店の資料翻訳などあらゆるアルバイトをしながら生活していくのだ。

——結婚したほうがいいんじゃないかと気持ちが揺れ動いたことはないんですか？

「それがあまり揺れ動かなかったのね。いい男に巡り合わなかったのよ（笑）」

——でも女手一つで育ててくれたお母様に申し訳ないという気持ちは？

「もちろんありました。いわゆる適齢期の頃は愚痴も言われましたし。でもお見合いは義理で何回かしたんですよ。全然その気がないのに、相手の方には大変悪かったけど。でも三十五過ぎたら、母もかなり諦めてた。うちは世間で言う母一人子一人のベッタリした関係じゃなく、お互いにわが道を行く、他人みたいなところがあるの。私も母を優しく労《いたわ》ったりしないし、冷たいもんよ（笑）。本当は互いに気を遣ってるんだけど、立ち入らない。変な親子でしょ（笑）」

戸田さんにこんな質問をしたのは、私が同じような境遇なので、つい重ね合わせてしまったからだ。若い頃、同世代の女性はみな血眼になって〝配偶者〟を探していた。私にはその心理が全く理解できなかった。しかしそういう女は奇異な目で見られて肩身が狭い思いをする。だから、ただ〝好きなこと〟を大切にした戸田さんの存在はやはり味方だと感じるのだ。しかも独身女にありがちなギリギリした感じがないところが、さらに嬉しい。

「私がある時期から一気に忙しくなって、まあこれなら娘も老後まで大丈夫だろうと母も思ったのかな。今はとってもハッピーなの、娘が結婚しなかったことが（笑）。親戚《しんせき》のお祖母《ばあ》ちゃんたちは孫の世話で身動きならなくなってるけど、母は全然そういうこともなく海外に遊びに行ったり。六十過ぎてやっと自由を謳歌《おうか》できるようになったから、良かったたって言ってますよ。それは私にとっても嬉しいことだし。今、母は九十一歳で、さすがに最近は弱りましたけど、八十八まではどんどんヨーロッパにも行ってました。だから価値観です。幸せなんていうのはその人の主観でなきゃ。人や世間と比べても意味がない」

戸田さんのお母様はてっきり出世した娘に海外旅行をさせてもらっていると思ったら、定年まで勤め上げた年金と夫の遺族年金で、自分の遊ぶお金は自分の財布から出していたのだ。戸田さんの「だから孝行娘だと思わないで。違うのよ。すみません（笑）」には笑ってしまった。いずれにせよ、もたれ合わない立派な母娘である。

とは言え、「ある時期」まで二十年。映画会社からフランシス・F・コッポラ監督の通訳を頼まれて撮影現場に随行、コッポラの厚い信頼を得て映画会社に推薦されたことから『地獄の黙示録』の字幕を担当してブレイク。しかし二十年の長きをよくぞ耐えたものだ。

「もちろん字幕の仕事をしたいという気持ちを捨てたことはないけど、悲壮な決意で始終歯を食いしばっていたわけでもない。私は石にかじりついてもなんて性格じゃないから。選択を迫られた時に自分の心に問いただしただけで。人間ってカンファタブルに生きたいと思うでしょう。だからＯＬ時代だって恵まれた職場だったから、そこを居心地がいいと思えば定年まで勤めたかもしれないし、本当に素晴らしい男性に巡り合っていたら結婚したかもしれない。字幕の仕事ができない間も、それなりに楽しくは過ごしていました」

こういう戸田さんの自然な姿勢が、私は好きなのだ。だが当然、ただ呑気《のんき》にカンファタブルなほうを選択していただけではない。

「最初から可能性は五分五分だと思ってたの。夢を描いていれば叶うなんていうことは全くのウソでね。当時、日本もかなり豊かになってましたから、何をしても食べていけないはずはないと思ったの。たとえゴミ溜《た》めを漁《あさ》っても物乞《ものご》いをしたって、餓死はしない。その最後のところまで覚悟したの。人に迷惑さえかけなければ妥協はしたくないと思った。バラ色のほうばかり見ていたら、それが叶わなかった時、もう絶望的になるから」

これまで戸田さんは約千五百本の映画を翻訳している。最近は海賊版禍を恐れ製作会社も公開直前にならないとフィルムを日本の配給会社に渡さないから、出来上がった映画を翻訳すれば一本上がりというわけではない。例えばS・スピルバーグ監督の『宇宙戦争』などは日本が世界初プレミアだったので、二週間前に未完成のビデオ版が送られてきて、完成品を観たのはプレミアの二日前。そこでカットされた場面などを整理して字幕を付け、プレミアに間に合わせるという離れ業をやったのだ。

そんな多忙な日々ではさぞ睡眠時間も短いだろうと思うと……。

「私は来年七十歳（※二〇〇五年当時）ですけど、今まで睡眠時間が七時間以下ってないの（笑）。友達と飲んで遅くなることはあっても、仕事や勉強で徹夜したことは一度もないんです。だから極めて健康的で十二時には寝てます。第一、徹夜しなきゃならないような仕事はやりません。ちゃんと計算してそんなことにならないようにしてるの。その分、集中力はあると思います。やり出したら机に向かいっ放しで、お茶一杯飲まない。でも全然苦にならないんですよ。だって私が一番やりたいのはこの仕事だから。遊ぶより、新作映画を翻訳するほうが楽しい。そのぐらい自分に合った仕事なんでしょうね。その意味では幸せだと思います」

そして健康なDNAを与えてくれた両親に感謝すると言う。もちろん体調不良で仕事に穴を開けたことは一度もない。フリーランスの〝信用〟は仕事の質の高さだけでなく、この自己管理なのだ。まさに大リーグで連続試合出場記録を更新中の松井秀喜と同じだ。

――戸田さんの出現以降、字幕翻訳者を目指す人が増えたでしょう？

「ちょっと面白そうだし英語も割合できるからというスタート時点の安直さは、私も同じだったんです。ただ私がいつもそういう人たちに申し上げるのは、『とにかく簡単なもんじゃない』ということ。すると『え、そんなに大変なんですか。じゃ、やめます』って言う人もたくさんいますよ（笑）。字幕の仕事はさっき言ったように日本に二十人以上は要らない職業なんです。それでもやる気があるなら不可能ではない。現に私はその門を突破したんだから。でも決してイージーなもんじゃありませんよと申し上げるんです。この業界は、翻訳者を積極的には育てないが、頼んで安心できる

「ハリウッドの人たちを見ていると我々なんて甘ったるいもの」。

その笑顔の裏に見える冷徹なプロ意識。

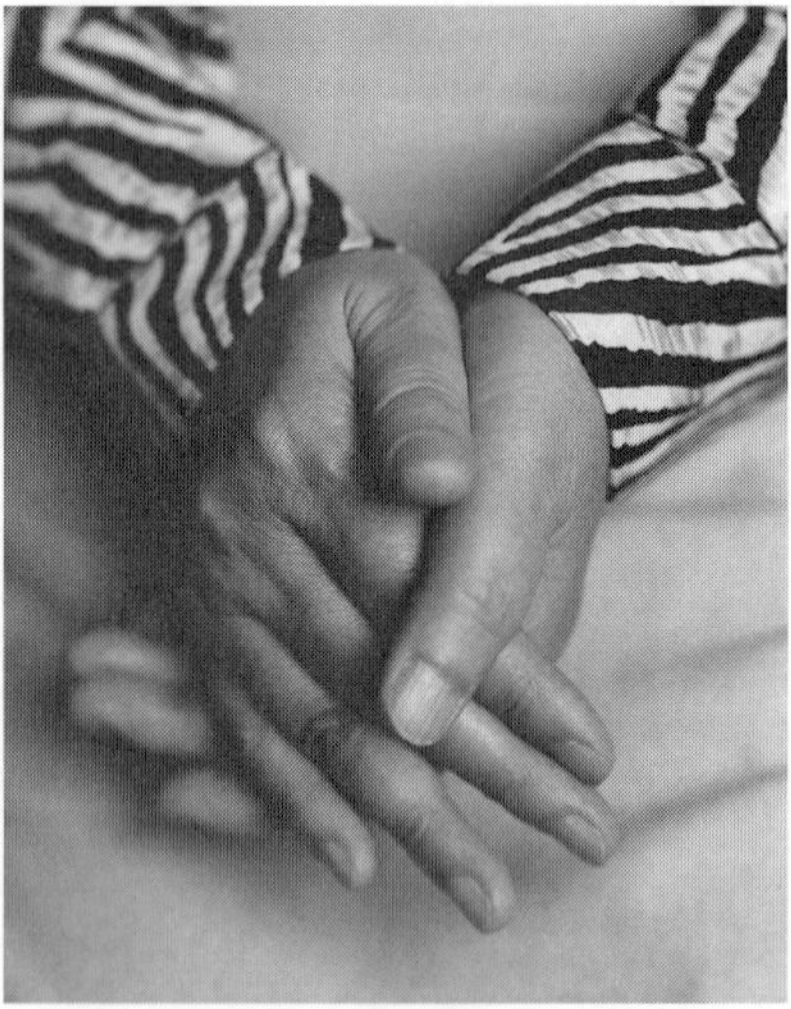

この日の午前中、戸田さんは
自身が20年前に字幕翻訳した
『トップガン』のデジタルリマスター版の
試写を観《み》てきたという。
ストライプの夏ブラウスが
涼しげだった。

人は大いに歓迎という、勝手な世界なんです。そういう余裕とお金がないんですよ、業界には」

勝手に這《は》い上がってこいか……。私がため息をついていると、戸田さんはサラリと言った。

「でもみんなそうじゃありません？　どういう世界でも。ハリウッドの人たちを見ていると、私たちの這い上がりどころじゃない。何千倍、何万倍の中から名を成しているわけだから。そう考えたら、我々なんて甘ったるいもんですよ。俳優でもルックスがいいとか一作だけのヒットではとてもあの厳しい映画界に生き残れない。子役の職業意識にしても凄《すご》いですからね。それを見ると日本人は甘えていると思ってしまいます」

戸田奈津子はプロである。それも筋金入りの。私は、思い切り面《つら》を叩《はた》かれた思いがした。だがその痛みは、この上なく爽《さわ》やかだった。

水木しげる

人間本来の逞《たくま》しさを感じさせる人

（漫画家　83歳）

水木しげる（みずき・しげる）
一九二二（大正十一）年、鳥取県生まれ。本名・武良茂。絵と妖怪《ようかい》を愛する少年期を過ごす。二十一歳で応召。戦地ラバウルで爆撃を受け左腕を失う。戦後、紙芝居作家を経て漫画家となる。デビュー作は五七年『ロケットマン』。六五年、別冊少年マガジンに発表した『テレビくん』で講談社児童まんが賞受賞。後に少年マガジンに連載した『ゲゲゲの鬼太郎』が爆発的ヒットとなり、アニメ化も。二〇〇三年、故郷・境港《さかいみなと》市に水木しげる記念館開館。〇七年『のんのんばあとオレ』がフランス・アングレーム国際漫画フェスティバル最優秀賞、〇九年『総員玉砕せよ！』が同フェスティバル遺産賞受賞。他に日本漫画家協会文部大臣賞、アイズナー賞最優秀アジア作品賞など、多数受賞。

ふと思った。この連載に登場して下さった方々の中で、一体何人がＩＴという物を駆使できるだろうか、と。

私自身が曲がりなりにしかパソコンを使えない人間だという僻《ひが》みを差し引いても、正直私は、パソコンや携帯電話の利便さを認めつつ、決してそれらに親近感を抱けない。それら無機質な機器と引換えに、人はどれほどのものを失ってきたか、果たして人はそれら無機質な機器に〝使われて〟いはしまいかと、時々、戦慄《せんりつ》するのだ。そして、私がこの連載企画を発想した源には確実に、それら機器に冒された〝今の時代〟への嫌悪《けんお》があると、改めて気づく。この時代を形成している人間に〝力〟を感じないからだ。人間本来の素手の力を感じない今の時代が、私は心底嫌いだ。では自分自身はそんな時代の一員ではないのかという疑問も湧《わ》くのだが……。

今回、水木氏におめにかかったのは、日本が敗戦六十年を迎えた（※二〇〇五年）、まさに八月の半ばだった。氏は太平洋戦争の激戦地ラバウルで、敵の爆撃によって左腕を失っている。

「この前、医者に行ったら、どこも悪いところがないものだから、『珍しいから、ちょっともう一遍見せて』と言われた（笑）。どこも悪いところ……頭だけちょっとおかしいと思ってるんだけど」

St Andre

その第一声は全く飄々《ひょうひょう》たるものだった。

医師の見立て通り、氏はがっしりとして、およそ〝八十三歳の老人〟とはほど遠い体軀《たいく》をしている。もちろん足取りに老いは見えるが、右の肩から腕にかけての筋肉など、失った左腕を補って余りある、隆々たる頑丈さだ。

――戦後六十年を迎えて、先生には何か特別な思いはありますか？

「別にどうということはないです。（僕は）身体《からだ》がいいからね。青年時代と全く同じなんです。だから、老人らしい考えになかなかならん。身体がいいから」

――「老人らしい考え」とは？

「杖《つえ》にすがるようにね、誰かにすがるとか人を頼るとか。そういうことは一つもないです」

――では、子供の頃と同じようにずっと好きな漫画を描き続け、それが今も変わらない？

「変わらない。ちょっとずつ仕事をすると、金がたくさん入る」

――なるほど（笑）。

「へへへ。人と比べてばかに入るわけですね。ということは、頭がいいからかなぁと（笑）」

これには、側《そば》にいた先生の長女・尚子さん始め、編集者やカメラマンも噴き出した。氏の著書『水木サンの幸福論』（日本経済新聞社）の冒頭に氏の唱える〝幸福の七カ条〟というのがある。

一、成功や栄誉や勝ち負けを目的に、ことを行ってはいけない。
二、しないではいられないことをし続けなさい。
三、他人との比較ではない、あくまで自分の楽しさを追求すべし。
四、好きの力を信じる。
五、才能と収入は別、努力は人を裏切ると心得よ。
六、怠け者になりなさい。
七、目に見えない世界を信じる。

えてしてこういうものは、著者自身というより編集者が本の意図を明確にするために拵《こしら》えるから私はあまり好きではないが、それでも著者の生きる姿勢は少なからず組み込まれているものだ。水木氏の場合もしかり。中でも六条の「怠け者になりなさい」。これはかなり本人の意思を反映しているようだ。

曰《いわ》く「子供の頃からあまり努力しない。怠ける知恵が発達してた」そうで、「小学校には毎朝二時間目に行って、算数は〇点です」。とにかく〝朝起きない〟子供だったらしい。

「三人兄弟（氏は次男）だけどね、私だけ幼稚園に行ってないんですよ、起きないから。いくら起こしても起きないから、しまいに親も諦《あきら》めた。朝起きるのが苦しい。そして朝飯をゆっくり食って（小学校に）行くわけですね。兄貴とか弟は、学校に遅れちゃいけないと飯を食わずに行く。僕は兄貴と弟の分まで食べる。その代わり兄貴や弟は優等生ですよ。遅れないで行くし勉強もするし。私は遅れて行って勉強もしない。兄貴や弟はちゃんと上の学校まで出てるけど、私は小学校しか出ていない。だけど一番成功するわけですよ」

他の人が言うと自慢げに聞こえることが、水木氏が言うと笑ってしまう。その意味で、実に〝徳〟のある人だと思う。徳というのは何も人格者の専売特許ではなく、少々常識破りでも人が愛さずにはいられない人物にも当てはまるのだと私は思う。氏を慕う作家の荒俣宏《あらまたひろし》氏、京極夏彦《きょうごくなつひこ》氏らが水木氏の『妖怪《ようかい》大戦争』公開初日挨拶《あいさつ》の際に見せた氏への何とも言えない慈愛に満ちた目にも、そのことが如実《にょじつ》に表れている。

それにしても氏の睡眠に対する執着はものすごく、親や教師を呆《あき》れさせただけでなく、命令一下個人の意思など無に等しい軍隊においてさえも、変わらなかった。

「軍隊の時でも一秒でも人より遅く起きる。だからしまいに、ラバウルに行って山の穴の中に寝かされた時には、起きなくて点呼に間に合わないから、私は入口に寝かされた。そうすると、穴を出る時、みんなが『おい、朝やぞ』と私を叩《たた》きながら出ていく。それで三十ぐらい叩かれた頃、起き上がって走っていく。一人足らんと大騒ぎだから。私はいつも最後に整列して『すみません』と。初めは上官も怒ったり殴ったりしたけど、もうどうにもならんということで放置されるわけ。あまり派手じゃないけど、ものすごく抵抗する。軍隊の規則に従わない。でも眠りが十分だったから、マラリアに罹《かか》っても死ななかった」

小隊の歩哨《ほしょう》に立っていた時、敵に背後から一斉射撃され、文字通り命懸けでジャングルを逃走、命からがら部隊に戻ってくる様子は氏の著書に絵でも活字でも詳しいが、アクション映画どころの話ではない。

「これまでの人生で一番大変だった時は？」と尋ねると、やはり「軍隊で生きて帰ってくること」と答えた。青年時代、職を転々として極貧の中で絵を描き続けたことでも、結婚後、妻と二人で「腐ってないバナナ」を食べることを目標に頑張ったことでもない。

「貧乏だった時も多少は大変だったけど、戦争の場合は生死だからね。全力投球せざるを得ないじゃない。死んじゃいけないわけだから。日本へ帰った後は金を稼いで幸せになるかどうかだけの問題だから」

口では言わないが、戦地を生き抜くのは一様ではなかったはずだ。だが水木しげるという人は根っから楽天的なのか、あるいはそう見せているだけなのか、精神的な苦悩などおくびにも出さない。マラリアに罹り、左腕を失い、傷病兵としてナマレという村にいた時、知り合った現地のトライ族に「パウロ」と呼ばれて慕われ歓待された幸せな経験を持つ。そのことについても、

「彼らはね、宣教師が来てバイブルをよく知ってたから、パウロと言うとすぐ親しみを感じるわけ。だから水木サン（自身のことを時々こう言う）はパウロという名前にした。ものすごく賢いんだ、いわゆる先見の明がある」

水木氏はよく子供のように、「頭がいい」とか「賢いんだ」という言い方をするのだが、それがいかにも愛嬌《あいきょう》があって少しの嫌味もない。やはり徳としか言いようがない。先日ある番組で、故郷・鳥取県境港《さかいみなと》に氏の描く妖怪たちの銅像を配した〝水木しげるロード〟が完成、そのイベントに出席するため奥さんと二人で帰郷する場面があったが、その時も列車の中で「何だか東郷元帥《げんすい》のようだなぁ」と胸を張って、「いい加減にしなさい」と向かいの席に座っている奥さんに窘《たしな》められ、「へへへ」と笑っていた。八十三歳の老人が、笑うと実に可愛《かわい》らしい。悪戯《いたずら》っ子の笑顔だ。

漫画を読まない人でも、永遠のロングヒット作『ゲゲゲの鬼太郎』は目にしたり耳にしたことはあるだろう。七十代以上の人なら、『墓場鬼太郎』のほうにシンパシイを感じるかもしれない。あるいは氏の妖怪絵を愛する若者も多いと思う。氏の作品はその殆《ほとん》どが妖怪にまつわるもので、今や妖怪研究の第一人者でもあるのだが、その端緒をつけたのが、境港時代、武良《むら》（本名）三兄弟の乳母的存在だった〝のんのんばあ〟だ。

当時、氏の故郷では神仏に仕える人は「のんのんさん」と呼ばれ、その老婆《ろうば》はお化けや妖怪の話に長《た》けていて、三兄弟に日々シャワーのように不思議話を聞かせたのだ。

「兄貴も弟も聞くけども、水木サンは熱心に聞くわけです。最後まで聞いてた」

しげる少年は自身も認める〝睡眠王〟だったのだが、言葉を喋《しゃべ》るのが遅く、初めて口をきいたのが四歳の時で、発した言葉は「ネコンババ（猫の糞《ばば》）」。そして自分のことを「しげる」と言えず「げげる」と言っていたため「ゲゲ」というあだ名がつき、それが後年の「ゲゲゲの鬼太郎」に繋《つな》がるのである。ちなみにペンネームの「水木」は、まだ不遇な時代、貯金と父親の援助で水木荘というアパートを買って経営していた頃、編集者が氏の名前を覚えずいつも「水木さん」と呼ぶので、そのまま筆名にしたのだ。

水木流・幸福の七カ条に「目に見えない世界を信じる」とあるように、のんのんばあに影響を受けて以来今日まで、氏はその条項を意図的にというより自然に実践してきたわけだが、どうやら昨今は、妖怪も私同様〝生きにくい〟らしい。

「私の考えでは、妖怪というのは電気がついたらダメなんです。行灯《あんどん》とランプが最高なんですよ。あの程度の光だと空想しやすい。電気だと、明る過ぎて逃げるの。電気でも十ワットくらいの薄暗いのがいい。百ワットだと妖怪は逃げます。ぎりぎり二十ワットまで」

水木作品に触れた人ならご存じだろうが、氏の描く妖怪はたとえ悪さをしてもどこか愛嬌があり、それぞれの事情を持っている。そして極めてユニークで多種多様だ。それはもちろん作者の人柄が成せる業なのだが、私は水木氏の妖怪を見ていると、いつも言い知れぬ生命力を感じる。本来、芸術というのはどの分野のものでも、それを受けとめた側に何らかの〝力〟を感じさせるものでなければ嘘《うそ》だろう。私は水木しげるという老人に会って、その力を実感した。なるほど、この人の描くものには力があるはずだと、深く納得した。

つまり〝大きい〟のだ。テクニカルな機器や小手先の技術などまるで及ばない、生身の人間が持つ根源的な力。水木しげるはそんな大きなものを感じさせる人だ。未《いま》だにトライ族の生活に憧《あこが》れ、南方で暮らしたいと願う氏の気持ちにも頷《うなず》ける。文明に冒されていない人々に氏は限りない親近感と魅力を感じるのだ。だから終戦後もラバウルに残ると言い張り、上官を驚かせた。

きっと水木さんは、私とは別の意味で、今の日本に息苦しさを感じているのではないだろうか。

だが氏の氏たるところは、そんな気配を少しも周囲に見せず、相変わらず睡眠に熱情を注ぎ飄々と暮らしていることなのだ。

——人生で一番大切なものは何ですか？

「今の私は、長生き。成功しても早死には嫌いです。忙しくても、私は徹夜したことは三回ぐらい。だから手塚治虫や石ノ森章太郎と会って話をすると、決まって徹夜の話をしてたけど、私はそれに参加できない。手塚も石ノ森も先に死んじゃった。彼らは徹夜が多過ぎた。睡眠が足りなかった。私は十分睡眠をとってるから長生きする。兄貴も弟も元気だから、三人一緒に百歳を超すんじゃないかな」

——今は朝何時頃に起きるんですか？

「十時頃」

——夜、寝るのは？

「人は自分で生きなきゃならん。人は食わしてくれません」。

そして「怠け者たれ」と唱える。実は怖い人だ。

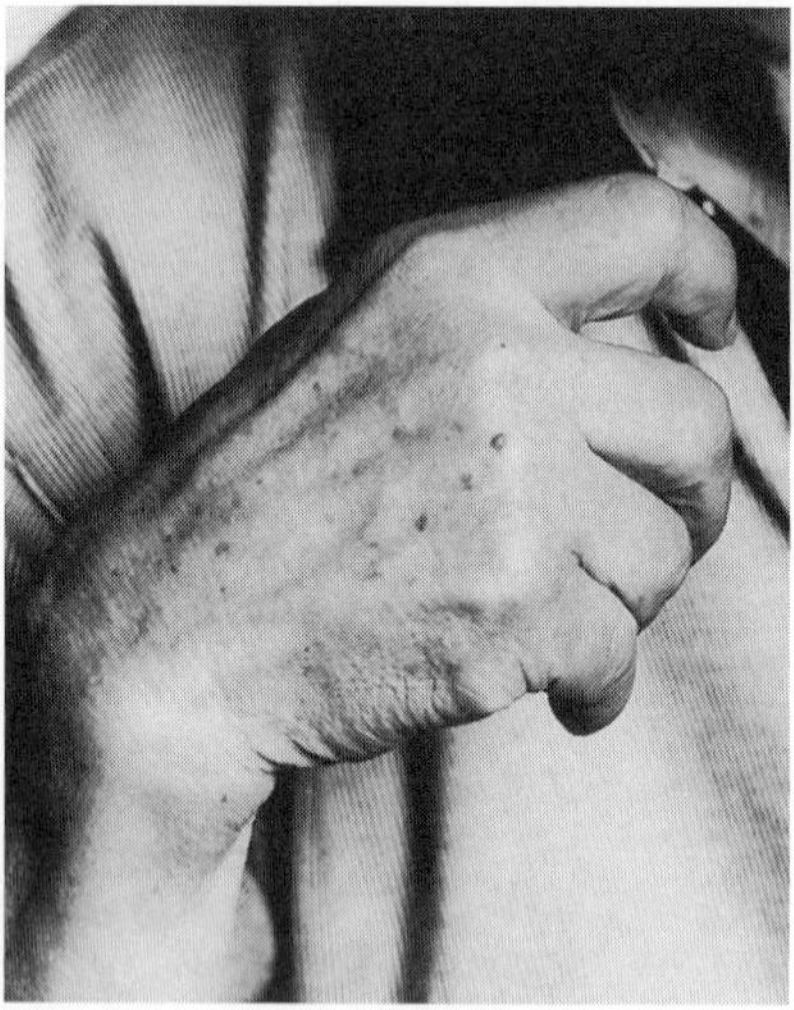

「何か運動はなさっているんですか？」

と聞くと、

「全然なさらないです」。

とぼけたような明るさの中に
強靱《きょうじん》な精神力を感じる。

「十時か十一時」

――やはり途中で何度か目が覚めるでしょ？

「覚めない」

――えぇ！　普通、お年寄りの方は夜中に何度かトイレに起きたり……。

「それはない」

――ずっと寝てるんですか？　子供みたいに。

「ええ」

――今まで寝つかれない経験は？

「あり得ないです。私には理解できないですよ、眠れない人って」

――でもどうしても仕事で朝早い列車や飛行機に乗らなければいけない時もあるでしょう？

「それはなるべく避けるわけです」

――じゃあ、生涯で朝五時や六時に起きたことは一度もないんですか？

「そういうことがあったら、もう自殺する」

なみなみならぬ眠りへの執着である。四十歳を過ぎて、『テレビくん』で一躍脚光を浴び、一気に売れっ子漫画家になった。だが超多忙な中でも、〝睡眠王〟としての信条を曲げなかったことは、感服するばかりだ。

冗談か本気か、とぼけているのか力説しているのか、とらまえどころのない水木サンだからこそ、ズシンと来た言葉――。

「人は自分で生きなきゃいかん。やっぱり自分で生きないと。人様が助けてくれるような妙な教育を受けたヤツはやっぱりダメです。自分で生きて、欲しいものは自分で取らなきゃ。人は食わしてはくれません」

伊東四朗

（喜劇役者　68歳）

〝役者たる前に人間たれ〟を実践する稀有《けう》な人

伊東四朗（いとう・しろう）
一九三七（昭和十二）年、東京生まれ。本名・伊藤輝男。五八年、浅草の松竹演芸場でデビュー。六二年、三波伸介、戸塚睦夫と「てんぷくトリオ」結成。テレビのコメディ時代劇「てなもんや三度笠《さんどがさ》」などで一気に名を馳《は》せる。その後、役者として舞台・テレビ・映画・CMと幅広く活躍。ラジオ「親父《おやじ》熱愛」（文化放送）は十六年目。二〇〇七年、『しゃべれども　しゃべれども』『舞妓《まいこ》Haaaan!!!』で第32回報知映画賞助演男優賞受賞。

どんな仕事をお願いしても、その都度きちんと応《こた》えてくれる人だ。私の場合は雑誌の原稿やインタビュー取材ということになるのだが、どの場合も期待以上の〝収穫〟をくれる。芸能人にありがちな「今日は何の取材だっけ？」などということは一度も誠実な人である。だが概して、真面目《まじめ》で几帳面《きちょうめん》な人は芸がない。が、そこがまたそうでないところが、伊東四朗という人の〝稀《まれ》な〟ところだと、私は思っている。

「そう几帳面でもないんですよ。自分の机の上は見せたくないです（笑）。ただ、仕事に関してはある程度几帳面でないとやっていけない。僕らの仕事は曖昧《あいまい》そうに見えて、割と緻密《ちみつ》なんです。入り時間がどうとか段取りがどうとか、第一台詞《せりふ》を覚えなきゃいけないし。いい加減ではとてもできないんです」

そうならいいのに、と私は思う。芸能人と呼ばれる人が全《すべ》て伊東氏と同じ考えならどんなにいいだろうと。

「ある人に『役者は変わってるほうがいい』と言われたことがありますが、私は〝変わってる人〟が役者なのではなく〝変わったことができる人〟が役者だと思うんです。この仕事はやっぱり〝職業〟だと思うんですね、私は。職業であるからには、普段は一般の人でないといけないと思う。一般人が突然変なことができるというほうを僕は

選びたいんです」

ある年代以上の人は覚えているだろう。

「人の迷惑省みず、やってきました、電線軍団!」、小松政夫の甲高い声に送られ飄《ひょう》然《ぜん》と登場する〝ベンジャミン伊東〟。顔にナマズ髭《ひげ》を描き、ビシビシと笞《むち》を振るいながら闊《かっ》歩《ぽ》する、あのサーカス団長だ。私は大学生だったが、初めてテレビで見た時、妙な言い方だが、唖《あ》然《ぜん》と爆笑した。何だ、これ? どうしたんだ、この人? まさに作家・小林信彦氏言うところの「ダリの世界。シュールレアリズム」そのものだった。その時、特に印象に残っているのが、目である。異様な風体もさることながら、完全に〝イッちゃってる〟ベンジャミン伊東の目。だから、大笑いしながら、一方で鋭利な刃物を喉元《のどもと》に突きつけられたような怖さを感じた覚えがある。それは、さらにさかのぼること十余年、伊東氏が三波伸介、戸塚睦夫と組んでいた〝てんぷくトリオ〟においても言える。伝説のお笑い時代劇「てなもんや三度笠《さんどがさ》」にセミレギュラー出演していたてんぷくトリオで、氏は女形《おやま》に扮《ふん》していた。全然きれいでない、おまけに少々おつむが弱い中村雨之丞《あまのじょう》。雨之丞は何か言っては、三波扮する河内山宗俊《こうちやまそうしゅん》と戸塚の暗《くら》闇《やみ》の丑松《うしまつ》にどつかれ、「キャ〜、助けて。人殺し」と叫ぶ、それがお決まりだった。この頃、まだ氏は三波の脇《わき》に徹していたが、それでもその目には現在の萌芽《ほうが》が確実にあった。魚のそれの如《ごと》く、クールで無表情、それも可笑《おか》しいことをする場面ほど冷めていた。その極めて不可思議な雰囲気、やる気があるようでないような、捉《とら》えどころのない魅力。時に狂気と正気の紙一重の危うさを見せるその目が私を惹《ひ》きつけて放さず、子供心に「あの変な人、また出てこないかなぁ」といつも期待したものだ。

「ベンジャミンなんかはね、ふざけてやっちゃいけないいんですよ。あれふざけると可笑しくも何ともないんです。照れてもダメなの。始まるまではいくら照れてもいいんですけど。喜劇を演ずる時にみんなが陥り易《やす》いのは、とにかくウケようとすることなんですね。僕は、結果としてウケなきゃいけないと思うから」

氏は変身していくプロセスが好きだと言う。例えば大劇場に出る時、「お早うございます」と言って演技事務所の前を通り、着到板（出演者の名札）を返し、お稲荷《いなり》さんに柏手《かしわで》を打って、楽屋の暖簾《のれん》を潜《くぐ》って化粧前に座り……そうやってだんだん自分を〝作っていく〟過程が好きなのだという。

瞬時に変身する人もいるだろう。だがいずれにしろ、優れた役者はそれぞれに自分なりの〝境目〟を持っているのではないだろうか。素の自分と変わったことをする自分との間に。のべつ芸能人を引きずり、仕事と私生活の区切りのない芸能人に限って、腕がない。ひたすらスキャンダルという名で私生活を売り、売名するのである。〝本業〟で勝負できない。

「サブワーク（芸能業以外の仕事）を持つことを僕は決して否定しませんが、僕にはできないんです。僕は逃げ道を断って、いつもケツに火がついていたい」

本物の芸人も役者も殆《ほとん》どいなくなった。テレビが地に落ちたことが大きな原因だと私は思う。誰もが〝素〟で出ている。素のままで喋《しゃべ》ることを〝演技〟と称し、〝バラエティ〟という意味不明な造語の中で与太話をして金をとる。安手な番組が横行している現状では不可抗力と言えなくもないが、ものには限度がある。楽して儲《もう》けようとする志の低い芸能人が多過ぎて、見ていて浅ましい。

伊東四朗の稀なところは、そのバラエティにも顔を出しながら、決して毒されていないところだ。若いタレントに迎合せず、かと言って尊大な態度もせず、もちろん〝ご意見番〟などという愚かしい立場にもならず。私には腐れ果てたとしか思えないテレビ界において六十八という年齢で（※二〇〇五年当時）レギュラー番組を持っている伊東氏に、前から聞いてみたかった。

――テレビに出ていてイヤじゃないですか？

「イヤだと思ったら違う仕事にかわるしかないでしょうね。そこで喜劇をやる人間は〝今〟を生きてないとダメなんですよ。ということは、若い人達が一番今を生きてるわけですから、そこから得るものは大事なんです。ただし〝笑い〟に関しては納得できないことはありますよ。少なくとも若い人が自分で『僕達芸人』と言うのは、僕なんか恥ずかしくてとても……。（古今亭）志ん生、（桂《かつら》）文楽の域でしょう、芸人というのは」

氏は温厚だから過激な表現もしないいし、個人攻撃もしない。だが、ある歌手に十二時間待たされた体験を語った。午前と午後を間違えたのだという。現れた歌手が開口一番言った言葉は「なぁにー」。次に「ダメじゃない、午前と午後をはっきり言ってくれなくちゃ」。そして初めて台本をパラパラ読んで「もぉ。あたし、こういうのやらないって言ったじゃない」。全て己のマネージャーに向かって吐いた言葉で、側《そば》にいる、十二時間待たせた氏やスタッフには一言の詫《わ》びもなかったそうだ。

私なら、そいつに「言うことはそれだけか」と言っておいて、次に……。だが氏は違う。

「抑えますね。僕はよっぽどでも抑えます。だって、その場でその仕事はしなきゃいけないんだから。そこで悪い雰囲気になったらもうコントどころではないですからね。だからある意味で割り切ってます、テレビの仕事は。ただし、そういう人とは二度と一緒の仕事はさせないでくれと後でマネージャーに言いますけど」

キレることは簡単なのだ。

「あのね、トップに立ってる人に文化がないんですよ。変な言い方ですけど。例えばゴルフの世界でも、トップにいる人がプレー中に煙草《たばこ》を吸ったり、人が見ていなければボールに触ったり。アメリカのジャック・ニクラウスなんてプレーだけでなく人柄も尊敬されているそうですけども、それを考えると日本の場合少々恥ずかしいですね」

伊東氏は淡々と語る。高ぶらない。平常心。この連載に出て下さる方々の特徴でもある。

もう一人の自分が常に自分を見つめることができる。これはどの職業においても重要なことらしい（残念ながら「らしい」としか言えない。私はすぐ没我するから）。役者はそれを必要とする最たる職業かもしれない。

伊丹十三《いたみじゅうぞう》監督の『ミンボーの女』で氏が演じたヤクザは実に怖かった。どこまでも静かな構えで、そのくせ鉛を呑《の》んだように重い。えも言われぬ凄味《すごみ》があった。撮影前、氏が「どんなメイクにしますか？」と監督に聞くと、監督は一言「要らない」。つまり素顔のままでいいというのだ。氏は大いにショックを受けたそうだが、これほど役者冥利《みょうり》に尽きる言葉はないとも言える。笑ったのは、ハワイでの逸話。町を歩いていたら、向こうから来た現地人が言ったそうだ、「コカインあるか?」。「コカインあるよ」ではなく「あるか?」だ。こんなことを言われる日本の役者も少ないだろう、しかも喜劇役者で。ちなみにその時着ていたのはダブルのスーツでも何でもなく、普通のTシャツだったというから、伊東四朗の〝顔力〟恐るべしと言うところか。

氏の〝顔〟については『この顔でよかった!』(集英社be文庫)という自著もあるほどで、人生を決めたとも言える重要な役割を果たしている。氏は東京の下谷に生まれ、父親は仕立て職人だった。ただし気が向かないと働かず、三味線を爪弾《つまび》くような「遊び人だったんです」。だから生活は楽でなかった。輝男(伊東氏の本名)青年は規則正しい生活をするサラリーマンに憧《あこが》れ、高校を出ると就職試験を受けた。それも十に余る会社を。だが必ず最後の面接で落とされたという。「この顔ですから」と本人は笑って振り返る。結局、早稲田大学に通っていた次兄の紹介で大学の生協でアルバイトを始めるのだ。

もしこのアルバイトが早出でなければ、喜劇役者・伊東四朗はいなかっただろう。輝男青年は夕方アルバイトが終わると、毎日、歌舞伎《かぶき》や軽演劇を観《み》にいくのだ。芸事好きの父親に連れられて、十五世市村羽左衛門《うざえもん》の「勧進帳」を始め、新派、軽演劇、映画を山のように観て育ち、一時素人《しろうと》劇団を作り脚本を書いていた長兄の影響もあって、十代の頃には結構〝見巧者《みごうしゃ》〟になっていた。そんな青年が一番惹かれたのが、エノケンやチャップリンに代表される喜劇だった。だから仕事の後、毎日、浅草に通って軽演劇を観た。それも、出演者に「あいつ、また来てるよ」と覚えられるほど。で、ある日、遂《つい》にコメディアンの石井均に声をかけられこの道に誘われるのだ。

「あの時、石井さんに声をかけられなければ僕は一生〝観る側〟でしたよ、本当に。だって舞台に出たいなんて一度も思ったことありませんから。だから僕は今、こんな僕なんかを拾ってくれたこの世界に恩返ししてるんです」

これは、氏が五十五歳からテニスを始めた経緯《いきさつ》と似ている。先にテニスを始めていた奥さんが、休日に家で本ばかり読んでいる氏を見かねて「ちょっと見にこない？」と誘い、金網越しに見ていたら「やってみない？」と。本人は「だから全部受動的なんです」と自嘲《じちょう》するが、私は〝欲がない〟のだと思う。だが一旦《いったん》やり出したら精一杯やる人なのだ。だからテニスも、今では、同世代の男性に妬《ねた》まれるほどの腕前だ。

「この前、息子に言われたんですよ、『二年前と違うね』って。ドキッとしました。あと一歩で球が捕れなかったのを見てたんですね。確かにその通りなんですよ。六十まではめきめき上達して前進あるのみだったのに、この歳《とし》になると後退するんです。自分でもわかってるんです。ただね、人に言われた、見られたっていうのが癪《しゃく》で。スッポンポン見られたみたいなね。ハッハハハ」

そして、こう言った。

「歳をとれば肉体が老化するのは当たり前なんです。でもそれに納得したら限りなく行くから。せめてその下降線を少しでも緩くしたいんです。この世界もおんなじことでね、僕はドーンと当てようなんて気は一回もなかった。ただ、今日が昨日と同じじゃイヤだと思ってやってきた。それは後退してるのと同じだから。ちょっとでも進歩したいという気持ちがないと、昨日と同じにはならないんですよ。これは芝居も同じ」

職業は違っても、〝本物〟は皆、同じ心境に到達するようだ。

以前、氏の半生を聞いた時、一枚の葉書を見せてもらったことがある。戦争中、一家は母親の郷里・静岡に疎開《そかい》するのだが、戦後、姉と次兄が東京に戻り、まもなく輝男少年も。葉書は、中学生だった氏が静岡にいる両親と長兄、妹に当てたものだ。

〈皆様、お元気ですか。こちらでは僕の中指が又々凍傷になっただけで、あとは皆元気です。（略）姉も兄も十一時を過ぎなければ帰ってきませんので晩御飯はいつも味《み》噌《そ》かかつぶしでぼそぼそやって居ます。（略）富佐子（妹）の手紙読みました。中々字はうまいな。六年生なら上等の字を書いているよ。（略）少し暖かくなったら皆と

「進歩したいと思う気持ちがないと昨日と同じにはならない」。

何でもないことのように伊東四朗は言った。

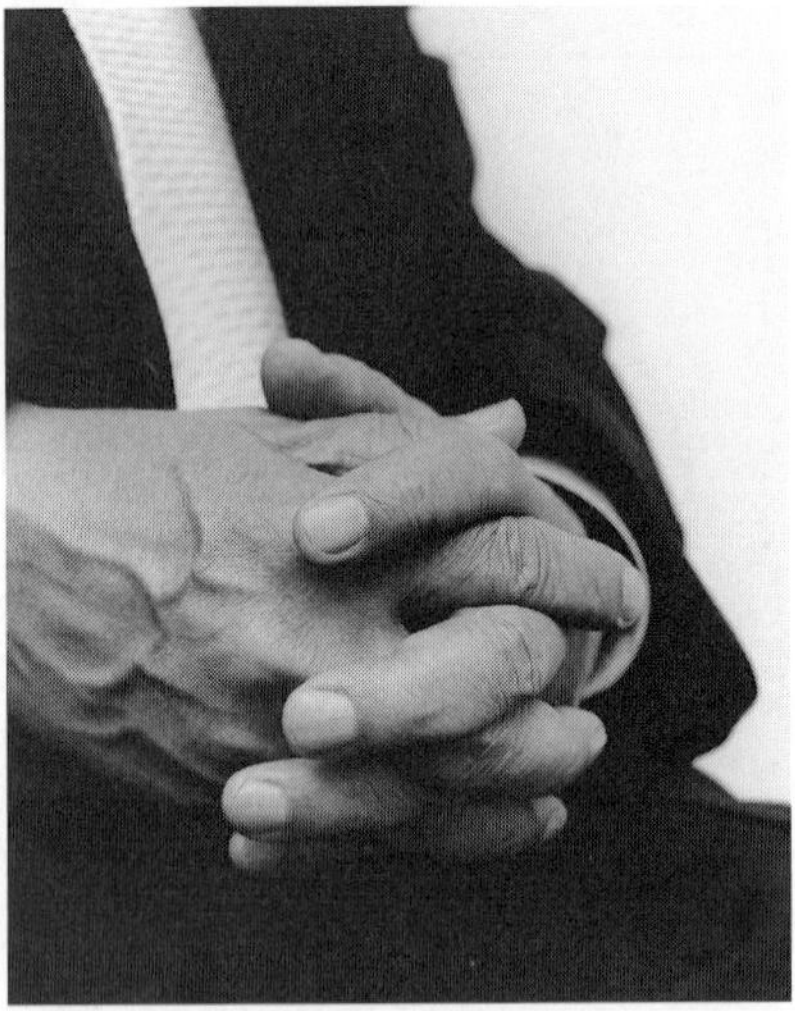

この人を見ていると
いつも思い出す言葉がある。
〝男の顔は履歴書〟。
そしてこの手にも
68年（※2005年当時）の人生が
刻まれている。

おいで（略）〉

消印は昭和二十八年一月三十一日。葉書の値段は五円と印刷されていた。茶に変色した葉書から何とも言えぬ温かさが伝わり、私は胸が一杯になった記憶がある。

国立市の、まるで正倉院のような高床式の貸間に兄姉弟は生活していた。畳を買うお金がないから板の上にゴザを敷いたが、床下から吹き上げる風でゴザが煽《あお》られるので四隅に行李《こうり》を置いていた。そんな、天井板もない四畳半だった。だがこんな葉書が書ける少年だった。

最後に聞いた。

――伊東さんにとって一番大切なものは何ですか？

一拍あって、答えた。

「誠意ですね」

いつもと変わらぬ淡々とした口調だった。

澤地久枝

女にして〝正義漢〟が似合う人

（作家　75歳）

澤地久枝（さわち・ひさえ）
一九三〇（昭和五）年、東京都生まれ。四歳の時、満州に渡り、そこで終戦を迎える。四九年、中央公論社入社。経理部で働きながら早稲田大学第二文学部を卒業。『婦人公論』編集部に転属、編集者になり、六三年、編集次長を最後に退社。五味川純平の資料助手の経験の中から七二年、処女作『妻たちの二・二六事件』を発表。七八年、『火はわが胸中にあり』で第五回日本ノンフィクション賞受賞。三度にわたる心臓手術に耐え、歴史の下積みに生きた人々を描き続ける。他に『滄海《うみ》よ眠れ』『記録　ミッドウェー海戦』『男ありて』『家計簿の中の昭和』など。

人にはそれぞれの色がある。と、私は思う。とすれば、その色は何をして決まるのだろうか。

澤地さんは、私の中ではいつの間にか萌黄色《もえぎいろ》になっている。そう思った時、改めて辞書に手が伸びた。「萌黄色―萌え出たばかりの葱《ねぎ》の色」。なるほど。私は一人で納得した。葱は妙に苦辛い。私は子供の頃から苦手で、今も進んでは口にしない。私のようにいつまでも舌が子供の人間にとって、葱は〝大人の味〟の代表なのだ。

大人の味……。

そうなのである。澤地久枝という人は、私にとって非常に〝大人〟を感じさせる女性なのだ。年齢のせいだけではないと思う。自分より若くてもそう思わせる人はいるし、親ほど歳《とし》が上でもそう感じない人もいる。澤地さんに大人を感じるのは、私が既にその半生について聞いたことがあるからなのか、あるいは大人を感じさせる憧《あこが》れに似た気分があったからお話を聞きたいと思ったのか、それとも書かれる作品のせいなのか。

もちろん澤地さんだけでなく、戦争という歴史の辛酸を生きたことのある女性には独特の共通する空気があり、それは経験しない者などには冒し難い、ある残酷にも近い硬さを纏《まと》っている。だがそれだけなら、澤地さんは、私からは切り離されたように

遠い所に存在する人生の大先輩という印象しかなかったかもしれない。不思議なのは、澤地さんの場合は、そんな印象も抱かせる一方で、どうかするとこちらがタメ口をきいてしまいそうになるほど、またそれを許してくれそうなほどの、失礼だが〝迂闊《うかつ》さ〟にも似た受容力を感じさせるところがあるのだ。たぶん、辞書を引いた時、ことさらピンとくるものがあったのは、それではないかと思う。つまり葱は葱でも、〝萌え出たばかりの〟という部分。その真っすぐな青さ。

「私は『遠っ走りのチャー坊』と言われたくらい、始終一人でどこかへ行っては迷子になる子供で、やっと伝い歩きを始めたゼロ歳の頃、親が油断した隙《すき》に、二、三軒先のよその家に入り込んで、両手にいっぱいドロップを持って口にも入れて、その家の上がり框《がまち》から落っこちて『ギャッ』って泣いたんだって。ドロップはそのお宅のだから、窃盗ね（笑）」

いかにも無邪気な、しかしその後の澤地さんの行動力を思わせるエピソードである。

だが私が印象に残っているのは、澤地さんが父親の仕事の関係で四歳で満州に渡ったのち、小学校時代の逸話だ。どんなに良い成績をとっても席次が絶対三番以上にならないことに不信を抱いた少女は、遂《つい》に夏休みのある日、職員室に忍び込んで担任の机の引き出しにあったクラスの成績一覧表を見るのだ。久枝さんの成績は二番の子と平均点が全く同じだった。自分がその担任教師から好かれていないことは感じていたが、やはり納得はできず、その教師の姿を廊下などで見かけると、物陰から小さな声で「ヒコーキ、ヒコーキ」と呟《つぶや》くのだ。はっきり「ヒイキ」と言えないところがいじらしく、私は話を聞いた時可哀相《かわいそう》に思った覚えがある。三年から六年までを担当したその教師は、久枝さんの通信簿に「迫力ある感情家」と書いている。

「でも私も可愛《かわい》げのない子供だったと思う。教師が黒板に『金色夜叉《こんじきやしゃ》』と書いて『誰も読めないだろう』と言った時、私はとっくに読んでたから、よせばいいのに真っ黒な顔でニヤッと笑ったりね。母によれば、貧乏暮らしが原因で両親が口論してた時、まだ一歳半だった私が箸《はし》を父の顔にぶつけたというから、もう生まれつきそういう反骨というか……性分ね（笑）」

満州で敗戦を迎え一年後に日本の地を踏むまで、思春期の長女・久枝さんが体験した日々は壮絶である。だが、それは命がけの日々ではあっても、少女を絶望させはしなかった。

「ほんとに無残な生活でした。でもその難民生活の中で、私は何が起きてもどうにかして生きるために、ちゃんと働ける人間になったのね」

日本に帰ってから、父親が建てた段ボールに焼けトタンを張っただけの家から中央公論社に通い、早稲田大学の夜間部で勉強した時も、絶望どころか潑剌《はつらつ》と生きた。父親が癌《がん》のために五十一歳の若さで命をとられる時も、「後のことは私が引き受けるから」と、残された病弱な母親と弟妹のために自分が柱になることを心の内で父に誓うのだ。

そんな女性を、生涯で唯一度《ただ》、自ら死を考えるほど絶望させたのは、一人の〝人間〟の仕業だった。編集者として担当した妻子ある作家からの執拗《しつよう》な求愛。結果的に短い間だったにせよ、三十歳になったばかりの澤地さんは遂に逃げ切れず、その一方的な愛情に押し切られた。

私は人間が幼いせいか、男女の恋愛ごとにはいたって冷淡で、どんな特殊な事情があったとしても、所詮《しょせん》男女の問題はフィフティ・フィフティであるという考えだ。だがたとえフィフティ・フィフティだとしても、そこには〝人として〟最低限のルールがなくてはならない。澤地さんの不幸は、相手にそのルールがなかったことだ。それは、「もう完全に他人になっていて、あとは（離婚）手続きの問題だ」と言っていた妻と遂に別れなかったことでもなく、澤地さんの前にも後にも女性がいたことでもない。澤地さんが自分のもとを離れた直後にその〝出来事〟を明らかにその女性が澤地さんとわかる形で作品として発表したことである。そして澤地さんが出版社を辞してまもなく、自身の結婚何十周年かの祝賀会を澤地さんが身を置いた雑誌のグラビアに載せ、夫婦で対談し、その中で澤地さんらしき女性を話題にのぼらせて語ったことである。

これは、『藤十郎の恋』などとは質が違う。卑劣と呼べる行為だ。だが最もよくないことは、男が「仕事をやめてくれ」と迫ったこと。澤地さんは「私も心臓病を発病して毎日鞴《ふいご》が鳴るような息をしながら、もうこれ以上仕事を続けるのは限界だったから、そのためだけに辞めたわけではないけれど」と言うが、その作家との関係がなければ、会社でいたたまれぬ思いなどせず編集次長を続けられたはずだ。

仕事も健康も失った三十歳の女が、何とか信じようとした男から手痛い裏切りにあった時、何を思えばいいのか。

「奥さんが身ごもったことを、しかも会社を辞めた後で知った時は、やはりショックだった。『ひどすぎる』と私が言うと、相手が言ったことは、『あなたは愛情と編集長の座を秤《はかり》にかけるのか』。つまりそんなに会社に残って編集長になりたかったのかと。私は絶句しました。こんなに人間って簡単に信頼というものを裏切れるのかと、人間って何ていい加減なものだろうと思ったわ。それが一番大きかったですよ、私にとって。ほんとによく自殺しなかったと思う」

かつてこの話を聞いた時、私は澤地さんとこんな会話を交わしたことを覚えている。

――仕返ししてやろうとは思いませんでしたか？

「ううん、仕返しなんて。それより自分が充実した人生を送って、もしどこかでその人に遭っても胸を張って挨拶《あいさつ》できる人間になろうと思った。もし仕返しというなら、それが一番の復讐《ふくしゅう》じゃない（笑）」

――でもそうなるまでが大変ですよね。

「そうね、大変ね。でも神様は上手《うま》く人に荷物を背負わせてると思うわ。私が死んだ後に母を残すというのは父との約束に背くわけですよ。あれ、身軽だったら、私、死んでるね」

退職金を基に自宅の二階をアパートに改造して生計を支えながら、澤地さんは、五味川純平氏から依頼された氏の『戦争と人間』執筆のための助手を務めた。その間九年、澤地さんは一切昔の知人に会わなかった。

その九年の心境を、澤地さんは「心に竹矢来《たけやらい》を組んで」と表した。この表現の痛々しさが今も私は忘れられない。

そして昭和四十七年、『妻たちの二・二六事件』で世に出るのである。その出版記念会の直後、母親が逝《ゆ》く。

今回、あえて澤地さんに聞いた。もう聞いてもいい澤地さんだと思うから聞いた。澤地さんのかつての著書『遊色―過ぎにし愛の終章』に問題の作家からの手紙が引用されている。

〈車の中で渡した紙切れに書いたことについて、僕は消したいとも、誤解を受けるのをおそれようとも思っていない。（略）あなたをそのために苦しめたことはすまないと思っています。でも、僕だって苦しんだ。言いたくないけれど、一緒に死んでほしい、とさえ思った。（略）ともかく僕がたった一つおそれているのは、あなたがいなくなることとです。一人にしないで下さい。よき読者であり協力者であることだけではいけないのかと、あなたは言ったけれど――（略）僕はあなたを愛してしまった。今まで一度も愛さなかった愛し方で。今のあなたにとって誰よりも僕が好きなのだと言ってほしい。言葉でなければ他の方法で〉

他の手紙も登場するが、私にはどれもこれも、ムカムカするほど腹立たしかった。

――何故《なぜ》、澤地さんのように賢明な人がこんな手紙を書く男に騙《だま》されたんですか？

私には騙されたとしか思えませんが。

澤地さんは笑った。その眼が、どこか小さな子供でも見るようにある種の慈愛に満ちていると、私には思えた。

「男でも女でも噓《うそ》をついたり非常に悪いことをしたということは、後になって赤裸々にわかることがあるけれども、でもある瞬間、男も女も見てはならない夢を見るということが、私は、あるだろうと思うの」

たぶんこの時私は、「大人になったらわかるよ」とよく映画か何かの中で大人が子供に言い聞かせている、その子供のような顔をしていたのじゃないかと、今思う。

「私は仕事で出入りしてた関係だから、編集者の立場ですから、先方の家庭の状況も、家庭ができるまでのいきさつも全部知ってたから、(その作家の求愛から)逃げて逃げて逃げ続けたんですよ。でも、そうねぇ、結局私がお節介なんだな。執筆に行き詰まった睡眠薬中毒禍の作家から『助けてくれ』って言われたら、『あなたは勝手に死になさい』とは言えないところが、私にはあるのね。その人の担当者ではあるし、毎月原稿は書いてもらわなきゃならないし、それがとっても苦しかったわ」

漸《ようや》く私は腑《ふ》に落ちた気がした。澤地さんは編集者であり過ぎたのだ。ただの男と女として出逢《であ》っていたら、逃げ切れたに違いない。

私には重たい恋愛の経験もないし、そこまで編集者であろうとした経験もない。ただ、健康も仕事も失い、信じた相手に裏切られるという八方塞《はっぽうふさ》がりの穴に落ちた上で、そこから立ち上がって今を得た澤地久枝という作家の、あまりに耐え忍ぶ力に、呆然《ぼうぜん》とするばかりだ。

「強いですねぇ」、溜息《ためいき》と一緒に出た。

「強いねぇ」

澤地さんは、ちょっと照れてでもいるように微笑《ほほえ》んだ。

「でもね」と、急に調子を変えて言った。

「私はね、案外暢気《のんき》なところがあるのよね。もうダメっと思ってフッと頭振るみたいにして別の道を自分で歩き出すと、わりにあっけらかんとしてる。それは私のいい性格だと思う。引きずらないの」

私がその言葉をかみ締めていると、意外なことを澤地さんが言った。

「これは〝最後の日本人〟というタイトルだけど、私は日本人としてはちょっとはみ出してると思うのよ。四歳から十六歳まで満州にいたから、桜も嫌い、お寺とか名所とか人が喜んで行く所も嫌い。郷愁みたいなものはずうっと中国にあったわけです。だからつい最近まで中国に対する親近感のほうが強かったわね。スケールが違うというか、大陸的というのかなぁ。のんびりしてるもん。日本の人たちは何てこせこせしてるんだろうと思った。京都や奈良にも近年になって遊びに行くようになったの。十何年か前、広島に講演に行く時、車の中から安芸《あき》の宮島を見て、『あら、鳥居が海に

「黙って辛《つら》さに耐えている人のことを書き残したい」と言う。
やはり絶滅寸前の日本女性だ、と私は思う。

どこか懐《なつ》かしさを覚える手だった。
物書きというより、
水仕事をよくする女の手。
握手してもらうと、
驚くほどその掌《てのひら》は柔らかだった。

沈んでる』と言って周りの人を呆《あき》れさせたくらいなのよ（笑）。私はおよそ日本人の女じゃないような気がするけど。傍若無人なところとか、怖がらないところとか」

奈良や京都がなにほどか。

私は澤地さんのこの言葉が好きだ。

「黙って辛さに耐えている人のことを書き残したいというのは、一種の代償行為みたいなものね。たぶん私の両親も、そして私自身も、歴史の中に埋もれて死んでいく側ですから」

苦辛い葱《ねぎ》の旨《うま》さはまだ私にはわからない。

山田洋次

（映画監督　74歳）

〝変わってほしくない大切なもの〟を描き続けている映画監督

山田洋次（やまだ・ようじ）一九三一（昭和六）年、大阪府生まれ。東大法学部卒。五四年、松竹大船撮影所入社。川島雄三、渋谷実、野村芳太郎などの助監督を経て、六一年『二階の他人』で監督デビュー。六九年からスタートした渥美清主演の『男はつらいよ』シリーズは四十八作という世界最長記録となった。『馬鹿《ばか》まるだし』『幸福《しあわせ》の黄色いハンカチ』『息子』、『学校』シリーズなど庶民の心情を描く秀作を発表。二〇〇二年『たそがれ清兵衛《せいべえ》』、〇四年『隠し剣　鬼の爪《つめ》』、〇六年『武士の一分《いちぶん》』、〇八年『母《かあ》べえ』、一〇年『おとうと』、一三年『東京家族』を発表、日本映画の健在ぶりを示している。

この人が映画を撮らなくなったら日本映画は終わる。と、私は思っている。撮影所が持つ本当の意味を肌で知っている最後の世代の日本映画人だからだ。

「黒澤（明）さんが言ったけれど、撮影所というのは建物じゃなくて、そこで働いているスタッフなんだ。かつては千人ぐらいいたわけですから、松竹、東宝、大映、東映、新東宝、日活の各撮影所に。様々なパート（役割）の、映画を愛し、一生映画の仕事で食っていくんだという人たちが」

今流に言えば、撮影所というのは単なるハードではなくソフトだったのだ。監督や俳優はもちろん、脚本、カメラ、美術、照明、衣装、結髪、記録……みんなが映画の〝プロ〟であり、胸を張って「○○組です」と名乗った。だが私はその現場を知らない。撮影所が大事なソフトだった頃、私は片田舎の子供だった。家の隣が映画館で、もぎりのおばさんや看板描きのおじさんと仲良しなのをいいことに木戸銭も払わず客席にもぐりこみ、三木のり平の『孫悟空《そんごくう》』や外国映画の『へび男』なんかを夢中で観《み》ていた。

その時からずっと映画が好きだった。日本映画が大好きだった。浴びるように映画を観ながら、私はいろいろなことを教わった。人間の強さや弱さ、美しさ醜さ、優しさ怖さ。それでも人間には限りない可能性があって、生きることは価値あることだ、

そんなことを教えてもらったと思う。それが私にとっての日本映画であり、日本映画は〝人間〟を描くものだった。全《すべ》てのスタッフがプロとしての矜持《きょうじ》とプライドを銀幕に投入したからこそ、小さな私にもそんなことが感じられたのだと、今わかる。

だから、全てとは言わないが、今の映画を私は〝日本映画〟とは思わない。安直な殺人と暴力、異常心理、オカルト、自己満足の奇天烈《きてれつ》な展開……。その中に〝人間〟はいない。ただの〝日本の映画〟、プライベートフィルムだ。それらを作る人々は決まって日本映画を観ていない。欧米の映画人をして「日本映画の奇蹟《きせき》の十年」と言わしめた、先輩たちの優れた業績を観ていない。溝口健二も、小津安二郎も、成瀬巳喜男も、木下恵介も、川島雄三も豊田四郎も渋谷実も今井正も小林正樹も久松静児も……何も知らない。ハリウッドに勝てるはずがない。

「以前テレビで、ノルシュテインというロシアのアニメーション作家を追ったドキュメンタリーを見たんです。アニメの世界では伝説的な存在。宮崎駿《みやざきはやお》さんや高畑勲さんなんかが尊敬してる人です。日本で毎年ノルシュテイン賞という短編アニメのコンクールがあって、上位二十作品ぐらいに選ばれた若い監督を集めてノルシュテインさんがレクチャーしている場面を映してたんですが、彼が開口一番言ったんです、『君たちが作ったものは到底作品とは言えない』と。『君たちは人間や社会を見ようとしていない。自分の内側しか見ず、そこに閉じこもってる。なぜもっと社会を、人間を観察しようとしないのか』。そして『映画を観ていますか?』と聞いたら、二十人の若者たちが『はい、観てます』。『チャップリンでは「街の灯」を観た人は手を挙げて』と言うと、女の子が一人だけ。『じゃ、「タイタニック」は?』。殆《ほとん》ど全員が手を挙げた。そこでノルシュテイン氏は『そういうことだからダメなんだ。逆じゃなきゃいけない。「タイタニック」なんか観る必要はありません』とはっきり言うわけです。アニメーションを志す若者が、チャップリンを観ないでどうするんだと。そして『日本には、あなた方の先輩たちが作った偉大な芸術があるじゃないか。歌舞伎《かぶき》、能、文楽。そういうものを学んでこそ初めて君たちはアニメーションを作ることができるんだよ』と」

私が拍手すると、監督は言った。

「僕は反省しました。僕たちは若い人たちにきちんとそういうことを言ってきただろうか。ノルシュテインさんに頭が上がりません」

だが、と私は思う。「口で言わなきゃわからない人間には言ってもわかりません。わかる人は、言わないでもわかります」。私が尊敬する高峰秀子さんの言葉だ。厳しい言葉だが、しかし正しいと思う。表現者は作品を通して語っている。反省すべきは山田監督ではない。

山田作品に『同胞《はらから》』（昭和五十年）がある。岩手県の農村の若者たちが様々な困難を乗り越えて移動劇団の公演を実現させる物語だ。上演の日、青年会の会長（寺尾《てらお》聰《あきら》）が客席の村人たちに向かって挨拶《あいさつ》する。最初はヘドモドして失笑を買うが、思い切ったように言うのだ。

〈俺たちの村はとっても広い村です。今では交通機関が発達して、誰でも買い物っていえば盛岡まで行くくし、出稼ぎで東京や大阪に行ったり、団体旅行で北海道や九州にしょっちゅう出かけたりします。しかし肝心の自分たちが育った村のことをあんまりよく知らねえんでねえかな〉

私には「俺たちの村」が「日本」に思えた。

今の最大の不幸は、日本映画を生むべき国そのものが病んでいるということだ。映画は、いやでもその時代の空気とその時代に生きる人間の心根を映す。映画人が努力する前に、まずこの国が、汗して働くことを尊ばない限り、先人の遺産に敬意を払わない限り、利便性だけを追い求める限り、そして日本人が金で魂を売り続ける限り、日本映画の復興はない。

「日本人全体が幸せになれれば、構わないいんですよ。映画はどうなったってね」

山田監督のこの言葉に、全てがある。

六年前、監督にインタビューした時、私が軽率にも「もう何をしても日本映画はダメだと思います」と言うと、監督は静かに言った。

「絶望するのは簡単ですよ。難しいのは、何とかするんだという意志を持つこと。意志の力で希望を持つしかないと思います」

時代が変わっても国の有様は変わっても、人間にとって大切なものは変わらないはずだ。山田洋次という人は、その〝変わってほしくない大切なもの〟を描き続けている映画監督だ。

時代の波に押されて故郷を捨てることを余儀なくされた一家を描いた『家族』（昭和四十五年）、そして『故郷』（昭和四十七年）。どちらも辛《つら》い物語だった。しかし物語の彼らは決して希望を捨てなかった。悲劇であれ喜劇であれ、それがどんなジャンルに組み込まれるとしても、映画とは観る者に希望を与えるものであり、そうでなければいけないのではないかと、私は思う。そして誰が観ても、田舎の老人が観ても外国の人が観ても、まずは、〝わかる〟こと。それがプロの作る〝商品〟なのではないか。

山田作品の根底には、以前聞いたこの話があると、私は思う。

「満州にいた小学校三年生ぐらいの時、うちに『ふみさん』というお手伝いさんがいました。ある時ふみさんと二人で劇場に行って『路傍の石』（昭和十三年、田坂具隆監督）を観ていたら、彼女が隣でボロボロ泣くんですよ。僕は喜劇をゲラゲラ笑って観るのが好きな少年でしたが、ふみさんはそんな風に客観的に映画を楽しむのではなく、もう映画を抱きかかえるように、主人公と一体になってというのかな。そういう観方が映画にはあるんだってことを彼女は教えてくれたんです。ふみさんは九州の五島《ごとう》から出てきた色の白い可愛《かわい》らしい娘さんでした。うちはふみさんに部屋を与える余裕がなくて、彼女は僕たちが茶の間でご飯を食べた後を片付けて寝てました。男の子としては、十八か十九の乙女が襖《ふすま》一枚隔てて寝ていることに秘密めいた、艶《なまめ》かしさみたいなものを感じてたんじゃないかな。だからふみさんの涙はとてもショックだった。そして、一人の乙女としての彼女の生い立ちに初めて関心を持って、家族と離れて寂しいんだろうなとか、辛い思いをしてるんだろうとか考えるようになったんですね」

人間にとって大切なもの――。

〈鰻《うなぎ》なんてもんはな、われわれ額に汗して働いてる人間たちが、月に一度かふた月に一度、なんかこうおめでたいことでもあった時に、「さぁ、今日はひとつ鰻でも食べようか」っつって、大騒ぎして食うもんなんだ。お前さんみたいに一日中何もしないでゴロゴロしてる人間が鰻なんか食ったらバチがあたるぞ〉～おいちゃん「寅次郎《とらじろう》夕焼け小焼け」

〈堅気の人はね、日曜日以外は昼頃まで寝てやしないよ〉～おばちゃん「寅次郎頑張れ」

『男はつらいよ』が時として過小評価される時、私はいつも寅さんの台詞《せりふ》を言ってやりたくなる。「勝負するのか、勝負を！」。このシリーズの中に描かれている人の暮し、振る舞い、風景。一見何でもない日常の中に、これほど日本人の美徳がさりげなくちりばめられた作品があるだろうか。

山田監督が松竹に入社したのは昭和二十九年。日本は貧しく、しかも大変な就職難だった。

「大船撮影所に入った時、先輩が僕を食堂に連れていってくれて、『お前な、ここに食券があるから』と、自分が溜《た》めた食券をポケットから山のように出すんですよ。定食はご飯が山盛りで、味噌汁《みそしる》は丼《どんぶり》になみなみ。あぁ、これで食う心配はなくなったと思った（笑）。そういう、食っていくことに必死な状況は、僕はある意味で正しかったと思いますね。食券が宝物みたいに見えた時代は、良い青春だった。まずは食べていくために働くんだということ。寒いから暖かいセーターを買うべきか、それともロマン・ロランの『ジャン・クリストフ』を先にするか、と月給袋片手に悩んだ青春を過ごしたということは本当によかったと思います。あの時代に、これからこの国はどうあるべきかということを頭のいい人たちが懸命になって考える必要があったんじゃないでしょうか。少なくとも今みたいにあるべきではなかったということだけは間違いないと思いますね」

名もない人々の慎《つつ》ましい暮らし、汗を流して働く姿。かつて日本人の誰もが持っていたそれらに対する慈《いつく》しみや尊敬の念は、もはや山田洋次監督の映画の中にしか存在しないのか。

前から山田監督に聞きたいことがあった。

——私は失礼なほど他人に厳しい人間で、滅多な女優さんを上手《うま》いと思わないんですが、不思議なことに『男はつらいよ』のマドンナになると、普段私がちっとも上手いと思わない女優さんでも、別人じゃないかと思うほどいい演技をするんです。どんな魔法をかけるんですか？

「松竹映画は昔から女優が主役でしたから、その伝統を引いているんじゃないかな。女優はデリケートな存在だからガラス細工のように大事に扱えという教えがあるんですよ、松竹の撮影所には。まずスタッフ全員がその女優さんを、温かく見るというか、あるいは愛情を持つというか、それが一番大事なんじゃないでしょうか。愛情を持てば上手になっていくんです、自然にね。高羽（哲夫）さんという僕のカメラマンが、いつか新聞記者に『マドンナを綺麗《きれい》に撮る秘訣《ひけつ》は何ですか？』と聞かれて、困ったような顔をして『僕が綺麗だなと思うことでしょうね』と言っていたけど、その通りなんです。スタッフが女優さんの悪口を言うような現場は絶対、僕は許せないですね。もしその人をあまり好きでなくても、好きになる努力をしろと、僕はよく言ってました」

監督の言う〝愛情〟とは、人間への深い理解力ではないだろうか。だからこそ女優だけでなく出演者の全てが、役柄の人物と一体になり、観る者の心を動かすのではないか。そして監督と役者が究極の理解を叶《かな》えた時、あうんのコンビが生まれる。溝口健二に田中絹代がいたように、小津安二郎に原節子がいたように、成瀬巳喜男に高峰秀子がいたように、黒澤明に三船敏郎がいたように、山田洋次には、渥美清がいた。

——私は渥美さんにお目にかかる機会はありませんでしたが、たぶんとても品のいい方だったんだろうなと。

「そうです。おっしゃる通りです。あの人は下町で育って、浅草のストリップ劇場で艶笑《えんしょう》コントをやってた人なんです。猥褻《わいせつ》な台詞なんか言ったりしてね。それなのにとても品のいい人でした。最後の四十八作目を撮った時、渥美さんはもうずいぶん体調

「日本人全体が幸せになれれば、
構わないんですよ。映画はどうなったってね」

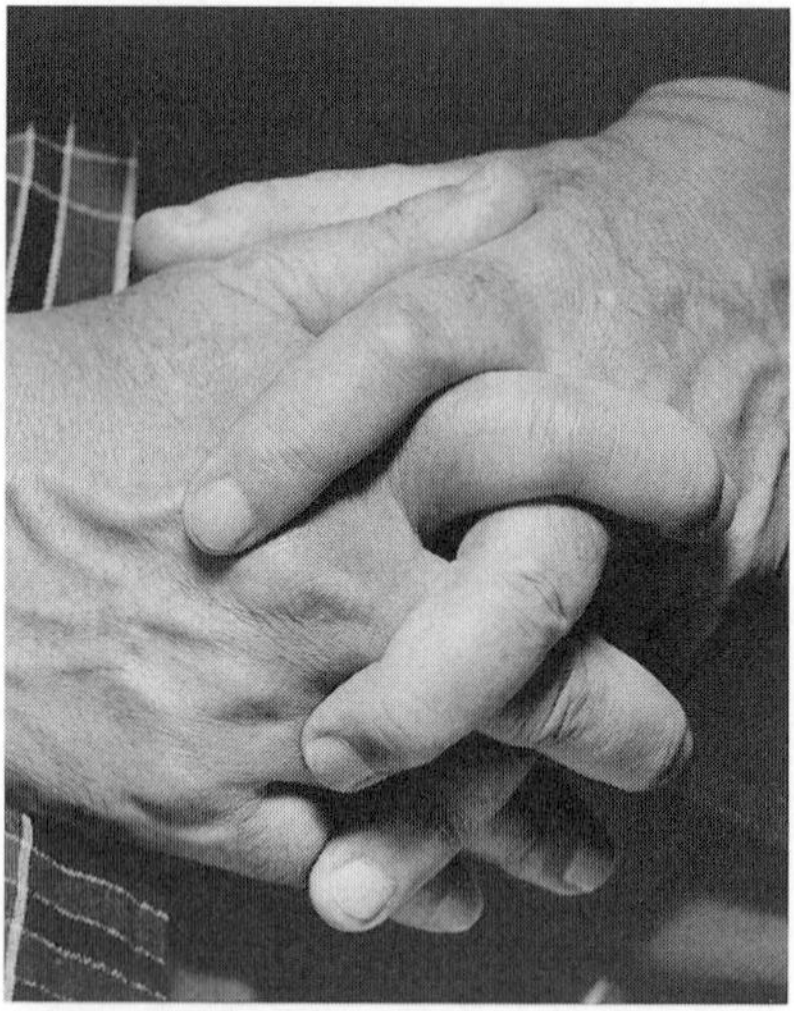

この手が名作を生んだ。
富にも名声にも無縁の、
名も無い人々の生きる姿を、
静かに優しく、厳しく見つめて撮った。
律儀《りちぎ》で控えめな手だった。

が悪かったんですが、ロケ先で僕がちょっと気分が悪くなって宿で寝ていたら、見舞いに来てくれて、本当に心情を込めて『身体《からだ》を大事にして下さいね。あなたはもっともっといい仕事をしなきゃいけない人ですよ、私と違って』。そう言って去っていきました。僕は、僕の映画全部に〝渥美清に捧《ささ》げる〟と、オマージュを書いてもいいぐらいに思ってます。つまり渥美さんこそ、最後の日本人だなと思うんです」

互いの心ばえが揃《そろ》ってこそ、人は人を招《よ》ぶ。きっと渥美さんも頷《うなず》いてくれると思う。

佐藤忠男

（映画評論家　75歳）

文字通り〝苦学独学〟で
人生を切り拓《ひら》いた気骨の人

佐藤忠男（さとう・ただお）
一九三〇（昭和五）年、新潟県生まれ。新潟市立工業高校（現・新潟市立高志高校）卒業。国鉄や日本電信電話公社で工員をしながら、『映画評論』『思想の科学』など、雑誌に論文を投稿。五六年、『映画評論』編集長に招かれ上京、同誌編集部へ。同年、初の評論集を上梓《じょうし》。以来、映画批評だけでなく、教育や大衆文化など、幅広い評論活動を続ける。『日本映画史』全四巻、『いま学校が面白い』『黒澤明作品解題』『自分らしく生きてゆけないのはなぜか』など、百冊を超える著書は各分野の貴重な資料でもある。アジア映画を日本に紹介した功績はあまりに大きい。九五年より日本映画学校校長。二〇一一年から日本映画大学学長。

小学校の時、評論家になると言って父親にどやしつけられたことがある。「自分ができもせんくせに人に難癖をつける仕事のどこがえい！」と。確かに評論家という職業には〃他人の褌《ふんどし》で相撲を取る〃と言われかねない一面がある。事実そんな評論家もいる。だがもしその時、私がこの人の存在を知っていたら、猛然と反論しただろう。「そうやない人もおる。自分にしかできん問題提起をして、読む人を感動させる人がおる。映画評論家の佐藤忠男いう人やッ」。

松本清張が推理小説を文学の域にまで引き上げた作家だとすれば、佐藤忠男は明らかに、評論という作業をクリエイティブな所産に結実させた映画評論家だと私は思っている。

新米記者だった頃、今は亡《な》き先輩に言われた。「その人の過去の発言を取り上げて『……だそうですね』となぞるようなインタビューは最低なんだ。いいインタビュアーというのは、取材される本人さえ気づかなかったその人の内面を引き出すものなんだよ」。二十年前に聞いたこの言葉は、年を経るごとに重さを増してゆく。言ってみれば佐藤氏は、この〃いいインタビュアー〃を〃映画評論家〃に置き換えた人だ。

私は前々から氏の半生が聞きたかった。小学校を出て働きながら映画雑誌に投稿して認められた人だ、というようなことを聞いたことがある。私はそんな人が好きだ。

だからワクワクしながら氏の自伝的著書『映画館が学校だった』（講談社文庫）を読んだ。素晴らしかった。これほど、読んだ後に改めてその題名が胸にしみる作品はない。だが知りたがりの私にはまだ幾つか謎《なぞ》が残った。そして今回漸《ようや》くその謎が解けた。

氏自身の口から判明した事柄の中でも、特に重要だと思えたのは、氏が一度は中学を受験していたことである。

「試験を受けに行きましたら、いきなり首から番号札を下げて運動場に整列させられ、そこへ校長が現れて明治天皇の御製を三つ朗読したんです。そして済むと挨拶《あいさつ》もせずにいなくなった。試験はできたと思ったんですが、どういう訳か落ちまして。それも尋常小学校で私より成績が良くない者がみんな合格して、私だけ落ちたんです」

ここまでなら単に自分が思うほど試験の出来が良くなかったということも考えられる。だが、少年は後日、意外な事実を知るのだ。

「私は高等小学校一年からもう一遍その中学を受けるつもりでした。すると補習の時ある先生が進学の裏情報みたいなことを教えてくれたんです。あの中学の校長は愛国者で、合否はペーパー試験など問題にせずもっぱら人格を見るんだと言うんです。つまり運動場で御製を朗読している間、受験生がどんな態度をとっているか配置した先生にチェックさせ、ボーッとしている奴《やつ》の番号を控えさせていたんですね。皇室の話題が出たら頭を下げるという当時のマナーは私も知ってましたが、その時は、きっとこの御製が試験に出るんだろうと思って一所懸命校長の顔を見て暗記してたんです。朗読が終わってから私はハッと気づいて頭を下げたような記憶があるんですよ。私はこの話を聞いて、人生で初めて深い怒りを感じましたねぇ。そんなことで進学する資格がないと判定されるのは極めて不当であると。ただ、それを大人に説明できない。そのために落ちたという証拠があるわけじゃないから。お袋に言えば、『来年は気をつければいい』と言われるに決まってます。それで私はもうそういう所には行きたくないと思ったんです。ちょっとまぁ過剰反応でしたけどね。でも一つには、中学に行くと凄《すご》い器械体操なんかをやらされるからそれが嫌だったというのもあります。私は体育が不得手だったから（笑）」

普通ならこの〝暴挙〟は人生に負の影響を与えかねない。だがそれを大いなるプラスに転じたところに、佐藤忠男という人の非凡さがある。

氏によれば、昭和二十年当時、高等小学校を卒業した者の選択肢は、中学進学を除いて五つ。①師範学校に行く。「正規の教育と同格で、なおかつ小遣いを貰《もら》って勉強できるというので、貧乏な少年にとっては一番のエリートコースなんです」。②陸軍工廠《こうしょう》や海軍工廠に入り、そこの養成所で技術者になる勉強をする。「中で優秀な者は旧制の専門学校などに進む。これは今の大学と殆《ほとん》ど同格で役所のお金で入学させてもらえるから、やはりなかなかのエリートコースでした」。だがこの二つは自分には無理だと氏は判断した。残るは三つ。③満蒙《まんもう》開拓青少年義勇軍に入る。④少年兵になる。⑤社会に出て働く。

「絶対に嫌だったのが満蒙開拓青少年義勇軍。僕は本が好きだったから、あんな所に行ったら貸本が読めないと思った（笑）。まぁ普通なら工員になるところです。私の郷里は工場街でしたから。でも少年兵なら、飛行機の操縦や整備など技術が学べる。つまり、中学受験を諦《あきら》めてまで行く価値がある所は少年兵ぐらいしかないと思ったんです。それにあの中学の校長に愛国心のない奴と烙印《らくいん》を押されたことが忘れられなかった。あの校長はこれから兵隊に行くことはないが、私は戦死するかもしれない。そのほうが愛国者だと思った（笑）」

佐藤氏は笑いながら言ったが、私は何とも言えない気持ちがした。心ない教育者の行動が一人の少年にここまで決意させたのだ。とうにその校長はあの世の人だろうが、もし今このことを知ったら、応《こた》えるべき言葉を持つのだろうか。

だが入隊して二カ月後、日本は戦争に負けた。行き場を失った少年は、たまたま募集していた新潟県高田の鉄道教習所に入る。十五歳から十七歳までを過ごしたここでの寮生活が、まさに映画評論家・佐藤忠男を作ったといえる。

教習所一年の時に観《み》た米映画『春の序曲』が、映画好きの少年に強い衝撃を与えた。

「戦後正式に輸入公開された初の作品で、俺達を負かしたアメリカ人とは何ぞやというので非常に興味があって、新潟の映画館に飛んで行きました。内容は他愛《たわい》ないものなんですが、主役のディアナ・ダービンがニューヨークの町を歩いていると道行く男達がニッコリ笑って振り返るというのが、私はショックでね。もちろん日本だって綺《き》麗《れい》な女性が通れば振り返るということはあり得るわけです。ただしそういうことは非行の始まりなんであって、従ってその時には卑猥《ひわい》な目つきをしなければいけないというのが、まぁ日本映画では文法になってるわけです（笑）。ところがその映画では、帽子を取って挨拶する奴もいる。私はこちらのほうが文化的だと思いました。日本は原子爆弾と飛行機の生産量で負けたんだとばかり思っていたら、文化的にも負けていたんだと気づいた。その時初めて軍国少年から解放された喜びを感じましたねぇ」

そして鉄道教習所での生活は……。

「素晴らしい学校でした。小遣いが出たんです。師範学校と同じで、将来は鉄道員になるわけだから、少ないけれど給料をくれたんです。食費を払った後はひたすら映画と古本に費やしました。今にして思うと、これが本当の理想の教育だと思います。自分が学びたいことを学ぶ小遣いがある。卒業後、優秀な者は大学などに入学させてくれる制度さえあったんです。昔の職場教育というのは実によくできてました。そして年に何回か鉄道パスが出るんですよ。土曜の晩に東京に発《た》って、翌朝は神田の古本屋で昔の映画の本をリュックに一杯買って、ロードショーを一本ぐらい観て、場合によっては地方にいては観られない新劇を観る。そして日曜の晩また夜行で帰るんです。汽車の中で二泊するから宿代も要らない。寮の私のベッドの周りには読みたい本が山積みですよね。わが青春。素晴らしい青春だったなぁ……」

七十五歳（※二〇〇六年当時）の佐藤氏の目の中にリュックを本で一杯にした少年の笑顔が甦《よみがえ》って、私は急に涙が出そうになった。

「寮の仲間も、年齢差があるというのが素晴らしかった。鉄道の現場から来た少年の中には、戦争中、大人が兵隊に取られていたから、十六、七で機関車の運転をしていたなんて連中もいて、結構大人びてました。私みたいな少年兵帰りもいれば小学校からまっすぐ来たのもいる。その間で非常に好ましい人間関係ができました。大人びた者は無邪気な年少者をちゃんと世話するし、喘息《ぜんそく》で苦しんでいる友達がいるとみんなで交代で看病したり、人生論を闘わせたり。非エリート学習の世界に非常にいいものがあるという経験をしました」

忠男青年は〝ノーベル〟と呼ばれていた。たくさん本を読んで、みんなが知らないことを知っていたからだ。投稿を始めたのは、この頃である。

「映画で飯が食えるようになりたいと思いましたが、当時は映画監督志望者が大変多かったから、超一流大学を出ていないと助監督試験に通らなかったんです。例えば京大を出た大島渚、東大の山田洋次……。シナリオ作家なら学歴は問わないだろうと、何本か書きましたが、素人《しろうと》がいきなりシナリオで生活するのは難しい。そのうち『映画評論』や『キネマ旬報』に投書を始めたんです」

原稿は次々に採用された。だが卒業後の仕事には恵まれなかった。憧《あこが》れの大船撮影所に近い大船電力区を希望して赴任するも、時の行政大整理でクビ。横浜の電気工事店に住み込むが、折り合いが悪く、辞める。遂《つい》に新潟の長兄に呼び戻され職安通いの毎日。漸く地元の電信電話公社で臨時雇いの工員となり、工業高校の定時制に通いながら働くのである。

〈私は毎日の生活が不満で仕方がなかった〉

〈映画界こそはバラ色の天国に見えた〉

〈私はひどく映画人に憧れていたが、その憧れは嫉妬《しっと》と表裏一体だった。だから、映画の中で人生が語られると容赦しなかった。映画人のような幸福な人たちに、俺の

ような人間の不幸が分かってたまるか、という気がしたのである〉
〈私は、とくに実感的によく分かる日本映画の、まじめな映画作家によるまじめな作品をとりあげては、そこに描かれた不幸感が自分にはいかに皮相なものに感じられるかということを、ほとんど憎しみを込めて書いたのだった〉
〜『映画館が学校だった』

だがこんな記述もある。

〈同じ工場の事務所に働いていた女性に一目惚《ひとめぼ》れをした。彼女に恋をしている男は多かったが、誰も彼女には容易に近づけなかった。私は、彼女に恋をうちあけるまでに六年、さらに結婚するまでに二年かかった〉

この恋の経緯は実に興味深いのだが字数がないので次の機会に譲るとして、投稿が認められ『映画評論』の常連執筆者となった佐藤青年のもとには東京から編集者がインタビューに、また多田道太郎や花田清輝が氏を出版社に推薦するまでになる。先の書に載っていた当時の「成瀬巳喜男論」。読んで、私は唸《うな》った。〈彼にとっては、人生は悲劇でもなければ喜劇でもない（略）。強いて言えば、ありのままの人生を、ありのままに愛している、ということにでもなろうか〉。二十三歳の工員の洞察は、プロの映画評論家を遥《はる》かに凌駕《りょうが》していたのである。

氏は日本映画学校の校長でもある。今の邦画にも若者にも否定的な私は氏に意見を求めた。

「私は今の日本映画もそんなに悪くないと思ってます。特に私の学校の生徒達はみんな純情だし一所懸命だし、そういう面では全く絶望してません。結構私が感動するような映画を次々に作りますから。ただ、劇場にかかっている映画はやはり商業主義に毒されている面が多いです。でも私はそれが今の若者の求めている傾向そのものだとは思わないんです。私の学校は専門学校ですから、高学歴志向の人は来ないんですよ。でも映画を作りたいというのは一種の理想主義であって、理想を持っているということはいわゆる落ちこぼれとも違うんです。本来は学校というシステムで計れない教養というのがいろいろあるんですが、今の社会ではそれがだんだん狭くなっていくような気がするなぁ」

氏の評論に常に感じる〝前向きさ〟や〝公平〟。その理由がわかったような気がした。そして十把一からげに「今の日本映画は」「若い奴は」と眉《まゆ》をひそめる自分の狭量さが、少し痛かった。そしてそう思わせる人だからこそ、佐藤忠男は映画だけでなく教育についても優れた論文を著すのだと、深く納得したのだ。

「私は中学を諦めたことを全然後悔していなくて、それが結局、私の出発点だという

「中学を諦めたことを全然後悔していなくて、
それが結局、私の出発点だという気持ちがしています」

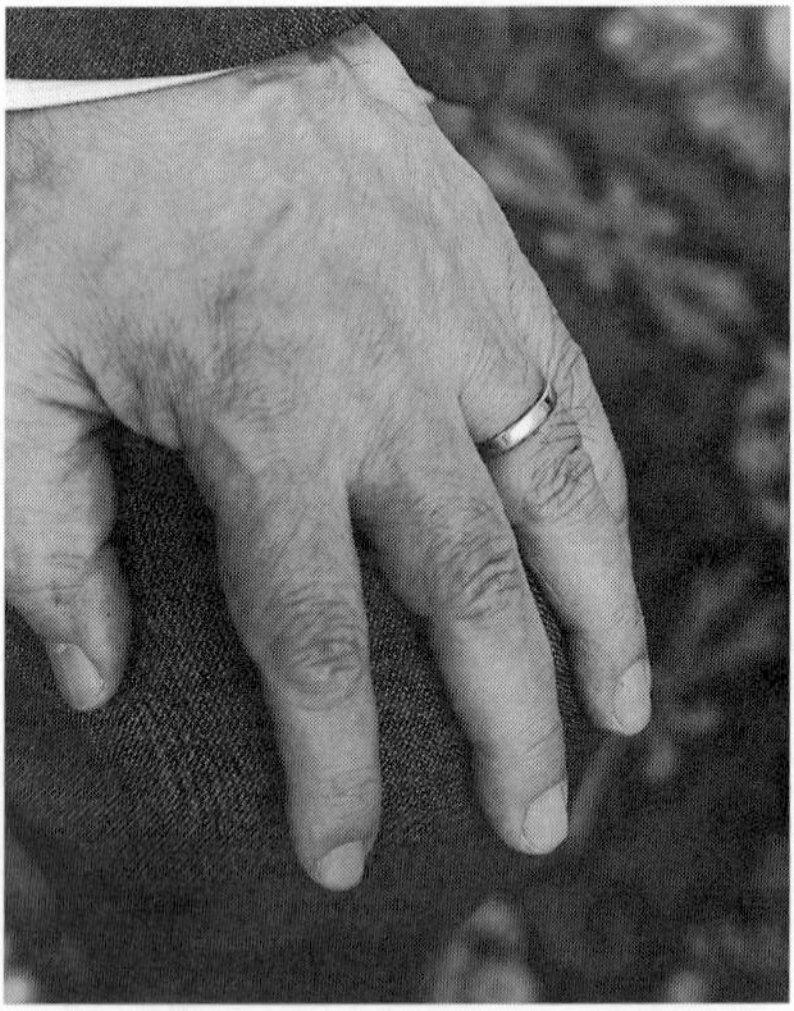

「時代の陰に消えていった
傍流としての教育制度を書き残したい」
と氏は言った。
この手にしか書けないその論文を、
是非読みたいと、私は思った。

気持ちがしています。三つ上の兄貴が腎臓病《じんぞうびょう》になってずっと家で寝ていて十幾つで死んじゃったんですけど、兄貴は病気のために進学できないのを口惜《くや》しがって、講義録で独学するんだと言って、少年が志を立てて勉強するというような小説をよく読んでいました。私もそれを読んで感激してね。だから少年時代には、苦学とか独学ということに非常にシンパシーを持ってましたね」

佐藤氏と別れた後、私はまるで名作映画を観たような感動に包まれていた。

森　英恵

（ファッションデザイナー　80歳）

過酷で優雅な〝蝶《ちょう》〟の
営みを体現するアーティスト

森英恵（もり・はなえ）
一九二六（大正十五）年、島根県生まれ。東京女子大卒。結婚後、ドレスメーカー女学院に学び、新宿に洋装店「ひよしや」を開く。五四年より七年間で数百本の映画衣装を担当。六五年、ニューヨークで初のコレクション開催、『ヴォーグ』誌編集長や高級デパート「ニーマン・マーカス」に注目される。七七年、東洋人初のパリ・オートクチュール組合正会員となる。翌年、東京・表参道に拠点ハナエ・モリビルをオープン。二〇〇四年、パリでの活動から引退。日本の伝統美を世界に示した蝶をモチーフのデザインはあまりにも有名。文化勲章受章。

私は子供の頃、何事かを成し遂げる人間は決まって貧しさに耐え苦学した人であり、金持ちの家に生まれた人間など大成するわけがないと思い込んでいた。私自身は貧しさに耐えるどころか、バービー人形を買ってくれるまで地団太踏《じだんだ》んで泣きじゃくる、我儘《わがまま》もいいところの一人っ子だったのにもかかわらずである。今思えば、その思い込みはたぶん、私の時代にはまだ子供の教育に大いに活用されていた野口英世に代表される一連の〝偉人伝〟の影響と、もう一つは、〝自分のことは棚に上げる〟私自身のいい気な羨望《せんぼう》が、原因だったと思われる。だから中学の時、英語の授業で、メンデルスゾーンが素封家の出だと知った時は心底驚いた。「へ〜、金持ちの子供でも世界的な音楽家になるのか」と。だが考えてみれば、別にメンデルスゾーンに限らず、ある分野で一流になった人物で裕福な家庭に育った人は山のようにいるわけで、一方〝貧すれば鈍す〟の言葉もあるように、要は育ちが貧しいか裕福かではなく、その人自身がいかに生きるか、それが人生を決めるのである。と、エラそうなことを言っても、それはごく最近漸《ようや》くわかりかけたことだが……。

もし私が子供の頃の考えのままで、森英恵さんの育った家庭環境を知ったら、「なんだ、いいとこのお嬢さんか」で終わっていたかもしれない。なぜなら、島根県で開業医をしていた森さんの父親は、子供たちが小さい時には日本橋の三越や大阪の高島

屋から取り寄せた洋服を着せ、彼らが上の学校に進む年齢になると、東京で勉強させるために杉並に家を建て、自分は島根に残り、森さんの兄たちを東大医学部、姉を現在の東邦大学医学部、妹には日本舞踊を、そして森さんを東京女子大に学ばせるのだから。だが小学生の頃よりは幾らか物の道理がわかるようになった今の私には、森英恵という人をとても「いいとこのお嬢さん」で済ますことはできない。「いいとこのお嬢さん」だったからこそ、かえってその恵まれた環境に安閑としなかった意志の強さに感服するのだ。

「父は私も医者にしたかったんですが、私は父の生活を見ていて医者にだけはなるまいと思ったんです。病院という所は幸せな状態の人たちが来る所ではないでしょう。病気を抱えていたり怪我《けが》をしたり……。田舎ですから病院と自宅が同じ敷地にあって、看護婦さんが治療した後の血だらけのガーゼや何かを処理しているのを見て、とても私にはできないと思いました。それに漠然とアーティストになりたいと思ってたんです。それも父の影響だと思います。父は本来は外科医ですから手先が器用で、よく山から木を切り出してきて彫刻をしたり、絵や書も嗜《たしな》んでいました。でも私はちっともいいとこのお嬢さんなんかじゃなくて、毎日野山を駆け回ってたんですよ（笑）」

森さんはその人柄か、辛《つら》いことや苦しいことを表に出さない。常にソヨソヨと風が吹くように軽快だ。十数年前にインタビューした時もそうだった。私が小さい頃に抱いていた印象もそうである。だが今回、そんな森さんを私は、怖いと思った。それは、ここまで〝自分を保つ〟ことができる力への畏怖《いふ》である。

人間の暮らしには日々様々なことが起きる。楽しいことよりイヤなことのほうが多いものだ。ましてや〝世界のモリ〟であれば、その業績が大きければ大きいほど、耐えねばならないことや波乱のスケールは大きかったはずだ。

大学を出た翌年に結婚した森さんは、すぐに「家事だけに十本の指は要らない」と感じてドレスメーカー女学院に通い始める。そして修了後、学校時代の友人二人と新宿に「ひよしや」という洋装店を開くのだ。友人たちは結婚を機に仕事をやめるが、森さんは一人で続けた。初めは「自分の着たい洋服、自分の子供たちに着せたい素敵な洋服を作るため」だった。偶然店を訪れた映画関係者の目に止まり、以後『太陽の季節』や『秋日和《あきびより》』など七年間で数百本の映画衣装を手がけることになる。当時、人は森さんを「女ナポレオン」と呼んだ。一日の睡眠時間が二、三時間だったからだ。三十代半ば、さすがに疲れ果て、仕事をやめる決意をするが、友人の勧めで訪れたパリでココ・シャネルに出逢《であ》い、その、女性を知り尽くしたデザインに強い衝撃を受ける。その瞬間、〝ハナエ・モリ〟は生まれたと言える。

「私が初めてニューヨークでコレクションを開いた頃（昭和四十年）、日本製の洋服は安くて悪いものの代名詞のように思われていて、デパートの地下で売られているという状態でした。それがとても口惜《くや》しかったのを覚えてます。日本人はアメリカを知っていても、アメリカ人には日本はアジアの一部でしかなかったんですね。だから日本の素晴らしい伝統や文化をわかってほしいと思ったんです。蝶《ちょう》をモチーフに選んだのは、故郷の楽しい思い出があるからです。私が小学校の低学年までを過ごした島根県の六日市町という所は本当に自然が豊かで、春にはレンゲ草が田んぼ一面に赤紫の絨毯《じゅうたん》を敷き詰めたように咲いて、そこで鬼ごっこをしたり駆け回っていると、蝶々が追いかけるように一緒に飛ぶんですね。蝶という生き物はベネチアガラスのように繊細で壊れやすいけれど、よく見ると薄い体毛が生えていて、ちょっと不気味なくらい複雑な作りをしてるんです。プッチーニの『マダム・バタフライ』は確かに素晴らしいけれど、よよと泣いてばかりいるのが東洋の女性だと決めつけられるのがイヤで、新聞や雑誌の記者に『私の蝶は銀色に輝くジェットのイメージよ』と力説したものです（笑）」

銀色のジェットは見事、初飛行に成功。時のニューヨーク・タイムズ紙は「Japanese Fashion Enters the Jet Age」と題する記事を書き、コレクションは

「EAST MEETS WEST」という名惹句《じゃっく》で讃《たた》えられた。そして十年後に活動の拠点をパリに移し、森英恵は東洋人初のパリ・オートクチュール組合正会員の栄誉を得るのだ。専門家は「ニューヨークを〝市場のリトマス試験紙〟とすると、パリは〝感覚のリトマス試験紙〟。森の強さはこの二つの厳しいテストを経ている点にある」と最高の評価をする。

二〇〇四年七月、秋冬オートクチュールコレクションを最後に、森英恵はパリ・コレを引退した。初のパリ・コレから数えて二十七年、「一年に二度勝負してきた」舞台から退いたのだ。ステージの最後を飾ったのは、モデルとして活躍する孫娘・泉さんが着る純白のウエディングドレスだった。長身の孫娘に肩を抱かれるようにしてステージに登場した森英恵が見せた涙には、余人には窺《うかが》い知れぬ万感の思いがあっただろう。

——寂しくはないですか?

「いえ、むしろホッとしたという感じです」

そして実際、心なしか小さな吐息を漏らしたように思えた。

この人が長年背負ってきたものがどれほど大きかったか、そして世界中に知れ渡った〝森英恵〟という名前がいかに責任の重いブランドであるか——。

——ご自分の名前が世界中に知られていくことに、恐怖を感じたことはないですか？

「いえ、恐怖というのはないです。怖さを感じる暇もないほど夢中で走り続けてましたから。それに元来がのんきなんですよ（笑）」

——森さんは勇気があるんですね。

「ううん、勇気なんて。ファッションの仕事に魅力があるからですよ。人間の生活に密着していて、それでいて時代を先取りする仕事でしょう。とにかく面白かった。だから夢中になれたんです。好きなんですよ、この仕事が。生活するためにとかお金のためになんて考えていたらここまでこられなかったと思います。全《すべ》てはファッションが持つ魅力ですよ」

実は、私はファッションには門外漢で、知識も興味もない。だが森英恵という〝人間〟に惹《ひ》かれる。その理由は何だろうと改めて考えてみると、それはこの人の気負いのなさ、てらいのなさ、どこまでも〝普通の構え〟を保っていられる姿勢にあると気づいた。鋭い感性や強い意志を持ちながら、他者の前で常に平常でいられる人は、女性では少ない。恐らくどんなに疲れた時でも、イヤな顔など見せたことがないのではないか。厳格な明治の父親の教えは「他人に迷惑をかけるな」だったという。その教え通りのどこか昔気質《むかしかたぎ》の慎《つつ》ましさが、私を惹きつけるのだ。

例えば仕事着。「私たちの仕事は黒子ですから」と、常に黒で身を包んでいる。仮縫いの時、モデルや顧客と一緒に鏡に映り込んでも、相手を邪魔しないための配慮だ。自分を押し出そうとしない謙虚と賢明がある。

この取材当日の森さんは、黒のパンツスーツにスタンドカラーの白いブラウス。小さく立った襟元には朱色をベースにしたスカーフが覗《のぞ》いて、それを襟ごと短い真珠のネックレスが包み、上着の胸元にはスカーフの色と符合する朱の入った燻銀《いぶしぎん》のブローチ。実に上品、簡素である。誰もが「私も真似《まね》してみよう」と思うだろう。ただし、である。ハッキリ言う。太った人はダメです。ほっそりと長身で、首も細くて長く、身体《からだ》が分厚くない人でないと似合いません。そしてできうれば、森さんのように知的な美人に限りたい。くれぐれも言いますが、スーツを着たキューピーになることだけは避けて下さい。

「いつもなら今頃の季節は黒のタートルネックのセーターなんですが、今日はお昼にロータリークラブでお話をしなければいけなかったから、こんな格好で……」

「素敵ですね」と言うと、森さんは困ったように恥ずかしそうに、身をすくめた。

私は奇態な格好をしたデザイナーや、この際もっとハッキリ言うと、「あなたに洋服を勧められてもねぇ……」と思わざるをえないような容貌《ようぼう》のデザイナーは信用しな

「のんきだから何事も苦にしないの（笑）」

慎ましい〝大器〟とはこんな人のことを言うのか……。

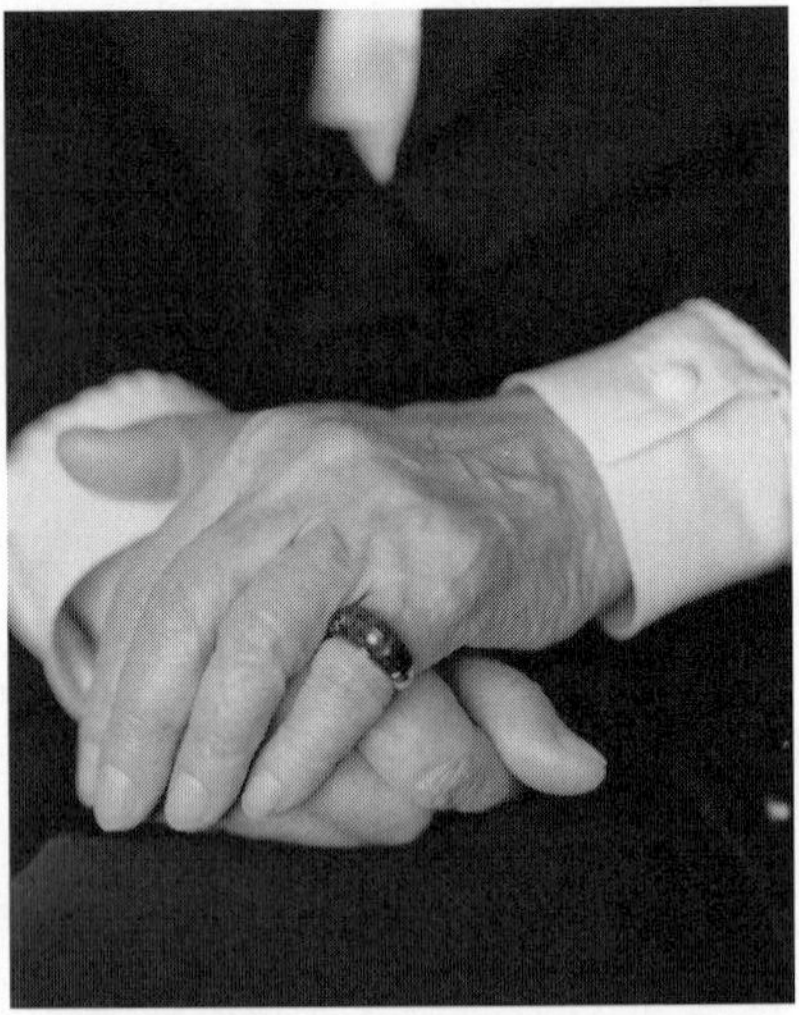

森さんが、憂《うれ》いと微《かす》かな怒りにも似た
表情を見せて言った言葉が心に残る。
「日本は資源のない国なんだから、
人間力が一番大切なのに……」。

い。だって、その人のセンスが窺い知れるから。

私が森さんを好ましく思うもう一つの理由は、当たり前の家庭人であるところだ。八年前に亡《な》くなられた夫君・森賢氏は、ハナエ・モリ・グループのビジネス面全てを担《にな》い、その存在があったからこそ森さんはアーティストの道に専心できたと言える。妻であり母であり、同時に世界的デザイナーであるとは、なんと美しいバランス感覚か。

「家族がいたからできたんだと思いますよ。嬉《うれ》しいことは何倍にもなるし、仕事でイヤなことがあって私がこぼしたりしても、亭主（という表現を使うところもちょっと伝法で、よい）や息子たちが『フンフン』と聞いてくれることでどれだけ気持ちが救われたか」

そして何より料理が好きだというのがいい。また自分のことを棚に上げるが、料理もせずガサガサ働いているような女は、私は嫌いだ。

〈わが家の朝食の献立は、わかめをたっぷりいれた味噌汁《みそしる》からはじめる。味噌はからめのさっぱりした信州味噌。味噌汁を飲むと朝の体の調子がきまる。（中略）それに毎朝サラダを食べる。グリーンが中心でレタスやサラダ菜が主役。朝のサラダのドレッシングは香料などを使わず、さっぱりとオイルとビネガーと塩で味つけをする。季節の香りを持ちこむために、ときにはキュウリや、氷でさらして嚙《か》むとサクサク音のするような薄い輪切りの大根、酢に漬けてさっとゆで上げた蓮根《れんこん》などを、それぞれグリーンの色どりに混ぜる〉~『あしたのデザイン』(新潮文庫)

「忙しくて疲れた時にお料理をするとリラックスできるんです。パリ・コレを引退してよかったことは、お料理をする時間ができたこと。自分で野菜を買いに行って、自分の好きな味つけで煮物なんかを作るんです。大根や人参《にんじん》を使った田舎の煮物(笑)。昔、母が作ってくれた煮物がいつのまにか身についてるんですね」

森英恵という人の偉大さは、普通の生活の延長上に〝世界〟があることだと、私は思う。毎日の小さな営みを大切にしている。

「ファッションってそういうものですもの。特別のものじゃないんです」

誰にでも一番になれる可能性はある。しかしそれを生涯維持することは不可能に近い。世界の人々が注視する中でそれを実行し続けるためには、想像を絶するほどの過酷を己に課し、それを乗り越えていくしかない。

「ライバルはいつも自分自身です」

一流の仕事師の言葉は重い。

岩谷時子（いわたに・ときこ）
一九一六（大正五）年、旧朝鮮・京城生まれ。神戸女学院卒業後、宝塚歌劇団出版部へ。五一年、同歌劇団のトップスターだった越路吹雪が退団して東宝専属となり上京する際に随行、東宝文芸部に移籍。以後、越路のマネージャーを務めながら、日本の女性作詞家の草分けとして多くのヒット曲を世に送り出す。『王様と私』『ウェストサイド物語』『ミス・サイゴン』『レ・ミゼラブル』などミュージカルの訳詞にも活躍。日本レコード大賞作詞賞、芸術祭賞文部大臣奨励賞、東京都文化賞など、受賞多数。二〇〇九年、岩谷時子音楽文化振興財団を設立。

ただ一人の人に無償の愛を捧《ささ》げた人

岩谷時子

（作詞家　89歳）

越路吹雪という歌手を覚えているだろうか？

「覚えているかだって？　冗談じゃない。コーちゃんは今でも私達の心の中に生きている。永遠だ。コーちゃんは最高だった。あんな素晴らしいエンタテイナーは二度と出ないだろう」

そう答える人は少なくないはずだ。そして、間違いなく私もそう答える。

決して美人ではなかった。越路と仲のよかった女優の高峰秀子さんなど、彼女の造作を「よーい、分かれ！」と評したほど、目や口や鼻に〝距離〟があった。だが、ひとたびステージに立てば、劇場の広い空間をたった一人で充《み》たし、観客を魅了した。一六四センチとは思えぬ、スマートで大きなステージ姿だった。大学時代も、高校の教師だった頃も、私は、なけなしの小遣いをはたいてなかなかとれない高い切符をやっと手に入れ、日生劇場の端の端の、カーテンのすぐ側《そば》の席で食い入るように越路吹雪を観《み》た。芳醇《ほうじゅん》で、香り立つような、他の誰にも醸《かも》し出せぬ、絶対の存在感だった。

だが死んだ。癌《がん》で。昭和五十五年十一月七日。まだ五十六歳だった。今でもＮＨＫの七時のニュースで知った時の衝撃を、忘れない。

美空ひばりのような、大衆的な歌手ではなかった。歌うのがシャンソンという限られた世界だったことや、その癖のある歌唱や独特の個性を、嫌いだと言う人もいた。

だが好きな人は熱狂的で、終生ファンだった。愛情を込めて「コーちゃん」と呼び、ファンであることが誇りだった。女の園タカラヅカから独立して、唯一《ゆいいつ》成功したエンタテイナーと言える。ファンだから言うのではない。あんな歌手は二度と出ない。

その越路吹雪に、なくてはならない人がいた。作詞家であり、マネージャーの岩谷時子である。越路が死んだ時、誰もが思った。岩谷さんは大丈夫だろうかと。四十年、文字通り二人三脚で生きてきた人だった。

——越路さんが亡《な》くなって二十六年（※二〇〇六年当時）になろうとしていますが、いまだに辛《つら》くて写真が見られないと伺いましたが……。

「それはやっぱり……。一生しょうがないんじゃないでしょうか。子供を失った母親と同じでね（笑）」

ひどく寂しい笑顔だった。

以前、越路の写真集でその姿を見て、細くて小柄な人だとは知っていた。だが越路より八歳年上の岩谷さんをこうして目の前にすると、やはり思った以上に小さく、質問などするのが申し訳ないほど、何か消え入りそうなほど、静かで控えめな人である。

「コーちゃんと初めて会ったのは、彼女が宝塚音楽学校から歌劇団に入った頃です。ちょうど劇団の稽古場《けいこば》の下が私のいる編集部で、確か、サインの字をどんな形にしたらいいか相談に来たのが最初でした。もちろん他の方も来てましたけど、なぜか彼女と気が合ったんですね」

岩谷さんは父親の仕事の関係で旧朝鮮の京城（現ソウル）で生まれ、すぐに帰国。少女時代を兵庫県の西宮で過ごした。兄弟はない。

「母が割合、活発な明るい人だったものですから、よく連れられて宝塚歌劇や野球を観にいったんですよ」

文学少女だった時子さんが雑誌『宝塚クラブ』や『歌劇』に詩や文章を投稿するようになったのは西宮高等女学校の時である。そして神戸女学院を卒業する頃、宝塚の出版部から誘われた。

「大変恥ずかしくて、積極的に自分を発表しようなんていう気持ちはなかったんですね。かと言って何がしたいと決めていたわけでもないし。結婚？　いいえ、そういう色気も全くなかったの（笑）。でも編集部からのお誘いにイヤですなんて言う気もない（笑）。したことがないのにイヤとは言えないし、何をやるのかもわからないでしょう」

両親は反対した。特に母親は、大切な一人娘が外で働くなど考えられず、初出勤の日は玄関先で泣いたという。

「入ってみたら私は大喜びでしたよ。歌劇を観ていたからダンスや歌に興味があったし、あの人は上手だなぁと思うような方と会ってお話が聞けるでしょう。母もすぐに喜んでくれました。スターのことなんか私より詳しくなって（笑）」

戦争中、団員の殆《ほとん》どが実家に帰ったり疎開《そかい》したなか、それまでも「おばちゃん、おばちゃん」と岩谷さんの母親を慕って食事に来ていた越路はそのまま寄宿するようになる。

二人を強く結びつけたのは、越路が歌劇団を退団して東宝の専属になり、上京する時である。

「小林一三《こばやしいちぞう》先生（宝塚少女歌劇を創設した関西経済界の実力者）が何かおっしゃって下さったのかな。女の子を一人で東京にやるのは心配だから、誰か付いていったほうがいいって。私が越路さんと親しかったし、小林先生の所にもよく原稿の校正を見て頂きに行ったりしてましたから、こいつなら大丈夫だろうと思われたんじゃないですか」

越路は東宝映画や東宝ミュージカルに出演。やがて、ライフワークとなる一ヵ月のロングリサイタルを始めることになるのだ。

そして越路の代表曲になったばかりでなく、日本のシャンソンブームの火付け役ともなったエディット・ピアフの『愛の讃歌《さんか》』。ステージの最後はいつもこの曲だった。前奏が始まると、客席から一層大きな拍手が起こる。「たった今始まったと思ったら、もうお別れ……」、ちょっとはにかんだように呟《つぶや》くコーちゃんのあの声が今でも私の耳に残っている。その曲、その、越路を作ったとも言える『愛の讃歌』に訳詞をつけたのが、岩谷さんである。

「昭和三十年頃だったでしょうか。まだ越路さんが日劇の歌謡ショーによく出させてもらっていた頃ですね。ある時、トリ（最後に出演する人）を歌われる予定だった先輩歌手が急に声が出なくなったと連絡が入ったんです。それで越路さんが急遽《きゅうきょ》トリを歌わせてもらうことになったの。ショーの四日前でした。何を歌ったらいいだろうということになった時、越路さんが『愛の讃歌』がいいと言い出して。ちょうどその少し前に越路さんは本場のシャンソンが聴きたいからとパリに行ったばかりで、ピアフの『愛の讃歌』を聴いてとても感激してたんです。そしたら同じ頃パリにいらしてた黛敏郎《まゆずみとしろう》さんがその時のショーでご一緒で、『あ、あれ、いいね』と。でもいいねって言ったってフランス語でしょう。楽譜は黛さんが持ってらっしゃいましたけど、歌詞の意味さえわからない。困っちゃったんですね、みんな。当時は訳詞家なんていなかったんです。それで頭を悩ませていたら、黛さんのお母様がフランス語がおできになると。それですぐにお願いして、一晩で意味だけ直訳して頂いたんです。でもそのまま じゃ歌えないし……。越路さんと黛さんが『あなたしかいないじゃない』って、私に。フランス語の歌詞はとても悲惨な物語なんです。でもフィナーレでそんな歌を歌うわけにはいかないでしょう。作り直さなきゃいけない。そしたら越路さんが『メロディを聴いて、出てきた言葉で自由に書いてよ』って言うんです」

〈あなたの　もえる手で
あたしを　抱きしめて
ただ二人だけで　生きていたいの
ただ命の限り
あたしは　愛したい
命の限りに　あなたを愛するの〉

「初めて音に乗せて越路さんが黛さんのピアノで歌った時、二人がピアノの傍で肩組んで笑ってるのね。私が『なんで笑ってるの？』って言ったら、『何も知らないからこんな詞が書けるんだよね』って。人をバカにして（笑）。本当に恋をして夜な夜な遊んでるような人だったらあそこまで正面切って書けないというところを、私が平気でペラペラ書いてるから、恋多き方たちには可笑《おか》しかったのね」

岩谷版『愛の讃歌』は、大喝采《だいかっさい》を浴びた。そして、日本で『愛の讃歌』と言えば、越路吹雪になった。

だが「あんな歌詞は『愛の讃歌』ではない。ピアフが歌ったフランス語の意味はあんな甘っちょろい内容ではない」と批判する人がいる。当時も今も何の反論もしない岩谷さんのために、私が代わって反論する。あれは〝越路吹雪の愛の讃歌〟だ。岩谷時子が作った〝越路吹雪のための〟『愛の讃歌』なのだ。岩谷時子の歌詞があれほどヒットしなかったら、人は批判しただろうか。私に言わせれば、ただのやっかみだ。あれが違うと思うなら、自分で正しいと思う歌詞を付ければいい。そしてヒットさせればいいのである。岩谷さんがピアフの著作権を管理する会社に正式に許諾を得てあの歌詞を付けたことをその人たちは知っているのだろうか。

芸能界とは醜い世界である。

〈越路さんが亡くなってから、思いがけないことが起こった。遺産の問題から、越路さんのきょうだいに金銭的な疑いをかけられたのである。越路さんにもっと多くの蓄財があると思ったらしい。当時の週刊誌を、はずかしいことで賑《にぎ》わしたが私は自分の収入の出所を証明する為《ため》に貯金通帳や確定申告書まできょうだいに提出しなければならないことになった。血を分けた姉をうしなったこの人たちは数年来の知人でもあり、彼らと生涯かなしみを共にするのだと思っていた自分のあまさに呆《あき》れ、そんな自分に腹を立てた。立ちあがれないほどの哀《かな》しみの上に、孤立無援の侘《わび》しさが私に追い打ちをかけた。

「よく、わかりました。失礼しました」の一言もなく、提出した書類や、貯金通帳は戻ってきたけれど、心の傷は元へは戻らない。いわずもがなのことかも知れないが私は忘れない〉~著書『愛と哀しみのルフラン』（講談社文庫）

越路吹雪と岩谷時子を知る業界の人間はみな知っている。岩谷さんが越路から一切給料を貰《もら》っていなかったことを。越路のマネージャーをしていても、東宝の社員だった時代は東宝から給料を、東宝を退社した後は作詞家として一家を成した。この人の作詞は越路の歌だけではない。加山雄三の『君といつまでも』『お嫁においで』『旅人よ』『ぼくの妹に』、ザ・ピーナッツの『恋のバカンス』『ウナ・セラ・ディ東京』、島倉千代子『ほんきかしら』、園まり『逢《あ》いたくて逢いたくて』、ピンキーとキラーズ『恋の季節』、佐良直美『いいじゃないの幸せならば』、布施明『サインはV』、沢たまき『ベッドで煙草《たばこ》を吸わないで』……。

「越路さんの親族は、私と母（父親は岩谷さんが二十四歳の時、他界）が越路さんに食べさせてもらっていると思っていらしたのね」

芸能界が醜いのではなく、人間という生き物そのものが本来、醜いのかもしれない。だが、その誰しもが持つ醜さをいかに浄化し、賢明に清潔に生きていくか。そこに人間の価値があるのではないか。

越路吹雪が宝塚を出て自らの道を模索している時も、恋をしている間も、結婚してからも、病に倒れた後も、岩谷時子は常に変わらぬ、溢《あふ》れるような愛情で越路を包み続けた。「時子さんは、私に威張っていたいから、マネージャー料をとらないんでしょう、ちゃんととってよ。私だって言いたいことも言えないじゃないの」、越路は機嫌が悪い時、決まってこう言ったという。「その時が一番辛かった」と岩谷さんは言う。だが作詞で食べていかれるようになった時、決心したそうだ。

「ひとりよがりな考え方かもしれませんけれど、越路さんが舞台に専念して、華やかな女優としていつまでも花咲いていてもらうために、共存共栄でいこうと思ったんです」

越路の豪快な買いっぷりは有名だった。一度に百万円以上使うのはザラだった。カードを使うことを覚えてからは、「これで買えるのよね」と嬉々《きき》として買いまくり、それを惜しげもなく友人や知人に与えた。そのカードが岩谷さんのものだったことを越路は最後まで知らなかった。越路吹雪とは、そういう人だった。子供のように無邪

「越路さんのマネージャーをやめようと思ったことは一度もないです。『死ぬまでやってくれるよね』っていつも言ってましたから。悪いコですよ（笑）」

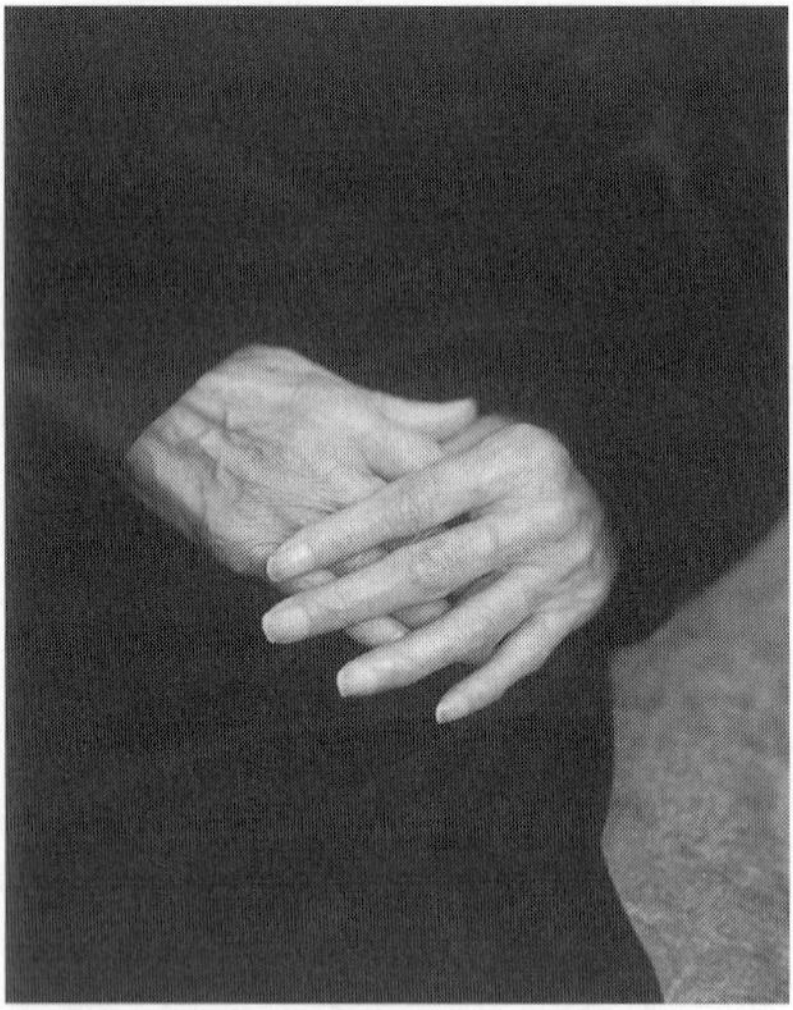

看病の末に母を見送り、
そして最愛の友を送った……。
それでもじっと耐えるように
生きて、仕事をする。
「私は意外と自我が強いんです」
笑顔が少女のようだった。

気で、世間知らずで、ステージの上だけが、自分が自分でいられる世界だったのだ。

――どう見ても岩谷さんは芸能界に向いていらっしゃる方には思えないんですが、越路さんのマネージャーをやめようと考えたことはないんですか？

「ないです。『死ぬまでやってくれるよね』っていつも言ってましたから。悪いコですよ（笑）」

越路吹雪は幸せな人である。これほど愛されて。

〈むくいをのぞまで
ひとにあたえよ
こは主のかしこき
みむねならずや〉（讃美歌五三六番）

岩谷時子の好きな言葉である。

サトウサンペイ
（漫画家 76歳）

飄々《ひょうひょう》として反骨の〝最後の漫画家〟

サトウサンペイ（さとう・さんぺい）一九二九（昭和四）年、大阪出身。本名・佐藤幸一。五〇年、京都工業専門学校卒業後、大丸百貨店大阪店宣伝部入社。在職中から新聞漫画を描く。五七年、退社、漫画家として独立。六〇年、上京、産経新聞に四コマ漫画「インスタント・マダム」を連載。以後「アサカゼ君」「夕日くん」などヒット作を生む。六五年から朝日新聞で連載した「フジ三太郎」は、実に二十六年半に及ぶ長寿人気漫画となる。主な著書に『人生いつも初体験』『栄養学のＡＢＣ』、中でもベストセラーとなった『パソコンの「パ」の字から』は中高年には福音の書。

①「ママ　ローラースケートかたっぽ　しらない？」。玄関の上がり框《がまち》で小学生らしき男の子が屋内に向かって言う。
②「パパがもっていったわよ。こんや宴会があるんですって」と、台所で洗い物をする母親。
③料亭の入り口を、上司に続いて入る一人のサラリーマン。手にはローラースケートの片方を提げている。服装はコートにマフラー。
④宴会をしている広いお座敷。向こう脛《ずね》にローラースケートをくりつけ膝《ひざ》で蹴《け》りながら、お銚子《ちょうし》を手に得意先の間を走り回るサラリーマン。
昭和四十一年十二月十五日付、朝日新聞夕刊、連載四コマ漫画の「フジ三太郎」である。私のまずい文章で説明するとその可笑《おか》しさが出せないが、「覚えてる、覚えてる、その回の三太郎」と、絵を思い出す読者も多いはずだ。

たった四コマにヒラサラリーマンの悲哀を見事に描いた、漫画家サトウサンペイの傑作である。朝（昭和五十四年から朝刊掲載）、この新聞漫画を見て、クスッと笑って登校した子供、「うまいこと描くわねぇ」と笑顔で送り出した母親、息子の苦労をつくづくと思いやりため息をついた祖父母、そして、もっと深いため息と共に「今日も働くか、家族のために」と、満員電車の人となったサラリーマン。あの頃、日本人

の多くが新聞を開くと真っ先にサトウサンペイの漫画を見た。そして笑い、ホロッとさせられ、またある時は「そうだ、そうだ」と膝を打って合点した。

サトウサンペイは、そんな漫画を二十六年と半年、来る日も来る日も休まずに新聞に描き続けたのである。

「まず嬉《うれ》しかったですね。それはもう、ほっとして嬉しかったですよ。そして一つだけ実行したのは、今まで煙草《たばこ》を吸っていたのはお前のせいだと主人公（フジ三太郎）を指さして、お前をやめたんだから、俺は今日から煙草を吸わないよと言ってね、やめました。自分の大きな仕事をやめちゃったんだから、煙草ぐらいやめられると思った」

平成三年九月三十日の最終回、描き終えた後の感想である。そして読者である私はといえば、以後、朝でも夕方でも新聞漫画に目を走らせることがなくなった。

当然、サトウ氏のもとには他紙から連載の依頼が殺到したが、氏は〝二夫〟にまみえなかった。

「かすかな貞操だけど（笑）」

こういう受け答えに象徴されるように、氏の話は、描く漫画同様、ユーモラスで機知に富んでいて、私はインタビュー中に何度も笑った。そして、なぜか今でも覚えているある日の三太郎の四コマを氏に話した。それは、小さな男の子が、転んだか迷子になったか、とにかく三太郎が親切にしてあげて、その子を若い母親のもとに連れていってやる、というのが二コマ目まで。そして三コマ目で、母親がその子を抱き上げる。と、抱き上げた拍子に、男の子の足が母親のフレアスカートの裾《すそ》に引っかかって、スカートがめくれ、ムチムチした脚がパンツもろとも見えてしまう。四コマ目には例の無表情な三太郎の顔に吹き出しの台詞《せりふ》。「三歳の子供にお礼心あり」。たぶんそれを見た時、私は中学生だったと思うが、声を出して笑った覚えがある。

——聞かれ飽きていると思いますが、伺わせてください。あのような漫画のアイデアはどのようにして生まれるんですか？

「まず大事なことは、（日常の何気ない出来事に）よく気付くかどうかですね。今のその、ちょっとスカートがめくれるということに日頃から気付くかどうか（笑）。三歳の子供にお礼心があるわけじゃないんですけども、そういうあまり誰も考えていないような発想に置き換えることができたときすごく嬉しいんです」

そしてこうも言った。

「三原則と言いますかね、笑いの。僕は、ユーモアと、ウィット、そして風刺だと思います。ユーモアというのは、自分が賢いと思っているとできないです。私は偉いのよ、俺は一流大卒で頭がいいんだというような連中にはね、あまりユーモアはないと思う。ユーモアがあるのは、まず自分がアホになれる人。自分もエッチと認める人。アホやエッチのふざけの部分と真面目《まじめ》が一つになると面白いです。でも、ウィットというのは機知でしょう。少し賢くなかったらできませんよ。そして風刺は、やっぱり知識や常識、それに面白く誇張する能力がないとできない。先日、抗議の暴動が起こって大騒ぎになったイスラムのムハンマドの漫画。ターバンを時限爆弾にして描いている新聞の漫画。あんなものを描いたらどうなるかぐらいのコモンセンスを持っていれば、やらないと思う。あれは風刺とは言えないよ」

きっぱりとした自身の考えを、関西訛《かんさいなま》りの柔らかな口調で、静かに語る。

名古屋で生まれて、すぐに大阪へ。実家は祖父の代から時計屋さん。といっても、街の小さな商店ではなく、戦前はシェア日本一を誇った〝地球鶏《ちきゅうどり》〟マークの掛け時計を作る会社。戦後も「SATO CLOCK」として親族が続けているという。年配の読者はそのマークをご存じかもしれない。だが、戦争によって規模を縮小した。

もちろん氏は小さい頃から絵が好きで、食糧不足になった旧制中学時代には、「おい、おはぎの絵を描いてやろうか」「今日はうな丼《どん》の絵を描いてくれ」と、その才能で、飢えた友達を大いに喜ばせた。絵の勉強がしたくて上野の東京美術学校（現・東京藝大）に進むことを考えたが、時は終戦直後の混乱期、東京へ行くなど夢のまた夢。今のように大学紹介の本もない。そこでたまたま目にした「官立京都高等工芸」（現・京都工芸繊維大）の「芸」の字に惹《ひ》かれ、「ここなら絵の勉強ができるに違いない」と入学。当時は大阪から京都まで行くのも大仕事で、事前に下見などできなかったのだ。入ったらやたら化学記号ばかり勉強させられ、入学試験は首席だったが、卒業時はビリから二番だったそうだ。

　そして大丸百貨店大阪店・宣伝部に入社。ここでまるでドラマのようなエピソードが……。

「大丸にいる学校の先輩に履歴書を出したんです。毛筆の上手《うま》い友達に書いてもらって。ところがその先輩が僕の履歴書をポケットに入れたまま背広をクリーニングに出しちゃって（笑）、人事部に届かず、試験が受けられなかったんです。先輩が『申し訳ない、もう一度書類を出してくれ。追試験を受けられるようにするから』と。学校の書類は揃《そろ》うけど、今回は履歴書を書いた友達がそばにいない。それで漫画で描いたんです。画用紙八枚だったかな。だから十六ページぐらい。水彩絵の具使ってカラーの絵日記風に。○年○月○日に生まれる、と。盥《たらい》の絵が描いてあって、産湯《うぶゆ》使ってオギャーと生まれたところですね。オチンチンをやや大きめに描いて（笑）。そして○

月〇日、空襲で家や時計工場が焼けたこと、恋なんかも丁寧に描いて、四回続けて失恋の場面を描いたり（笑）。本当は関係ないんですね、そんなことは履歴には。でもどうせ追試験なんかで合格しないと思ってたから」

「何だ、こいつ。バカにして」と言う一方、重役の中には「面白いよ」と言う人もいて、無事に追試験も合格。それにしても、入社試験に提出する履歴書を漫画で描いた人は、世界広しといえど、佐藤幸一《ゆきかず》（本名）青年だけだろう。

だが氏を漫画家の道に導いたのが、とりもなおさずこの前代未聞《みもん》の履歴書だった。今や伝説のマスコミ人・小谷正一、井上靖の『闘牛』のモデルになった、当時は新大阪新聞の編集長だった小谷の耳に入ったのだ。そして「面白そうな若者だ。一度会ってみたい」と。

同紙の報道部長から「週に一回何か描いてみない？」と言われたことが漫画家サトウサンペイを誕生させた。弱冠二十二歳。そして二十七歳で大丸を退職、漫画一本で立ち、上京して産経新聞に四コマ漫画「インスタント・マダム」を連載するようになるのが三十一歳の時である。

大丸を辞める時はやはり迷ったそうだ、一年ほど。この時、また面白いエピソードがある。

「チャップリンの『ライムライト』という映画を観《み》たんです、梅田新道で。あれは、足を痛めて世をはかなんだバレリーナのクレア・ブルームが自殺未遂をして、彼女に淡い恋心を抱いていたチャップリンが力づけていくという物語ですけれども、その時にクレア・ブルームちゃんが『どうしたら生きていけるの？』と聞くと、チャップリンが『三つのものがあれば生きていける』と答えるんですね。僕は大丸を辞めようかどうしようかと思ってた時ですから真剣になって観ていたら、チャップリンが言うんです、『簡単なことだ、希望と勇気とサムマネーがあれば生きていける』と。あ、そうか、希望と勇気とサムマネーでいいのか、マッチマネーじゃなくていいのかと思った時に、辞めても生きていけるかなと思ったんです。でも後でよく観ると、字幕には『サムマネー』なんてどこにも書いてなくて、『わずかなお金』と訳してるんですね。『a little dough』という俗語だから」

つまり我々が知っている名惹句《じゃっく》「希望と勇気とサムマネー」は、誰あろう、漫画家サトウサンペイが翻訳者なのだ。

「その後に映画の宣伝会社が、今度やる時に使わせてくれと言って使ったから、広まったんじゃないかな。戸田奈津子を超えたという（笑）」

サトウ氏はこんな風に、終始明るく軽妙に語ってくれた。それだけに胸に響いた話がある。

「小学校六年の時に開戦だから、中学では授業らしい授業は最初だけで、後は大阪近郊で芋掘りしたり畑を開墾したり、二年生からは大阪中に防空壕《ぼうくうごう》や貯水池を掘る勤労奉仕。そして三年生からは陸軍枚方造兵廠《ひらかたぞうへいしょう》という大きな工場で高射砲の弾丸を作ってました、旋盤を扱って。だから触ってるものは全部金属ですよね。それで四年生で終戦、初めての授業は九月でした。それまでは学校へ行く時は必ずゲートルというのを脚に巻いてたんですが、もうそのゲートルもなしで、足もとがふわッふわッして歩いて行くんです。そして学校へ着いて教室に入ったら、前の日に掃除したらしくて、床油の匂《にお》いがプーンとしてるんですね。古い古い、真っ黒けの傷だらけの机なんですけども、触るでしょう、柔らかいんですよ、それまで金属ばかり触ってたから。あぁ、柔らかいなぁ、温かいなぁという感じ。そうしたら、窓の外のポプラの影が、黒板に映ってるんですよね。朝の光にゆらゆら揺れて。あぁ、こんなに美しい景色があるのか……と。そこへ先生が入ってきて、戦後一本目のチョークで、真っ白なチョークでカタカタ、カタカタと書くんです。その音のきれいなこと。わぁ、素晴らしいなと思った。平和っていいなと。ただ、書いた字を見たら、全然知らない言葉なんです。四文字、『民主主義』。もうあの時の感覚というのはね、やっぱり強烈な印象ですね。ちょっと忘れられないです」

そして次の話は、「フジ三太郎」によく三太郎の妻が登場するので、私が「奥様とはどこで知り合われたんですか?」と聞いた時、「いいよ、そんなの」と照れ隠しにちょっと怒ったような顔をした後で言ったことである。

「我々はここでは〝漫画家〟といってわかってもらってるわけですけども、世間では今、漫画といえば〝物語漫画〟のことですよ。劇の画といってもいい。僕らの頃は横山隆一、横山泰三、長谷川町子、加藤芳郎さんなど、錚々《そうそう》たる漫画家がいっぱいおられて、それが主流だったんです。でも今は『物語のない漫画家』と言わなきゃ通じなくなった。それを考えると、自分でちょっと言いにくいんだけど(と逡巡《しゅんじゅん》して)、ある時、バーで一人で飲んでたんですね。カウンターだけの小さいバーで。割合混んでいて、僕はマスターと話しながら飲んでたんですが、マスターが『サンペイさん』なんて言うでしょう。すると六十歳ぐらいの男のお客さんが『サトウサンペイさんですね』って言うから、『はい』と言ったら、『サトウサンペイさんは最後の漫画家ですね』と、こう言われた。何と答えていいかわからなくて、照れて『そんなことありません。いっぱいいらっしゃいますよ』と言うたわけだけど、意味わかるよね、自分で。いや、自慢するんじゃないよ。つまり漫画の定義ということでね、何か心に残っちゃ

「ユーモアが出せるということは、
自分をさらけ出してアホになれること。
でもウィットは、賢くなければできませんよ」

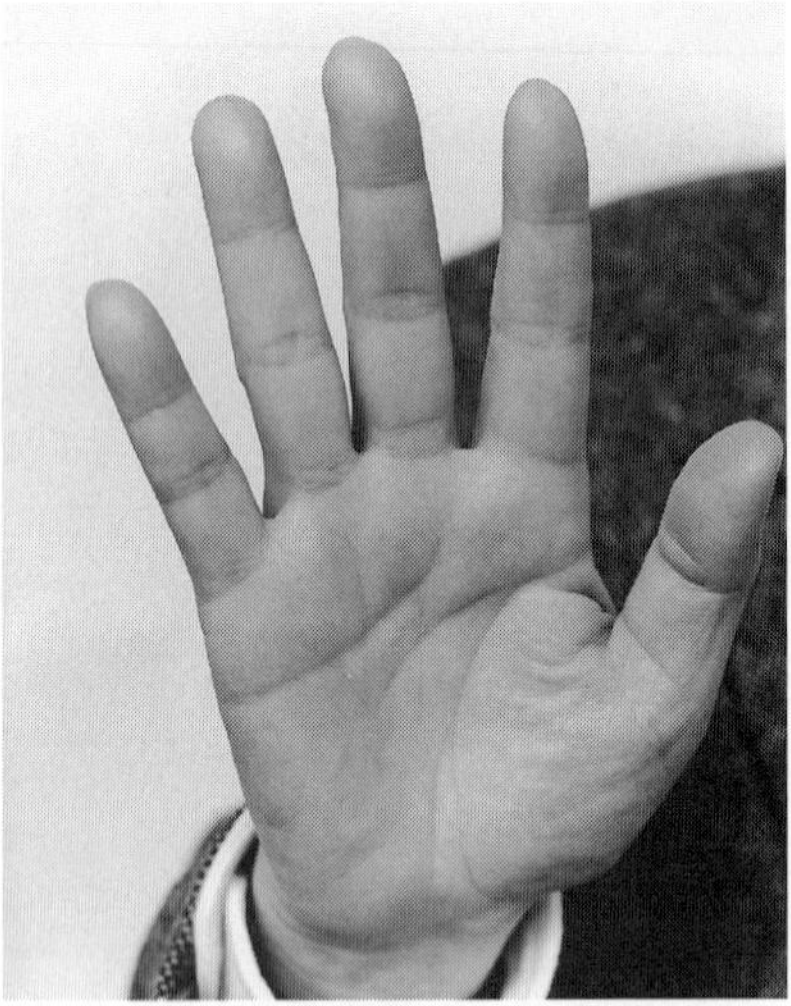

「『ターミネーター2』に出てくる、
あの、水銀みたいに溶けてもすぐ元に戻る
悪い警官。あれ、まさに行政改革だよ（笑）。
一発で（四コマ漫画が）できるのに」
漫画家とは本来、
こういう精神を持てる人のことだと思う。

ったんです、その人の言葉が。今日のこのテーマで言えば、僕は〝最後のあかん日本人〟だということはわかってますけど（笑）」

誰かが言った、「人は時々、その人が言うというより、何か絶対的な存在がその口を借りて凄《すご》い言葉を言わせることがある」と。そのバーの客も、明らかに、その一人だ。

私がまだ日本に絶望していなかった時代、そんな失われた時代を疾駆したサトウサンペイという漫画家の含羞《がんしゅう》と、水面下を見せない白鳥のごとき軽やかさ、そしていたずら坊主《ぼうず》のような愛らしさに、私は心から拍手を送る。

出久根達郎

（作家　61歳）

どこまでも慎《つつ》ましく、
そして本物の〝自負〟を持つ人

出久根達郎（でくね・たつろう）
一九四四（昭和十九）年、茨城県生まれ。中学卒業後、集団就職で東京・月島の古書店・文雅堂書店の住み込み店員となる。七三年、独立、杉並区に芳雅堂書店を開く。手作りの古書在庫目録「書宴」を配布、その中に書いた文章をまとめたものが八五年、処女作『古本綺譚《きたん》』となる。九二年、『本のお口よごしですが』で講談社エッセイ賞。『無明《むみょう》の蝶《ちょう》』で同年の直木賞候補となる。九三年、『佃島《つくだじま》ふたり書房』で第一〇八回直木賞受賞。著書は他に『御書物同心日記』『死にたもう母』『おんな飛脚人』『古本供養《くよう》』『ときどきメタボの食いしん坊』など文庫を含め百冊を超える。二〇〇四年、『昔をたずねて今を知る』で、尾崎秀樹記念大衆文学研究特別賞受賞。

〈午後四時半に迎えのハイヤーがきた。私と家内は正装して乗車した。黒塗りの大型車で、車内は大会社の応接間の雰囲気である。床に高価そうな絨毯《じゅうたん》が敷いてあって、私たち夫婦は履物を脱いで乗車しようとして、運転手さんに止められた。座席に腰かけたら、尻餅《しりもち》ついたように体が沈んだ。すでにこの頃から、正気を失っていたようである〉～『逢《あ》わばや見ばや』（講談社文庫）より

「ご祝儀《しゅうぎ》」という随筆の一節である。平成五年、直木賞を受賞した出久根さんが夫人と共に授賞式会場に向かう時の様子を描いている。

そして氏は、帰宅後、運転手さんに渡すつもりで用意していたポチ袋のご祝儀を、渡すのを忘れたことに気づくのだ。

〈なぜこんな失態を犯したかといえば、簡単、自分たちが今まで一度として祝儀を出す立場になかったからである〉

私はこの随筆が好きだ。氏の人柄がいかにもよく表れていて、何ともいじらしく、心がホカホカしてくる。

昭和三十四年、氏は中学を卒業後、茨城から集団就職で東京に来た。父親は印刷屋を営んでいたが、戦時中の〝鉛供出〟によって機械を政府に強制買い上げされ廃業、結局、投稿マニアになってしまう。新聞や雑誌の読者投稿欄に俳句、川柳、小説や漫

画まで投稿、かなりの入選率だったという。だが所詮《しょせん》、家計を支えるには足りず、達郎少年に進学は許されなかった。だが勉強がしたかった少年は、せめて書店なら本が読めると、東京・月島の古本屋を選ぶのだ。そしてある時、店の主人に夜学に通わせてもらえないかと言う。もちろん無理である。店は朝八時から夜十時まで営業していた。

だが、この主人という人が大した人だった。

「高橋太一という人でしたけど、私に言ったんですよ、『勉強というのは学校へ行かなくちゃできないものではないんだよ。ここにある本が達ちゃんの学校なんだから、これを存分に活用すればいいんだ。本を教師にすればその本は絶対裏切ることはないんだよ。それを一つ一つ学べば、学校へ入った以上の勉強ができるんだ。本の数だけ学校はあるんだよ』と。それは私も肝に銘じました」

本の数だけ学校がある——。何と素晴らしい言葉だろう。

氏は、この主人がやはり進学を果たせなかったこと、中国戦線で通信兵を務めていた時の話、古本屋になった経緯《いきさつ》などを、店を閉めたあとでよく聞かされたという。

「高橋さんってお酒飲みなんですよ。店が終わりますと、一升瓶を傍らへ据えましてね。ホラ、酒飲みというのは相手がいないと飲めないでしょ。私のような十五歳の小僧を『達ちゃん、ちょっとおいで』と言って卓袱台《ちゃぶだい》の前へ座らせて、そういう昔話をするんですよ。そして酔ってくると、『ま、達ちゃん、一杯いこう』なんて言って酒を注ぐわけなんです。僕は十五歳ですからね、本当は違法なんですけど、『あ、そうですか』なんて（笑）。それで酒の味を覚えた。よく徒弟制度の弊害とか何とか言いますけど、私は自分の前の世代の人たちがどういう生き方をしてきたかというのを目《ま》の当たりに聞けたことを非常によかったなと思います。今は三世代同居の家族も殆《ほとん》どなくなりましたから、お祖父《じい》ちゃんやお祖母《ばあ》ちゃんの知恵がお孫さんに伝わらなくなりました。私なんかよく近所の公園へ犬の散歩に行きますとね、お年寄りがションボリ朝からベンチに座って何をするともなくいるわけですよ。僕はもったいないと思います。でも僕は赤の他人だから聞けないでしょう。その方たちの子供さんが聞いてあげればいいと思うんだけど。あるいはお孫さんたちが。やっぱり聞こうという気持ちがなければダメですよ」

私は心の中で拍手した。うちのすぐ近所にも、よく道端の石畳にボンヤリ腰掛けているおばあさんがいる。話しかけたいなと思うが、やはり勇気がないし不審なヤツと思われても困るから、「こんにちは」と挨拶《あいさつ》するだけにしている。あのおばあさんの家には車がある。きっと息子か孫がいるはずなのに……。

古本屋という商売も同じだという。「お客さんと話をすることによって、お客さんの知恵を頂くわけですよ」と。

「高橋さんに言われたことがあります、『達ちゃんね、一番大事なことは、目上の人に可愛《かわい》がられるというのが人間の生き方の中で一番大事なんだよ』と。それはおそらく高橋さんがそうして生きてきた知恵なんですよね。少なくとも、悪いことをしない人間の周りには、模範とすべき人が必ず一人や二人いるはずです。世の中、悪人ばかりじゃないですよ。そういう人と付き合えるかどうかは、その人の日頃の心構えというのかな。そう思いますね」

出久根さんと自分を重ねるのは僭越《せんえつ》だが、私は話を聞きながら、きっと少年だった出久根さんも今の私のような気持ちで高橋さんの話を夢中で聞いていたのかもしれないと思った。そして、こうやって、大切なことが人から人へ伝えられていくのではないかと。

「非常に偉いおやじでしたよ」と出久根さんが敬愛する高橋太一さんは、出久根さんが直木賞を受けた年の十二月に他界した。授賞式の時、パーキンソン病を患《わずら》っていた高橋さんは、息子さんたちに車椅子《くるまいす》を押されて会場に駆けつけ、もはや言葉が不自由だったため、ただ出久根さんの手を握ったまま泣いていたという。

「本の数だけ学校がある」「古典を読みなさい」そう言った師も見事だが、それを受け止めた弟子も見事だった。達郎少年は、古典を読むことはもちろん、何と広辞苑《こうじえん》を書き写したのだ。「あ」の項だけで五ヵ月かかったそうだ。そして広辞苑二五〇〇余ページを端から端まで読んだ。

「いや、写すのは途中でやめました。というのは、ある時、番頭さんに『達ちゃん、これ何の意味？』と聞かれて、『はい』と言って自分の書き写した大学ノートを見て答えたら、間違ってたんです。写し間違い。隣の項目を写してたわけ（笑）。それでやめちゃったんです。それと、全部読んだというと大げさで、つまり広辞苑で確認したところに朱線を引くんです。そのついでに両側の項目も読むんですよ。そしてそこにも朱線を引く。単純な話、勉強というのはその証拠が残れば励みになるんです。だから広辞苑がだんだんだん赤字だらけになってくると、楽しいわけです」

店番をしながら本を読み、「これはいいな」と思う文章も大学ノートに書き写したという。

「私は文章を書くというより、字を書くのが好きなんです、子供の頃から。父親の影響ですよ。私が物心ついた時には、父親は朝から晩まで机に向かって字を書いてましたからね。私は父親の机の真向かいに座って、父親が書く字を真似《まね》て書くから、逆字で書いてたんです。父親がさすがにそれじゃまずいというので、自分の横に座らせて真似させたわけです」

幼い頃から日記も付けている。

「小学校二年生からです。単純な話なの。私の母親というのは読み書きのできない人だったんです。小学校二年の時、母の日に、先生が『お母さんに手紙を書きなさい』と言うわけ。そして『その手紙をお母さんに読んでもらって、返事を貰《もら》ってきなさい』と。だから私も一所懸命に手紙を書いて母親に持っていったら、母親は読めなかった。その時に初めて母親がそういう人だとわかったんです。ショックでしたけどね。それで日記を書きだしたんです。学校であった出来事なんかを母親に読んで聞かせるために。つまり母親への手紙としての日記だったんです」

書くことが好きな少年は、そのまま書くことが好きな青年になり、古本屋に勤めていた頃は仲間と同人誌も作ったりした。だが出久根さんは〝作家になろう〟としたわけではない。出久根達郎を作家にしたのは、むしろ〝一人前の古本屋のおやじになろう〟としたことが原因と言える。そしてそれは、珠真子《すまこ》夫人と早く結婚したいという気持ちでもあった。

「かみさんもやはり本が好きで、うちのお客だったわけです。かみさんは子供の時に父親を亡《な》くしていまして、母親と妹を抱えて、かみさんが働き手だったんです。だから昼間は月島の製薬会社の事務員をやって、それが終わりますと、母親と妹におでん屋をやらせていたので、その仕込みをやりまして、そのあと今度は銀座の旭屋（書店）のレジ係を夜七時から九時ぐらいかな、閉店までやって、そしておでん屋を仕切ってたんです。それでやっと母子《おやこ》三人が食えていたから、私と一緒になっちまえば、私の父親と母親、それからかみさんの母親と妹、みんな背負《しょ》わなくちゃいけなくなる。二人口は食えるけど、みんなを支えるのは難しい。それに私が自分の店を開いたとはいえ、古本屋というのはお得意様を作るまで時間がかかるんですね。目抜き通りにでもあれば別ですが、裏通りの学生相手の古本屋じゃ、なかなか一見《いちげん》のお客様は入ってくれません。だから店だけじゃ食えないから、私どもで言う〝外商〟、外売りというやつで、スーパーだとかデパート展、今はなくなりましたけど、渋谷のパルコと西武百貨店の前に空き地があって、そこで露店をやったり……。これじゃダメだというので、目録販売も始めたわけです。その目録の埋め草に、要するに店番日記みたいなものを書いたのが、たまたまお客さんに編集者がいまして、『こりゃ面白いから、たくさん書いて溜《た》まったら本にしましょうよ』と。最初はお世辞だと思ってたんですが、きちっと本にしてくださって。だから幸運としか申し上げようがないんです」

それが処女作『古本綺譚《きたん》』（新泉社）である。驚いたことに、本人は売れないと思ったから、印税は本で貰う約束にしたそうだ。

「ところが間違って売れちゃったから、印税代わりの本をどっさり貰いましてね、自分の店で売ってたんです（笑）」

かつて高橋太一さんに「達ちゃんは商人としては失格だな。儲《もう》けようという気がないから」と言われたそうだが、けだし慧眼《けいがん》である。

それにしても珠真子夫人も偉い。働き者だから勤勉な男を選んだのか、勤勉な男だから同じ志の女を選んだのか。麗《うるわ》しい夫妻である。

私は常々、出久根さんに頭が下がることがある。それは私がまだ編集者をしていた時に経験したことだ。何度か原稿をお願いしたが、一度も断られたことがないのだ。

私が編集者をしていたのは週刊誌だから、半ページか一ページほどの短い原稿ばかりだ。いつもすぐに快諾のお返事を下さり、締め切りは絶対に遅れない。作家の中には、「そんな短いものは書きません」という態度の人や、明らかにやっつけ仕事とわかる原稿を寄越す人もいる。だが、出久根さんはどんなに短くても、いいものを下さるのだ。

「コラムが好きなんです。例えば電車の網棚にね、忘れられた週刊誌があって、たまたま手にとって開くじゃないですか。そういう時間に読むのは短いものでしょう。それを読んだ人が『あぁ、面白いな』と思ったら、これは筆者にとっては非常に幸せなことだと思うんですよね。私自身もそういう読者でしたし。だからどんなに短いものでも面白く書こうというのだけを基本にしようと思ったんです。どんな短いものでも一所懸命やると、達成感と言いますかね、自分の満足感、これがやっぱり仕事をする上の良さじゃないですかね」

自伝小説『逢《あ》わばや見ばや』、続く『二十歳のあとさき』、ここには勤労少年・達ちゃんの真《ま》っ直《す》ぐで清々《すがすが》しい成長の記録がある。だがその先、店を持って独立してからの物語はこれから刊行されるという。早く読みたい。

「僕は、その時代に生きてきた作家が、周囲の何を見てきたかというのを記録するのが小説だろうと思うんです。つまり大多数の人間というのは、残せないでしょう。小説家というのは、文章でその物言わぬ人たちの気持ちを掬《すく》い上げて記録していくのが大事な仕事なんじゃないかと思うんですよね」

そして、こうも言った。

「悪いことさえしなければいい、その一点だけ。それさえあれば、人はいかようにも正しく生きられますよ。人が狂うのは、異性とかそういうものじゃなく、金ですよ、

「悪いことさえしなければいい、その一点だけ。
それさえ押さえておけばね、
人はいかようにも正しく生きられますよ」

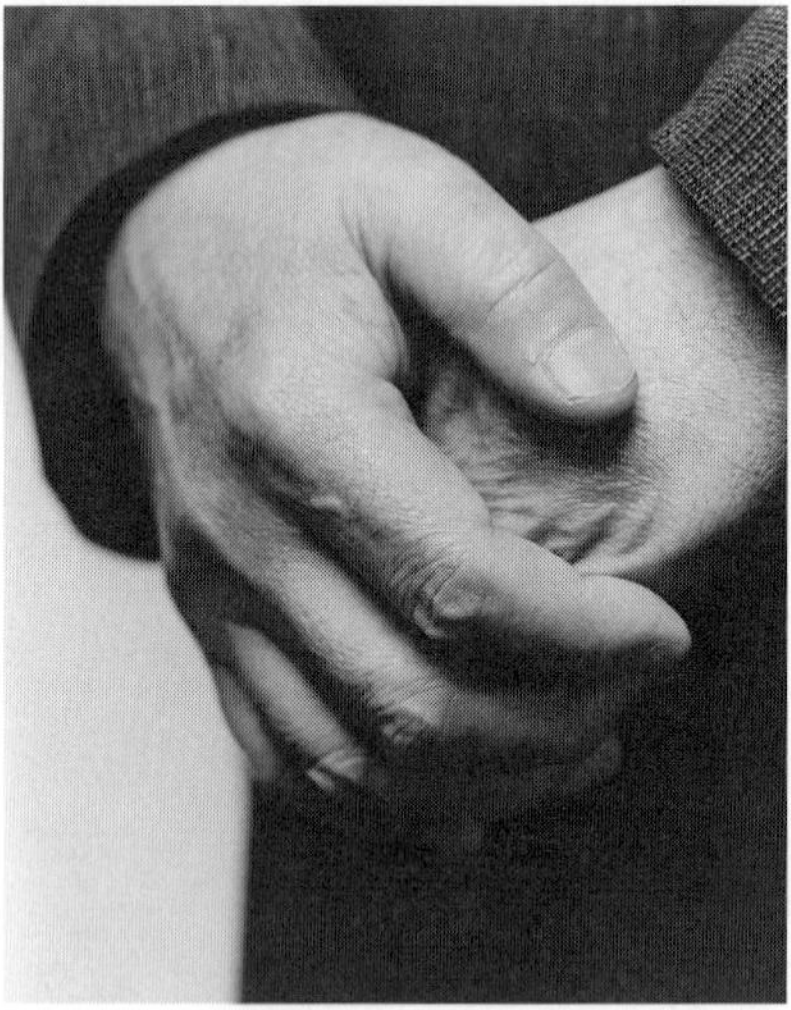

「僕は古本屋のおやじですから、
いつも電車なんです」
と、取材の迎え車を断った出久根氏。
カメラの前に立った姿はまさしく
『佃島《つくだじま》ふたり書房』の主人公。
消えゆく〝昔気質《むかしかたぎ》の男〟だった。

結局。でもどんなに儲けたって、ご飯は一杯しか食べられないんです。それともう一つ、人間はいつかは死ぬんだということ。この二つだけ押さえておけばね。限界といいますか、そういうものを自分で作れば、身を律することはできるんだと思うんです。だから当たり前の生活が一番幸せですよ」

こんな人が書いた小説がいつまでも売れる日本であってほしい。いや、あらねばならないと、私は思う。

鈴木史朗

（アナウンサー　68歳）

業界には稀有《けう》な、
愚直なまでに真面目《まじめ》な人

鈴木史朗（すずき・しろう）
一九三八（昭和十三）年、京都府生まれ。早稲田大学卒業後、TBS入社。三十一歳から、制作部、著作権部、報道局社会部を経て、約二十八年ぶりにアナウンス室に復帰。報道局に所属してニュース番組に出ている時、笑福亭鶴瓶に着目され、初めてバラエティ番組に出演。その謹厳な人柄と端正な風貌《ふうぼう》で人気を呼ぶ。定年退職してからも「ドコモのCM執事編」や「さんまのSUPERからくりTV」〝ご長寿早押しクイズ〟司会、「水戸黄門」ナレーターなど様々な番組で活躍。『想春譜』『月と盃／生命ほとばしる』『大江戸線音頭』などCDをリリースするほど歌唱力には定評があり、「美柳流」の専属歌手でもある。

私はアナウンサーという人種があまり好きでない。この二十年でかなりな数のアナウンサーに取材したが、その殆《ほとん》どが尊大だったからだ。あるテレビ局の若い女のアナウンサーなど、「ではさっそく最近身の周りで起こった可笑《おか》しい話を……」と聞き始めると、「別にないんですけど」と言い放った、ツンとした顔で。「それならこちらが広報を通して取材依頼した時に断るべきでしょう」と言ってやろうかと思ったが、そんなことをすれば「○○誌の記者は無礼だ」と私個人の話では済まなくなるので、堪《こら》えた。また、ある若手男性アナウンサーは「僕は単発の取材は受けたくないんです。やるなら『○○の』と自分の名前のついた連載でないと。我儘《わがまま》かもしれませんけど」と電話で返事してきた。「それは我儘とはいいません。単なる思い上がりです。分を知りなさい」と喉元《のどもと》まで出かかったが、これも同じ理由で堪えた。

いつからアナウンサーはタレントになったのか。もちろん俳優やタレントなら威張ってもいいというのではない。だが彼らは一匹狼《いっぴきおおかみ》だ。威張ったりもったいぶることが己の商品価値を上げる術《すべ》だと勘違いしても、まだ許せる。だがアナウンサーは体一つを商品とする一匹狼とは違う。会社員であり、自分の仕事がたまたま画面に出る職種というだけのことだ。極端にいえば、毎日出社しているだけで給料が貰《もら》える。つまりタレントが水商売だとすると、彼らは明らかに〝堅気〟の人間なのだ。タレント然と

したいなら、さっさと組織から抜けて、働いた分しか金が入らない不安定な一匹狼になるべきだろう。

その点、鈴木史朗は明らかに違う。というより、こういう業界では異端かもしれない。

初めて接触したのは十四年前（※二〇〇六年当時）。氏はTBSの社員だった。書くことが仕事でない人にいきなり原稿を書けというのは危険なので「談話で」とお願いしたら、「原稿でもいいですか？」と聞かれた。やりとりは電話だった。私はその話しぶりから、この人なら原稿でも大丈夫だろうと思った。画面で見るのと同じ、誠実でクレバーな感じがしたからだ。そんな人が、よくいる自己認識の欠如したタレントのように、書けもしない原稿を「書く」とは言わないだろうと。貰った原稿は、予想通りなかなかのものだった。

以来、原稿や短い取材を数え切れないほど受けて頂いた。二度目か三度目の取材、場所は喫茶店でなくTBSの控え室だった。待っていると、氏が現れた。「何がお好きかわからなかったので、いろいろ持ってきました」と、両手にアイスクリームやプリンやジュースを抱えている。唖然《あぜん》とする私を尻目《しりめ》に氏はニコニコして言った、「溶けたらいけないので、さ、召し上がって。でもお嫌いならもちろん無理しないで」。

私は取材中に物を食べないし、出されると迷惑なのだが、その時は嬉《うれ》しかった。アイスクリームが嬉しいのではない。誰かを使ってお茶やコーヒーを出させるのでなく、自らが、しかも五十を過ぎた男が局の売店でそんなおやつみたいな物をあれこれ買ってきた、その行為が嬉しかったのだ。そこには、決してスマートとはいえないが、嘘《うそ》のない、氏の人柄が表れていた。

そして氏が定年後タレントとして活動するようになると、取材後、その場所から私がいた出版社まで自分の車を運転して送ってくれたり、駅前からタクシーに乗る私を見送ってくれた。そういう時は道行く人が「あ、鈴木史朗だ」とジロジロ見るので、私としてはあまり嬉しくないのだが、氏は全く〝普通の人〟のような態度で、「大丈夫ですか？　一人で帰れますね？」と、まるで妹か娘にでも言うように心配した。こちらはいい歳《とし》のオバサンなのに、である。

そして会ううち、この人はかなり人間の好き嫌いがハッキリした人だなと感じるようになった。そして頑固であると。

テレビで見る〝史朗さん〟からは意外かもしれないが、私の観察が外れていないとわかったのは、「家の履歴書」というロングインタビューで氏の半生を聞いた時である。早稲田大学の放送研究会を経てＴＢＳのアナウンス室に入り、普通ならそのままアナウンサーとして歳をとるのだが、この人は三十一歳でアナウンス室を〝放り出されて〟いる。

「僕は昔、NHKにいらした和田信賢《しんけん》さんという名アナウンサーに憧《あこが》れてたんです。小学校四年か五年の時に和田さんの『放送ばなしアナウンサア10年』というエッセイを読みまして、そこに『アナウンサーというのは人間修養だ。そうでないと人前に出るだけの価値がない。出れば出るほど、名前が知れれば知れるほど、責任がある。それに応《こた》えていくのがアナウンサーだ』ということが書いてあって、非常に感銘を受けまして、そうか、アナウンサーというのは素晴らしい仕事なんだなと思ったわけです」

和田信賢はスポーツ実況や司会でラジオ放送に新境地を開き、不世出の名アナウンサーと言われた人だ。殊《こと》に相撲中継が得意で、双葉山が安芸《あき》ノ海《うみ》に敗れて七十連勝を逸した大勝負の中継の時、「七十連勝なるか、七十は古希、古来稀《まれ》なり……」の美文調名調子で知られたそうだ。昭和二十七年、ヘルシンキ五輪からの帰途、病を得て四十歳の若さで客死している。

そして鈴木氏の話の続き。

「だから大いなる希望に胸を膨らませてTBSに入ったんです。ところが入ってみると、何だ、これは！　なんか知らんけど、僕には理解のできないドロドロした世界がある、これはイヤだッと。上司の顔を見たら、みんな気に食わん顔をしているわけですよ、品性下劣な（笑）。いや、もちろん中には尊敬すべき上司もいましたよ。でも半分以上が、どう見てもキツネかタヌキ。キツネやタヌキには申し訳ないけど、裏表があって信用できない、そしてアナウンス室という所が非常に陰湿。そういう中で尊敬できない人達とうまくやる器用さが僕にはなくて、かといって憧れるような先輩には遠慮して近づけないところがありまして」

つまり、イヤな上司に世辞を言う姑息《こそく》さも、尊敬する上司に近づく甘えもなかったのだ。常に礼節を重んじ、「君子の交わりは淡きこと水の如《ごと》し」を旨《むね》としている。だいたい、氏の日常会話にはすぐ漢語が出てくる。他にもいろいろ出てきたが、不勉強な私は忘れてしまった。

ちなみにNHKでなく民放を選んだのは、当時民放が急激に力をつけて給料もよかったので、貧しかった氏は早くいいお給料を貰って親孝行したいと思ったのだという。

「その時の部長が面白い人で、『アナウンス室は芸者の置屋と一緒だ。お座敷がかかるか、かからないかだけだ』って言うんです（笑）。僕は和田さんの言葉が頭にあるでしょう、だからもう裏切られた気持ちがして、ショックでした。僕は長男として育ったせいか、男は常に正義を大切にして、弱い者を庇《かば》い、心も体も強く真っすぐでなければいけないと思ってるんです。なのに、芸者置屋（笑）。また実際にそういう所なんですよ、アナウンス室というのが」

氏の話の中には漢語の他に、よく「長男」「日本男児」「正義」という言葉が出てくる。これは氏の幼児体験に基づいている。氏は京都・上賀茂《かみがも》神社の「社家《しゃけ》」、神官や守護の役目をする家系に生まれ、幼少期から祖母に「それでも侍の子か！」と叱咤《しった》激励されてきたという。だが氏の父親は次男で社家を継ぐ必要のない自由な立場だったので、中国に渡り貿易会社を経営した。そして敗戦の時、父親はスパイ容疑をかけられ拘留、残された母親と当時小学校二年生だった史朗少年、三歳と四歳の妹は、北京《ペキン》から、日本でいえば東京〜京都間の距離にも相当する距離を、引き揚げ船に乗るために、歩いて塘沽《とうこ》の港をめざすのだ。「私はお父さんの荷物を持たなきゃいけないから、お前が妹達の面倒をみるんですよ。お前はお兄ちゃんなんだから」と母に言われ、史朗少年は、泣いてぐずる幼い二人の妹の手を引いて必死で中国大陸を歩き続けた。途中で何度も中国兵に狙撃《そげき》され、竹で編んだ収容所に寝泊りした時には大陸の風が隙間《すきま》から吹きつけて……。もちろん、当時このような決死行をした日本人は鈴木家だけではない。無事日本の地を踏めただけでも幸運だったといえる。だが、物心ついて以来、祖母や母に「長男なんだから」「侍の子が」と言われて育った八歳の少年には、この時こそが、「長男」であること、「男」であることが骨の髄まで刻みつけられた瞬間だったのだ。

「今は男は自分だけなんだという自負があって、今度、父親に会ったら褒めてもらいたい、『男として頑張ったな』とその一言が欲しいし、いかに戦争に負けようと日本男児の誇りを失ってはいけないという気持ちでした」

そして話はアナウンス室に戻る。氏は部長を尊敬できなかった、その顔も人柄も言動も全《すべ》て。廊下で擦れ違う時など睨《にら》みつけていたという。こういう態度は正直とはいえ、そこに〝バカ〟がつき、殊に組織の場合、相手が嫌な人間であれば、必ず仕返しされる。だが私には氏の気持ちがとてもわかる。私も同じだったからだ。直属の上司が己の保身ばかり考える奴《やつ》だったので、常に無視していたら、仕事をホサれた。だが幸い私は正社員ではなかったので、内心「あぁ、そうかい。そっちがその気ならいいよ」と、他社の仕事に精出していた。しかし氏の場合は他局でアナウンサーをするわけにはいかない。

「ある日、制作部に行くよう命じられたんです。それを言い渡したのは僕が尊敬していた副部長でした。部長は自分が直接言うと僕が荒れると思ったんでしょう。その方は慰めるように『私の力では君をアナウンス部に残してやることができない。しばらく新天地で頑張ってほしい』と。アナウンサーとして一応ラジオでメインの番組も担当していたので、いきなりAD（アシスタント・ディレクター）からやるのは屈辱でしたけど、仕方ありません」

そして制作部に五年。最後に赴任したプロデューサーとまたソリが合わず、今度は著作権部へ。アナウンサーとして最も活躍すべき三十代を、氏は奪われたのである。

だが著作権部の上司はいい人で、気が合った。その上司が虚弱で重い物を持てず妻にバカにされると嘆くので、氏は「私に任せてください。私は大学時代、ウェイト・トレーニングの授業を受けましたので、部長の胸板を十センチ、腕回りを三センチは太くしてみせます」と、毎日、バーベルを使って指導。一年後には、上司を立派なマッチョに変身させるのだ。

著作権部では出演俳優のギャラの査定をしていたそうで、法学部を出ていた氏は大いに活躍する。だが、やはりアナウンサーへの思い絶ちがたく、ある日、出演者のランク表にわざと「鈴木史朗一万円」と自分のカードを作って差し込んだ。必ずバレてお叱《しか》りを受けるからだ。

「僕の計算は当たって、その上司が『鈴木君、君の気持ちはわかった。ここにいては君のためによくない。そして我々のためにもよくない』と言ってくれまして（笑）。いい人でしょ。それで報道局に出してくれたんです。これは嬉しかったですねぇ。ちょうどロッキード事件で忙しかったから、報道も喜んで受け入れてくれました。報道局はアナウンス室と違って体育会系で、僕には合ってました。今でも報道局に顔を出すと、かつての同僚や後輩が『史朗さん』と言って歓迎してくれます」

社会部の記者を四年、報道局のアナウンス班に異動したのが四十一歳の時。徐々に五分間のニュースなどに顔を出し始め、笑福亭鶴瓶《つるべ》さんが自身の番組に「ぜひこの人を」と白羽の矢を立てたのが、鈴木さん四十八歳の時だ。私が「誰だ？　この歌舞伎《かぶき》役者みたいな顔をした、全然笑わない人は？」と目をつけたのもこの頃だ。そして原稿を依頼することになる。鈴木史朗はその生真面目《きまじめ》すぎる人柄と端正な容姿で一気に人気を得て、様々な番組に出演を依頼されるようになり、現在の「さんまのSUPERからくりTV」の中の「ご長寿早押しクイズ」に。

そしてアナウンス室に戻ったのが、まもなく定年という五十八歳と六ヵ月の時。実に二十八年ぶりの復帰である。二十八年間もアナウンス室を出され、五十近くなってから人気者になり、いかに人気が出ても欲を出してフリーになったりせず定年まで勤め上げ、七十近い今（※二〇〇六年当時）も活躍している。こんなアナウンサーは他

「やせ我慢をするのが男だと、僕は思ってます」
日本男児、長男、男らしさ、正義……、
もはや死語となった言葉がこの人の日常を形作っている。

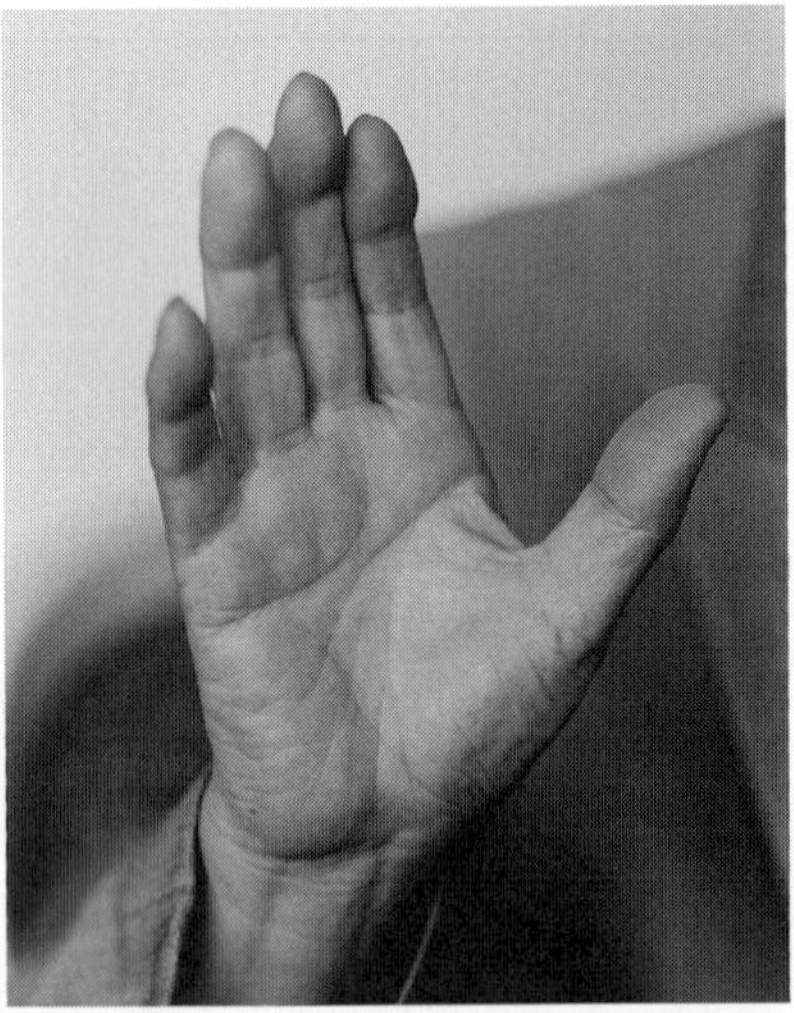

祖父は「賀茂一」と呼ばれたほどの美男子、
父も負けず劣らず。
「お前はなんでそんなに不細工なんや」と
言われて育ち、小学生の時、
祖母に「何が欲しい？」と聞かれて、
「整形手術がしたい」と即答したという。

にいない。

「やせ我慢をするのが男だと、僕は思ってます」

氏は〝苦労話〟や〝愚痴〟を言わない。ただ自分がよしとしない人間を受け入れない。それがたとえ自分の生殺与奪の権を握っている上司であろうとも、そしてどんなに自分が冷や飯を食おうとも、決してへつらわない。私は、鈴木史朗という人の、この不器用さが好きである。こういう〝愚直なまでに真面目な人〟が業界に、そして日本にはいなくてはならないと思う。

野村万作（狂言師　74歳）

妥協を知らぬ求《ぐ》道《どう》者の品格

野村万作（のむら・まんさく）一九三一（昭和六）年、東京生まれ。本名・二朗。六世野村万蔵の次男。三歳の時、「靫猿《うつぼざる》」の子猿役で初舞台。早稲田大学二年の時、祖父・野村萬斎十三回忌追善会で父の幼名「万作」を襲名。七七年、狂言の世界で最高の秘曲とされる「釣狐《つりぎつね》」で芸術祭大賞受賞。新しい試みにも意欲的で、七九年、木下順二作「子午線の祀《まつ》り」の義経の演技で紀伊國屋演劇賞。八二年には「花子」で芸術祭優秀賞を受賞するなど、数多くの受賞歴を持つ狂言界の第一人者。二〇〇七年、重要無形文化財各個認定保持者（人間国宝）。

よく言われることだが、小説や音楽や演劇や絵画、いわゆる芸術と呼ばれるものは、〝無くても生きていかれるもの〟だ。早い話、パンは空腹を満たすが、小説は腹の足しにはならないし、寒さに震える時にいくら妙《たえ》なる音楽を聴かせてもらっても、一枚の毛布にはかなわない。その代わり、心無い調理人が腐った料理を出してそれを食べたお客が食中毒で死ぬことはあっても、腐った芝居を見せられた客が死ぬことはない。いくら出来が悪くても、芸術が人の命を左右するような大ごとはしでかさないのだ。

だがそれだからこそ、〝本来無くても困らないもの〟に携わる人間には、志が問われる。譬《たと》えるなら先の客を死なせた料理人が「食べた客の腹の出来が悪いのであってこちらに責任はない」という滅茶苦茶《めちゃくちゃ》が通ってしまう怖さを持っているのが芸術だからだ。つまりこれと言った明確な良し悪《あ》しの基準があるようで、ない。しかし、何かしら基準がほしい。

それが、芸術に携わる者の志、あるいは良心ではないかと思うのだ。自分自身が他の誰よりも厳しい目を持ち、その目に適《かな》うために最大限の努力をすること。だが才能もない者がいくら厳しい目を持って努力したって仕方ないじゃないかという反論もある。だが不思議なもので、才能のない人間は努力もできないものなのだ。つまり、才能と研鑽《けんさん》は無関係ではない。

私は、野村万作という狂言師の演技を見るたびによくこれらのことを考え、その芸によって、氏の高い志を感じるのだ。

「これで良かった、満足だと思ったことは一度もありません」

狂言の世界で最高の秘曲とされる「釣狐《つりぎつね》」を前人未到の二十六回演じた氏の言葉である。

役者は生涯に一つ当たり役があれば幸せだと言われるが、一般の演劇における当たり役と古典芸能におけるそれとは少し違う。というのも、古典芸能の場合は、何百年という歴史の中で何十人何百人という役者が同じ役を演じた末に、「当たり役」かどうかが決まるからだ。だから歌舞伎《かぶき》の世界では未《いま》だに「六代目の鏡獅子《かがみじし》は……」などと言われたりする。ある意味で一般の演劇より熾烈《しれつ》と言える。

その古典芸能、狂言の世界で、氏は「釣狐を演じて右に出る者はない」と言われている。

初舞台は三歳。最初は狂言が好きだったが、小学校高学年の頃から嫌いになったという。

「私は最初、祖父の五世万蔵に稽古《けいこ》をつけてもらったんですが、私が六歳の時に祖父が他界してからは父（六世万蔵）に習いました。子供には台詞《せりふ》の意味などわからないのに、台本がなく全《すべ》て口移しだから、とにかく父親の言った通りを繰り返し、言われた通りに動かなければいけない。その上、父親が厳しい。遊びたい盛りだから、近所の路地に隠れるようにして友達と遊んでいると、父が現れて私の耳を引っ張って稽古場に連れていくんです。それで父の言う通りにできないと、『覚えておけ』と、泣いている私を稽古場に残して夕飯に行くわけです。しばらくすると祖母が呼びにきてくれるという具合でした」

中学時代には歌舞伎や新劇の好きな友人に誘われて、能・狂言以外の舞台を夢中になって観《み》ていたそうだ。

「いろいろ紆余《うよ》曲折があったんですが、一番わかりやすい例で言えば、狂言に『棒《ぼう》縛《しばり》』というのがあるでしょう。歌舞伎舞踊にも『棒しばり』があるんですが、それを観ていると最初は『あぁ、ずいぶん自由に面白く演《や》るんだなぁ』と羨《うらや》ましく思ったものです。こっちは師匠に言われた通り寸分の狂いもなく、余計なことは一切やっちゃいけないし、おどけるような振りも許されず大真面目《おおまじめ》にやらなきゃいけないのに。ところが歌舞伎の時代物や世話物を観ているうちに、歌舞伎の『棒しばり』のようなものをあまり面白いと思わなくなったんです。結局、子供の時から演っていた血というんでしょうか、最初は狂言というものが堅苦しい芸だと思ったり面白みのない芸だと思ったり、創造性のない芸だと思ったりしましたけれど、稽古とか修業というものは結局全てそういうものなんですよね。そこを踏まえた上で独創的なものが生まれ、観客の前に出て本番の舞台があるんです。そういうことが次第にわかってきて、あぁ、これはやっぱりやり甲斐《がい》のある仕事なんだというふうに目覚めていった気がするんです。厳しい面白くない稽古を超えないと、観てくださる方に楽しさを与えるようなものは得られないんですね。僕はかつて演劇研究所のような所に教えに行きました時、よく言ったんです、『狂言のような伝統的な芸というのは一つの決まりがあって、それが、自分だけの表現とか独創的なものに偏《かたよ》る動きを抑えてくれる働きをするんだ』と。だからまず型をマスターした上で徐々に自分の個性というものが出てくるんだと。君達はすぐに独創性とか言うけれども、それは言ってみれば基本のない好き勝手な動きや演技であって、その前に抑制という型を身につけなければいけないんだよと」

自由と野放図は似て非なるものであり、真の自由とは厳しい規律の上にあるというのと似ている。

狂言をやろうと自ら意識して頑張るようになったのは、早稲田大学一年の頃からだという。

「狂言の家に生まれて変な言い方かもしれませんが、私は、自分で狂言師になることを選んだと思ってるんです」

以後は、父親の付き人の役目も買って出るほど、熱心に父親の芸を学んだ。狂言を一旦《いったん》冷たく否定したことによって、万作氏は狂言が持つ奥義《おうぎ》ともいうべきものを知ったのかもしれない。そして氏のこのような狂言に対する〝客体視〟は、その後、他の演劇への挑戦、交流という形でさらに磨かれていく。

早稲田を卒業した翌年、能楽協会の反対を押し切って武智鉄二演出の「夕鶴」に出演したのがその最初だ。そして狂言師にして狂言以外の舞台でも代表作を持つという点でも特筆すべき、「子午線の祀《まつ》り」の義経。もちろん古典にも精進し、二十五歳で「釣狐」を初演、新作狂言「楢山節考《ならやまぶしこう》」「梟山伏《ふくろやまぶし》」でパリ国際演劇祭能楽団に参加、先代山本東次郎氏との異流競演「武悪《ぶあく》」……三十二歳の時にはワシントン大学の客員教授として初めて外国の若者に狂言を教えている。

今と違って、あらゆることが旧弊だった時代に、あえて狂言という一つの世界に浸らず、離れた位置から狂言を見つめる。そこには狂言師・野村万作の芸への貪欲《どんよく》さ、己への挑戦、即《すなわ》ち〝志〟と、狂言への溢《あふ》れる愛情が窺《うかが》える。

「確かに外国へ行ったのも一番早かったし、コマーシャルに出た（ネスカフェのＣＭ『違いがわかる男』）のも最初だし（笑）、狂言の演劇性なんていうことを言葉にして物に書いたりしたのも割合早かったかもしれません。でも僕は人よりちょっと早かったというだけですよ」

と、氏は謙虚に笑うが、こと狂言に関しては確固たる考えを持っている。

「私は狂言は笑いだけではないと思ってるんです。例えば『月見座頭《つきみざとう》』などは、目の見えない人に対して目明きの若者が非常に親切であったかと思うと一変して残酷であったりする物語で、笑いではないんです。人間誰もが持っている二面性というか、業《ごう》のようなものを描いている。それに今でこそ狂言は古典ですが、室町時代には現代劇だったわけですからね。だから私は狂言というのは、『まず美しく、面白く、可笑《おか》しく』あらねばならないといつも言っているんです。つまり、美しさというのは〝能狂言〟の美しさであると。能と一緒にやっている狂言であるからこそ保てている美しさなんですね。いわゆる今流行《はや》りのお笑いの〝笑い〟の部分だけをクローズアップしていたらその美しさはなくなってしまうんです。お笑いの方達はお客さんを笑わせられるかどうかが勝負だと言うけれど、狂言師はそうではない。そこが、お能と共に歩んできた狂言の様式美なり格というか、素晴らしさだと思いたいんです」

そんな考えを持つ万作氏の目に、今や人気絶頂の長男・萬斎氏はどう映っているのだろう。

「私の考えは十分わかってくれていると思います。ただ、私の考えと全く同じというわけではないと思います。時代が違いますし、私たちの頃は狂言の持つ笑いそのものがあまり評価されていなかったから、一所懸命に能に負けまい、あるいは歌舞伎に負けまいと頑張っていました。だからコマーシャルにも出たし外国に持っていったりしたわけです。しかし今の萬斎の時代はもっとメディアが幅広くなっていて、大勢の若い方々が萬斎を追っかけるように観てくださる、特に女性が（笑）。それは大変嬉《うれ》しいことです。だから彼が玄関口まで連れてきてくれたお客様を、中にご案内して内側の美しさを見せてわかって頂く役目を私がしたいなぁと、いつも冗談まじりに言うんですけどね」

常々、萬斎氏に言っていることが二つあるという。

「まず『新しいことをやるのはいいけれども、選んでやれよ』ということ。私は、能舞台の上で演る新しいことと、ホールで演る新しいこととは違うと思うんです。能舞台の上に現代の道具などを持ち込むのは私は好まないんです。古臭いことを言うようですが、私は、能舞台というのは一つの侵すべからざる神聖な空間だと思っていますから。そして二つ目は、『古典について人からとやかく言われるようなことにならんよう頑張れ』と。やはりどの世界にも、足を引っ張ったり批判する人はいるものです。

実際、私も若い頃にずいぶんいろいろなことを言われました。でも私にはグループがあって、味方がいましたからね、茂山兄弟や観世三兄弟とか。彼らと共に闘ったという感じがあるんです。でも萬斎の場合は一匹狼《いっぴきおおかみ》ですから、大変ですよ」

この父にしてこの子ありと言おうか、昨今の萬斎氏の成果は著しく、中でも中島敦の『山月記』と『名人伝』を舞台化した「敦」の演出力には、目を見張る。『山月記』で主人公・李徴に扮《ふん》した万作氏の名演と共に演劇史に残るだろう。小説の〝地の文〟を優れた読み手が朗々と語ればこれほど優れた言の葉となることを証明した、まさに狂言師でなければ成功しえない舞台だった。

「そこなんですよ。私は、狂言師にしかできないもので新しいものをやりたいわけなんです。だから確かに萬斎は幅が広いです。それとまぁ、親が言っちゃおかしいですけど、僕より頭がいいです。いえ、頭がいいと言って、そんな尊敬してるわけではないんですよ（笑）」

思わず〝父親〟の顔が出たのが微笑《ほほえ》ましい。

だがそれは〝親ばか〟などとはレベルが違い、かつて万作氏が最後の「釣狐」に挑戦したドキュメント番組でも、狐が天に吼《ほ》える際の姿勢について氏が萬斎氏に意見を聞くと、「こうすれば」と二十代の萬斎氏がその身体《からだ》の柔軟さを駆使して父親に提案。

思わず父に、「お前は身体が柔らかいなぁ。なんだかこちらが教えてもらっているようだ」と言わしめる場面がある。そこには一瞬、父子《おやこ》を超えた、演技者同士の火花が感じられた。

野村家には優れた後継者がいるとはいえ、やはり私には〝最後の狂言師〟に聞かねばならないことがある。それは、こんな今の日本で狂言という伝統芸能が生き延びることができるのかということだ。

「おっしゃる通り、狂言の先行きは非常に心配です。譬えて言うなら、お能は舞と謡《うたい》で成り立っているミュージカルですから、言葉がわかるわからないを超越して、歌と舞踊を楽しめます。でも狂言は劇であり、観客が言葉を理解することが生命《いのち》ですから、その言葉がわからなくなったら終わりなんです。かと言って、現代語にすればいいというものではない。多くの人は、能は滅びるかもしれないが狂言は生き延びると言う。私はその逆だと思っています。私が終戦後、地方の小学生達に狂言を見せた時の、子供達の喜び方っていったらなかったですよ。ところが今のお子さん達は全然反応がない。言葉がわからないんですね。今の学校や家庭の国語教育では、早晩、狂言は滅びると思います」

「私は能楽師でもあるつもりです」というその言葉通り、野村万作という人の芸には、

「能舞台の上で演る新しいことと、ホールで
演る新しいこととは違うと思うんです」
能狂言師としての矜持《きょうじ》溢《あふ》れる言葉である。

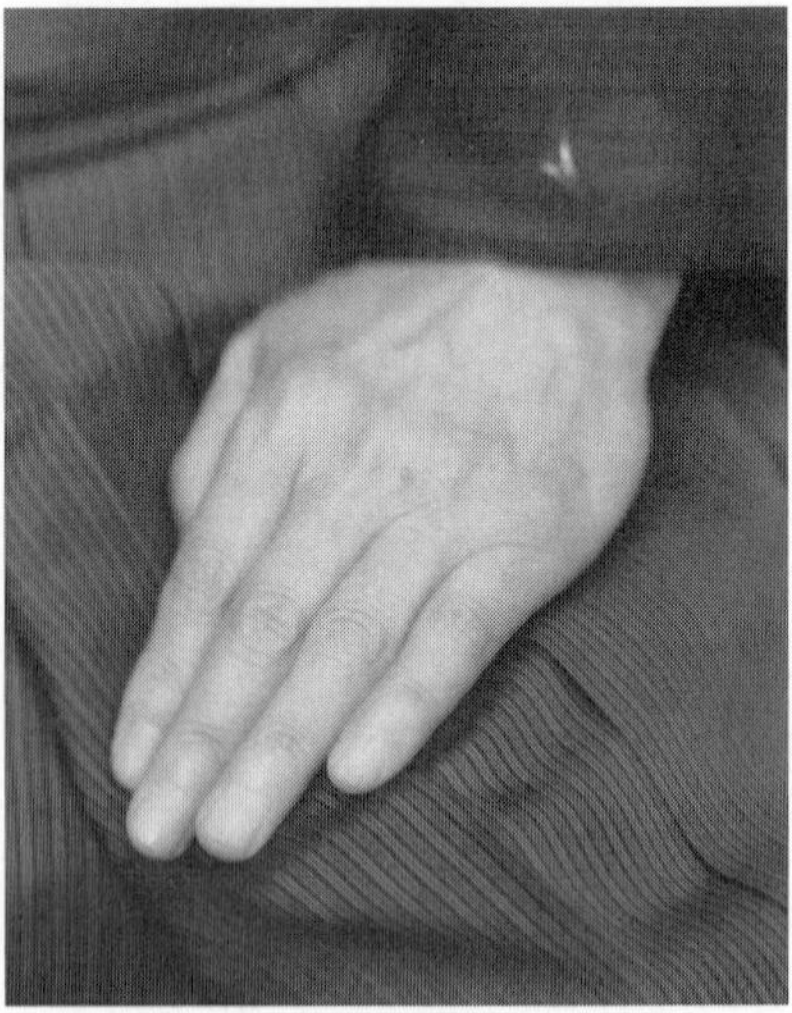

一分の隙《すき》もない見事な居ずまい。
「綺麗《きれい》な手をされていますね」
思わず話しかけると、
「私の舞台を観て、手が綺麗だからと
弟子入りされた女性の方がいました」
一瞬、その威厳が和らいだ。

あたかも帯刀する武士の如《ごと》き気品と、硬質さがある。

万が一、もしも不幸にも、狂言が滅びる日が来るならば、その前にせめて今一度、六十二歳で〝最後の〟と銘打った野村万作の「釣狐」が観たい。

この世の名残に何が観たい？　そう聞かれた時、私が挙げる至芸の一つは、間違いなく、狂言師・野村万作が演じる「釣狐」である。

大事なことを、
いとも軽々と言える人

天野祐吉

（コラムニスト・童話作家　72歳）

天野祐吉（あまの・ゆうきち）
一九三三（昭和八）年、東京生まれ。創元社、博報堂などを経て独立、七九年に『広告批評』を創刊する。同誌の編集長、発行人を経て、現在は主にマスコミを対象とした評論やコラムを執筆、またテレビのコメンテーターとしても発言している。主な著書に、『広告みたいな話』『嘘《うそ》八百』『天野祐吉のCM天気図』『ゴクラクトンボ』『おかしみの社会学』『広告も変わったねぇ。「ぼくと広告批評」と「広告の転形期」についてお話しします。』など。絵本に、『くじらのだいすけ』『ぬくぬく』『絵くんとことばくん』『のぞく』などがある。

私はもうこの国に何の希望も持っていない。日本人は完全に壊れてしまった。

こうして書いている最中もニュースが流れる。広島の原爆ドームの傍に高層マンションが建った、特別養護老人ホームで介護者が認知症の老人に性的暴言を吐いた。親は幼子を虐待死《ぎゃくたいし》させ、子供は親を殺し、マンションもエレベーターもプールも正常を失い、こんな時代に餓死者が続出……。なのに女はヨン様とやらを追い掛け、男はメイド姿の女に「ご主人様」と呼ばれてやに下がり、首相はプレスリーの生家で「ラブミー・テンダー」を歌って悦に入っている。

一体、日本はいつからこんな国になったのか。こんな国にするために三百万余の日本人は戦争で死んでいったのだろうか。

私は、自分と自分の好きな人達さえ無事なら国のことなど知ったことかと思って生きてきた人間だ。選挙など二回しか行ったことがない。そんな無責任な人間の目にも余るほど、醜い、今の日本。もはやこの国の凋落《ちょうらく》は止まらない。だが人間は愚かなもので、絶望したと言いながらもつい、何か方策はないかと考えてしまう。

二十年前、私が週刊誌の記者になったばかりの頃、毎週著名人から原稿を貰《もら》うコラムを担当した。人選に窮していると、当時の上司で今も私が尊敬する先輩が言った、「まずは天野祐吉さんに意見を聞きたいよね」と。以来、私は、自分が新しい企画を

担当をする度に必ず天野さんに原稿を貰い、談話を貰った。氏は熱弁せずして軽々と大事なことを言う人だ。

だから今回も聞きたかった。

——なぜ日本はこんな腐り果てた国になったんだと思いますか?

「原因は〝暇〟。暇がなさすぎるんですよ」

いつもと同じ穏やかな笑顔だ。

暇? 金で魂を売ったことが原因だと思っていた私には、俄《にわか》にはピンとこない答えだった。

「僕はあまり〝日本人〟というものを意識したことがないの。『日本』と誰かが名づけたこの島国にいる人ということで、そこに偶然生まれて育っただけのことだと。でも偶然とはいえ、こんなに恵まれた自然環境はないでしょう。過酷な自然と闘う必要もなく、強い人達の国からもちょっと離れているから侵略されたこともない。太平洋戦争が初めてですよ、征服されたのは。つまり本来は、ボケッとしていればそれなりに生きていける国だったんですよね。地球上でベスト1の地域だと思う。ハワイ? ダメですね。あそこは孤島すぎるし、お餅《もち》が食えないし(笑)。つまり生存のために追われなくていい時間がたっぷりあったわけ。生活というのは生存が確保されたその先にあるものだから。その暇を何かに使おうというので、みんなが面白いことを生み出した、それが文化ですよね。江戸時代などその典型でしょう。古代ギリシアなんかはごく一部の貴族の文化だけど、江戸の文化は大衆の文化ですからね。暇つぶしというのが悪いことだと思われるようになったのは明治以降のことですよ。その暇を返上して働くことばかりに夢中になってしまったことで、江戸までの日本人が持っていた美質を全《すべ》て台無しにしたと僕は思ってるんです。あなたがおっしゃった金で売ってしまった『魂』と同じことですよ。暇がなければ魂なんて自覚できないもの。言ってみれば、二十世紀というのは欲望がビッグバンを起こした世紀で、大量生産、大量消費という巨大な歯車がフル回転した世紀なんです。日本の場合、とくに第二次世界大戦後にフル回転して、暇をぶっとばしてしまったわけです」

――この国に正気を取り戻させる方法はあるんでしょうか？

「一人一人が面白く生きること、そんな生き方を取り戻すしかないと思ってるんです」

――具体的にはどうすれば？

「例えば、定年を短縮したらいい。定年延長なんてバカなことはやめたほうがいい。何であんなに死ぬまで働きたいのか……」

——でも人にはそれぞれ事情があって、家のローンだとかいろいろ……。

「でも、貧しくても面白く生きている人間と、金はあるけどつまらない人生を送っている人間と、どちらがいいかということですよね」

確かに。今の日本人は金を多く持つことイコール豊かという発想しかない。

「もう一つは、少子化だと思います。どんどん減ったほうがいいと思う、日本の人口は」

賛成だ。子育て支援など愚の骨頂だと私は思う。自分に子供がいない僻《ひが》みだと言われそうだが、じゃあ、誰にも支援されず七人も八人も子供を育て上げた〝昔の母親〟は何だったのだ。仕事もしたいし子供も持ちたい……亭主の働きの範囲内でつましく暮らす考えなど端《はな》からない夫婦を国が助ける必要があるのか。働く気がない若いヤツも放っておけばいい。働いてなお明日の米がない、そんな人間をこそ先に救ったらどうか。私は今一度日本全体が極貧状態に突き落とされ食べることの有り難味でも痛感しない限り、正気は取り戻せないような気がする。

「今、国が若い働き手を増やそうと躍起になっているのは、労働力を確保する、言い換えれば年金の払い手を確保してるんですよ。そうしないと国の経済が破綻《はたん》するから。だから破綻の近道は少子化です。しかも定年短縮で働く時間がどんどん減っていくと必然的に金がなくなり、今よりずっと貧乏になる。でも貧乏していても面白く生きてるほうが面白い、金があってもつまんなく生きてるヤツの人生はつまんないということを、いくら理屈で言ってもダメです、これは。サンプルを見せなきゃいけない。僕はそのサンプルの一つになる生き方をしたいの。それは隠居なんです。僕だけじゃなくてたくさんいますよ。野坂昭如《あきゆき》さんなんか今はちょっとリハビリ中だけど、不良老年連盟を作ろうなんて言ってたし。僕は遅くなっちゃったけど、隠居して日本隠居学会というのを作りたいんですよね。そして隠居がいかに面白いものかということを実践して、それを広めたいんです」

天野さんは東京の千住で生まれたが、戦時中の強制撤去で家を壊され、中学の時、父親の郷里・松山に移った。紙芝居からエノケンまで当時の大衆娯楽を身体《からだ》いっぱい詰め込んだ少年が、今度は俳諧《はいかい》や謡《うたい》が盛んな町、それも子規を生み漱石が教鞭《きょうべん》をとった松山中学へ。言ってみれば、大衆芸能と芸術の両方に育てられた人だ。

数年前、天野さんはその第二の故郷で子規記念博物館の館長に任じられたが、「僕は館長じゃなく子規亭の席亭のつもりなんです」と、博物館で様々な催しをしている。先日も永六輔、小沢昭一、柳家小三治というテダレを集めて句会を開いた。かつては、今ほど有名になっていなかったイッセー尾形や立川志《し》の輔《すけ》の芸の素晴らしさをいち早く紹介したり。そしてアンコが大好きな氏はアンコのブログを公開、こしアン派は『新古今集』が好きで、つぶアン派は『万葉集』が好きだという独自の論を展開している。

「こんなに言葉って面白いものだ、文化って愉快なもんだというのを、理屈じゃなく、誰にでも実感できるような形でどれだけ用意できるか。マスコミに頼らない形でやるのも一つの方法じゃないかと思ってるんです」

——でもイベントはともかく、ブログで『新古今集』と書いただけで若者は散るでしょう?

「僕のブログから逃げていっちゃうヤツが多いとしたら、どうやって逃がさないようにするか、その工夫が僕にはまだまだ足りないんだと思うしか仕方ないんです。ものをつくる人間はそこが勝負ですよ。それを読者や受け手のせいにしちゃお終《しま》いでね。だって自分の言ってることがみんなに伝わらないのはカッコ悪いじゃん」

耳が痛い。だからと負け惜しみで言うのではないが、そんな考えの人はごく少数派で、政治家を始め大半が死ぬまで地位にしがみつき、隠居どころか欲の塊だ。天野さんがいくら頑張っても焼け石に水ではないのか。効果はあるのか。

「亡《な》くなった哲学者で、僕が尊敬していた人が言ったんです。『講演で同じ話は二度としない』って。僕なんか同じ話をあちこちでするけど（笑）。その人は講演を引き受けたら徹夜して何日もかかって草稿を作るんですね。でも戦時中だんだん聞きにくる人もいなくなって、地方なんかに行くと五、六人しかいない。でもその人は書いてましたよ、『来た人が一人でも、私は話をする』と。しかもその調べに調べ抜いて準備した講演をね。というのは、やっぱりどこかで一人でも誰かが聞いている限りは喋《しゃべ》り続けなきゃいけないんだということを言ってるわけ。それはもしかしたら無駄なことかもしれない。あなたが言うように焼け石に水かもしれない。それでも、なぜそれをやるのかと言われたら、だってそれがやっぱり生きているということだからじゃないのかな」

返す言葉がなかった。やはりこの人は〝最後の日本人〟だ。本人は嬉《うれ》しくないかもしれないけど。「無駄なのに。効果はあるのか」と言い募る私に、ここに出てくれる人は皆、異口同音に言う、「それが生きるということだから」と。

「けどね、そのいい言葉をちゃんと聞ける人が少なくなってる。日本人が全体的に劣化してるというのはそういうことでしょう。でも僕は、いいことをただ言い続けていればいいんだという意見とはちょっと違うんです。僕もあなたが言うように『効果はあるの？』と考えるほうなの。僕自身は別にいいことを言えるわけじゃないけど、誰かが言ったいいことを他の人にわからせるように話す力はあるかもしれないと思うんです。適切な例じゃないかもしれないけど、いいことを言う人をキリストだとすると、僕はヨハネやマタイでありたい。別に思い上がってるわけじゃないですよ(笑)。つまり福音史家ですよ。キリストが言った通りの言葉だと一般の人にはわかりにくいかもしれないから、マタイやヨハネが聖書という形に翻訳して広めたわけでしょ。あの人達はジャーナリストなんですよね。だから僕はこの連載に出られた方々のように凄《すご》いことは言えないけど、それを伝えるのは上手《うま》いかもしれない、とは思う(笑)」

私が天野さんを好きなのは、こちらが予想のつくことを言わないところだ。そして反語的とも言えるユニークな発言をするところ。先の「定年短縮」「少子化」のように。

以前「文化人と呼べるのは永六輔だけ」と書いたのと同様に、真にコメンテイターと呼べるのは天野祐吉だけだと私は思う。先日、NHKの「クローズアップ現代」で氏が「今は就職ではなく〝就社〟ですよね」と言うのを聞いた時は嬉しかった。だが最近はレギュラーで出ていたニュース番組で姿が見えず、残念で仕方ない。

「あれはホサれたんです、僕(笑)。あの番組以前にも、東京が水不足になった時、ある番組がリポーターを貯水池まで派遣して『見て下さい。水はあと二センチしかありません』なんて悲壮な声で中継させたわけ。それでスタジオに切り替わった時、司会者が『一日も早く雨が降るといいですね、天野さん』と言うから、僕は『いや、いっそこのまま降らないというのも一つの手かもしれない。東京の人間は水がないといえば神奈川や千葉から水を回してもらって何とかなると思っている。そのくせ歯を磨く間じゅう水を出しっ放しじゃないか。もちろん雨が降るにこしたことはないけど、一度とことん懲《こ》りてみるのもいいかもしれない。六本木辺りでチャラチャラしてる若いヤツがもう歩けなくなって『水、水』って言いながらアマンドの前でバッタリ倒れるというのもありかもしれない』と言ったんです。そしたら司会者が慌《あわ》てて『じゃ、次の話題に』って打ち切ったの（笑）。僕はその手のことが多いんです。クビになった原因の一つはたぶん、孫を歌って話題になった演歌歌手の小特集をやった時。司会者が『天野さん、孫っていいですね』って言うから、『いや、僕は演歌というのはあんまり好きじゃないので。それに孫は僕もいますけど、年に一回しか会いませんよ。ああいうものを可愛《かわい》がり始めると、もう人生、後ろ向きになっちゃうから』と言ったんです。これがぶち壊しだったんだね、小特集を」

私はこの話を聞いている間じゅう大笑いしていた。「アマンドの前でバッタリ」なんて最高じゃないか（アマンドはそれほど有名だということで他意はありません）。

「僕自身は別にいいことは言えないけど、いいことを伝えるのは上手いかもしれない、とは思う」と、福音史家は笑った。

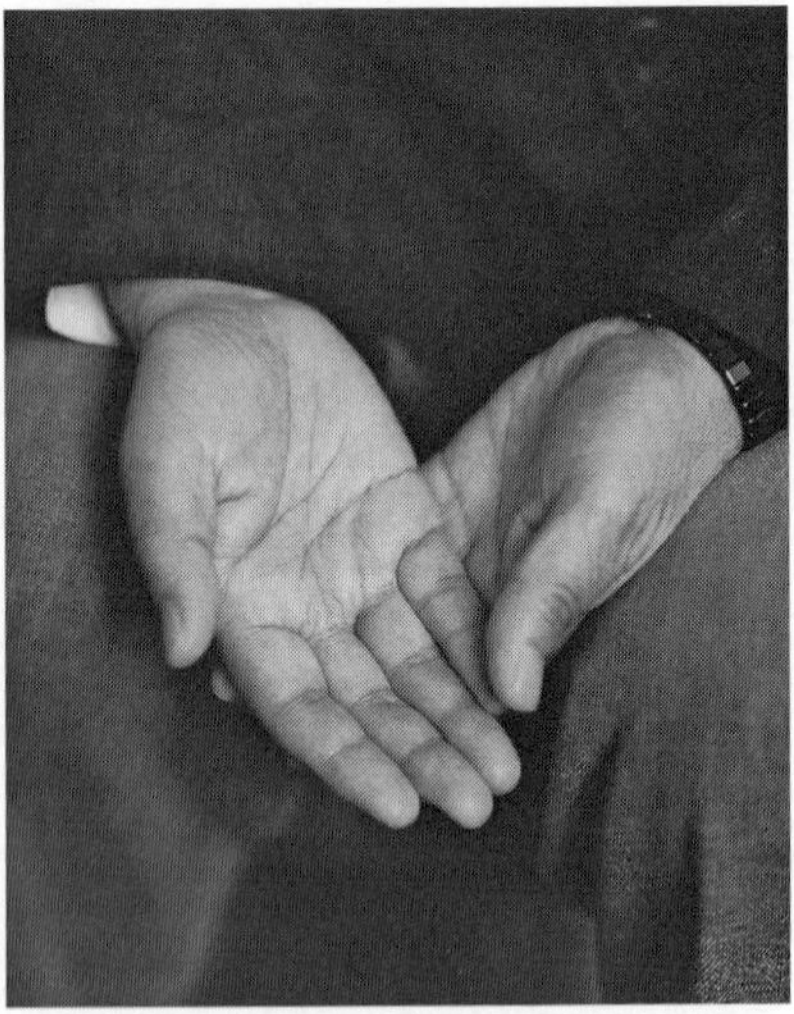

「僕は使命感とか義務感とかを絶対
自分の仕事に持ち込んでないな。
『ねばならない』とか『べきである』という
言葉を自分の原稿に書いちゃった時は、
筆を折る時だと思ってるんです」
〝遊行《ゆぎょう》〟が理想だという。

「僕は正解は一つじゃないと思うんですよ。司会者の言うのも一理ある、だけど天野が言うのも案外そうかもしれないと、考える人の数だけ正解があって、観《み》る人が『俺にとっての正解は何だろう』と考えてくれる、そのきっかけを提供するのが最高のコメンテイター芸だと僕は思っているわけです。そのためにわざと言っているわけだから」

この天野祐吉のウィットと含羞《がんしゅう》がわからぬテレビ。うーん、やはりこの国にはウンザリだ。

佐藤忠良

極めて、なお、とどまらず

（彫刻家　93歳）

佐藤忠良（さとう・ちゅうりょう）一九一二（明治四十五）年、宮城県生まれ。六歳の時、父親が他界、母の実家である北海道夕張に移る。札幌二中（現・札幌西高）卒業後、上京。川端画学校を経て東京美術学校（現・東京藝大）入学。在学中の三七年、三八年と国画会展に入選。四四年応召、四八年、シベリアの抑留から帰国。以後、数々の名作を発表する。代表作に「群馬の人」、「帽子」シリーズ、「子供」シリーズなど。八一年、フランス国立ロダン美術館で日本人作家初の個展を開く。東京造形大学で指導、小・中学校の美術教科書編纂《へんさん》に携わるなど、後進の育成にも尽力している。長女は女優の佐藤オリヱ。二〇一一年、三月永眠。享年《きょうねん》九十八。

この頃よく思うことがある。それは、人間、七十歳も過ぎれば、否応《いやおう》なく人生の〝答え〟が、その顔に出るということである。

造作の良し悪《あ》しとは別に、歳月の間にその人自身が作り上げた人間性が、必ずその面差しに出てくるのだ。歳月は言い換えれば、その間にその人がしてきたこと、考えてきたことそのものとも言える。不思議なことに、顔はそれらのことを吸い取るかのように、変化していくのだ。もちろん、もともとの造作が良いに越したことはない。だがいくら若い時に美人、あるいは二枚目ともてはやされた人であっても、その後の歳月の過ごし方によって、若い時のそんなものは何の足しにもならない、かえって〝見る影もない〟という結果になることもあるのだ。反対に、若い頃はさして綺麗《きれい》でなかった女性が、歳《とし》をとって実に感じのよい老女になったりすることがある。ただし女性の場合は限度問題で、不美人が美人になることはあり得ない。だから造作に恵まれた女性がその後も心ある人生を送れば、これはもう、鬼に金棒、向かうところ敵なしと言った、見事な老女が完成するのである。

その点、男には〝限度問題〟がない。これは本当に事実で、「男の顔は履歴書」という言葉がある通り、男はどんな生き方をしてきたか、中でもいかに実りある仕事を成し遂げたか、それによって、燻銀《いぶしぎん》のような輝きが出てくるのだ。それは、少なくと

もここに登場して下さった男性方が証明している。

佐藤忠良氏におめにかかった時、私は特にそのことを痛感した。氏のアトリエで念願の会見を果たした時、あ、チャーミングなおじいさんだな、と思った。世界的な彫刻家を「おじいさん」などとは失礼かもしれないが、氏にはそれだけ〝構え〟がないのだ。それは、人間本来が持つ、善なるものから生まれた「可愛《かわい》らしさ」と言ってもいいかもしれない。歳をとってなお可愛らしさがあるというのは凄《すご》い。しかも、国内外の芸術家が敬意を払う「サトウ・チュウリョウ」なのに、である。

仙台の宮城県美術館に佐藤忠良記念館がある。そこには千点に及ぶ氏の作品が収蔵され、一年を四期に分けて展示されている。初期の代表作「群馬の人」を始め、美術に関心のある人なら誰でも知っている「帽子・夏」、王貞治氏をモデルにした「記録をつくった男の顔」、「木曾《きそ》」、「常磐《じょうばん》の大工」……。私は彫刻というものが、これほど人の心を惹《ひ》きつけるものだということを、氏の作品を見て初めて知った。等身大より一周りは大きい「若い女・シャツ」の後ろに立って、何十分も、そのアキレス腱《けん》からふくらはぎ、大腿部《だいたいぶ》にかけての筋肉の流れに目を奪われた。凄い、この人は凄い。人間の脚ってこうだったんだ。そんな素朴な感動を覚えながら、触りたいのを我慢するのが精一杯だった。

　そして不思議なことがあった。それは「フードの竜」という、まだ小学生だったお孫さんの竜平君をモデルにした作品を見ていた時だ。両手を下ろしてただ立っているだけの等身大の子供の像なのだが、今にも一歩踏み出しそうな、その重心の確かさ、人間は重力によって支えられていることを改めて気づかせられる作品だった。唸《うな》るような気持ちで、それを真横からじっと見ていると、背後からかすかな足音がして、リュックを背負った一人の小学生が入ってきた。男の子だった。その時、今考えても不思議なのだが、その子供がひどく作り物に見えたのだ。てくてくと歩いてほんの少し他の作品を見た後、その子が別の部屋に去っていくわずか数秒の間、私には、その生身の子供より、この立ち尽くして物言わぬブロンズの像のほうが、ずっと血肉の通った人間に見えた。誰もいないその部屋で、私はちょっと怖い感じさえしたのを覚えている。

「そう思ってもらえたとしたら、大変嬉《うれ》しい話ですね。作品を実際の本物よりも深く、こう、見てもらえたような感じというのはね」

　私がその不思議な体験を話すと、氏は少し微笑《ほほえ》んで、淡々と言った。

「例えば僕が竜平を作った。それは竜平でしかないわけだけども、子供一般が持っている、私の中の子供ってあるでしょう。そういうのを表現しようとして。僕だけじゃないんですよ、それはね。みんな彫刻家はそうなんです。うまくそれが表現できればいいわけですけど、難しいことで、いくら作ろうとしてもできないことのほうが多いですよ」

佐藤氏の作品が高い評価を受け、人々に愛される理由が、私は、作品を直《じか》に見て初めてわかったような気がした。氏の作品には、不変なるものがあるからではないだろうか。きざな言い方をすれば、永遠の真実。それは代表作「群馬の人」が国内外の人々に「これこそ日本人だ」と絶賛されることでもわかる。それは、造形の奥底に、作者が、日本人の深層に流れる精神性までをも描いているからに他ならない。

「群馬の人」は、戦後三年目にしてシベリア抑留から帰国した佐藤氏が、近所に住んでいた小学校の先生をモデルにして制作したものだが、その原型となったのは岩瀬久雄さんという、中学時代に共同生活を送った、当時、大学の助手をしていた人物である。幼くして父を亡《な》くした氏にとって父親のような教えと慈愛を注いでくれた人だ。芸術上の難しいことや専門的なことは私にはわからないが、じっと見ていると、そのモデルが誰であるかなど関係なく、ただ懐《なつ》かしい。それも、私が懐かしがるというよりも、妙な言い方だが、何か私の中の遺伝子のようなものが懐かしがっているとでもいうような、強い求心力を感じるのだ。

何より、わかりやすいのがいい。お年寄りにも子供にも、彫刻を初めて見る人にも、これが何であるかわかること。そこにまず、作り手の善意を感じる。近年よく各地の駅前や公園などに、「何だ、これ?」としか思いようのない妙ちくりんな物体がどんと座っているが、私には、単なる作家の自己顕示としか思えず、心がすさむ。あんなものより木の一本でも植えたほうがなんぼか人のためになると思うが。

氏がインタビューや著書で言っている。

「誰にでもわかると見せておきながら、いかに飽きられず、時間性を持続させるか。それにはコツコツ積み重ねていくしかない」

これはあらゆる表現の理想ではないだろうか。文章でも、「これがわからぬ奴《やつ》は読まなくていい」と言わんばかりの難解な文章や奇異な文章を書くのは簡単なことで、平易でいて人の心を打つ文章を書くことは至難の技だ。

氏の彫刻はまさにその至難をなし得たものであり、氏がよく言う「彫刻にお喋《しゃべ》りをさせず、見る人に考えさせることのできる作品を作ること」が結実している。

——先生がおっしゃる「見る力」「対象を抉《えぐ》り出す力」はどうすれば獲得できるのでしょう?

名人に「名人になるにはどうすればいいか」という、実に無謀な質問をしてみると、

「やっぱりコツコツ積み重ねることしかないですよね。そして本物を見るということかな。人間もそうですよ。本物に巡り逢《あ》えることは難しい。失敗するたびにだんだん本物になっていく。特別にこれをやるということではなく、日常生活の中でね、やっぱり毎日の積み重ね。そして自然を見ていると学ぶことがたくさんありますね。例えば古木を見ていると、そのゴツゴツした木肌やコブに、その木が生きてきた歴史、人で言えば人生のようなものが見えてくるんです」

――いっそ彫刻なんかやめてしまって、他のことをしたほうがいいんじゃないかと思ったことはありますか?

「あったな。しょっちゅうあった。俺はこんなに一所懸命やってもこれしかできないのかと思ったりすることはあるよ。でも他の仕事をしようと思ったことはないです。僕はそういう才能がないせいもあるかもしれないけど」

氏は子供の頃から絵が上手《うま》かった。小学校の担任の先生は、算数や国語の時間でも、「ただよし（昔はこう呼ばれていた）だけは絵を描いていていいよ」と言ってくれたそうだ。そして若くして未亡人となり和裁の仕事で氏と弟を育ててくれた母親には、子供の教育や才能を伸ばすことに理解があった。そして何より、氏の志が変わらなかったことである。ただし二十歳の頃、自身の絵に行き詰まり、たまたま見た美術雑誌でロダンの流れをくむ〝生命主義〟の彫刻を見て方向転換したのだから、ただ真っすぐに現在に至ったわけではない。だが、ここが氏らしいところで、藝大に入ったのは「設備を利用するため」で、「官制アカデミズムには反抗して、心は生命主義。先生が来ると、わざと教室を出たりした」という。

この反骨精神は今も健在である。氏は芸術院会員を断っている。最近では名誉都民賞も。

「ああいうのを貰《もら》っちゃうと、もう周りがみんなこう（崇《あが》め奉《たてまつ》るように）なっちゃうからね。もちろん人間だから全く欲しくないと言ったら嘘《うそ》になるけど、でもなるべく断るようにしてるの。どうしても人間って卑《いや》しくなりますからね。僕は自分の好きなことをやっているだけなのに、国や公《おおやけ》から賞を貰ったりするのはとんでもないことじゃないかと思うんです。もっと国のために尽くしている人はたくさんいるんだから。そういう人達にあげたらいい」

――ご家族が「貰ったらいいのに」とおっしゃいませんか？

「家内や子供は僕のことわかってるから、そういうことは言わないな。僕は粘土を触っている時がいちばん幸せでね、評価してくれようがくれまいが構わないです」

今、こういう人がどれだけ日本にいるだろう。

「僕は気が弱いの。気が弱い男。自分でよくわかる。運動会の時、よーい、どんって撃つでしょう。あれが怖くてね（笑）」

——でも先生、気が弱い人が勲章や大きな栄誉を断れますか？

「そういうのは自分自身の問題だからね。何か言われた時に答えるぐらいの度胸は持っていないと困りますからね。名誉みたいなのは断然断っちゃう」

勲章を貰うために、賞を得んがためにどれほどの働きかけや根回しをしている人がいるか、私はいくらも知っている。そこまでして賞を得た挙句、「わたくしがこんな賞を頂けるなんて」とテレビカメラの向こうで平気で言う、その厚顔さ。そんな人間も、佐藤忠良という人も、同じ人間という生き物なのだ。私は、佐藤氏の無心とも言えるようなその面差しをつくづくと見つめながら、人間とは、限りなく卑しくもなれれば、この上なく清くもなれるのだと、人間の可能性の恐ろしさを思った。

「僕はずいぶん貧乏もしたけど、どんなに生活が苦しい時でも、自分の作品を『買って下さい』と言ったことは一回もないの。だって僕の作品なんて見なくったって、人は生きていけるもの。それでも僕の作品が好きだからどうしても傍に置きたい、そう言って下さる人がいれば、買って頂きますけど」

これもまた、表現することを生業《なりわい》とする人間すべてが心に刻み込まねばならない言葉だ。絵も音楽も文章も演劇も、そして彫刻も、なくても人は生きていかれる。餓死しそうな人に何十億円もするゴッホの「ひまわり」を与えたって、その人は命を繋《つな》ぐことはできない。ただ一杯のご飯、一切れのパンには及ばないのだ。そのことをわかっている、あるいは忘れない謙虚さが、ものを創《つく》る人間の矜持《きょうじ》だろう。

氏が、文字通り粘土の中から素手で摑《つか》み取った言葉を、一部紹介しよう。

「ドラマチックなものは好きでない。〝単調〟はいけないが、〝単純〟は美しい」

「いかに深くなるか。紙一重で俗になる。『これは売れ口だぞ』なんて思った途端、ダメになる」

「気品のないもの、隣人へのいたわりがないものから本物の芸術は生まれてこない。芸術だけではないが」

「手仕事を失った民族は滅びるんじゃないか」

今回、正直を言えば、インタビューは方便だった。あんな素晴らしい作品を作る人、その人に直に会いたい、それだけだった。

「こんなに長くお邪魔して……」、おいとまの挨拶《あいさつ》をすると、「うちは構わないよ」と氏が微笑んだ。その時、同行した編集者が「先生、握手して頂いてもいいですか？」と言った。瞬間、私は言ってしまった。「ダメ！　私が先！」。言ってしまって恥じた

「僕は粘土を触っている時が一番幸せでね、
評価してくれようがくれまいが構わないです」
名誉を排する職人の気高さに、私は額《ぬか》ずく。

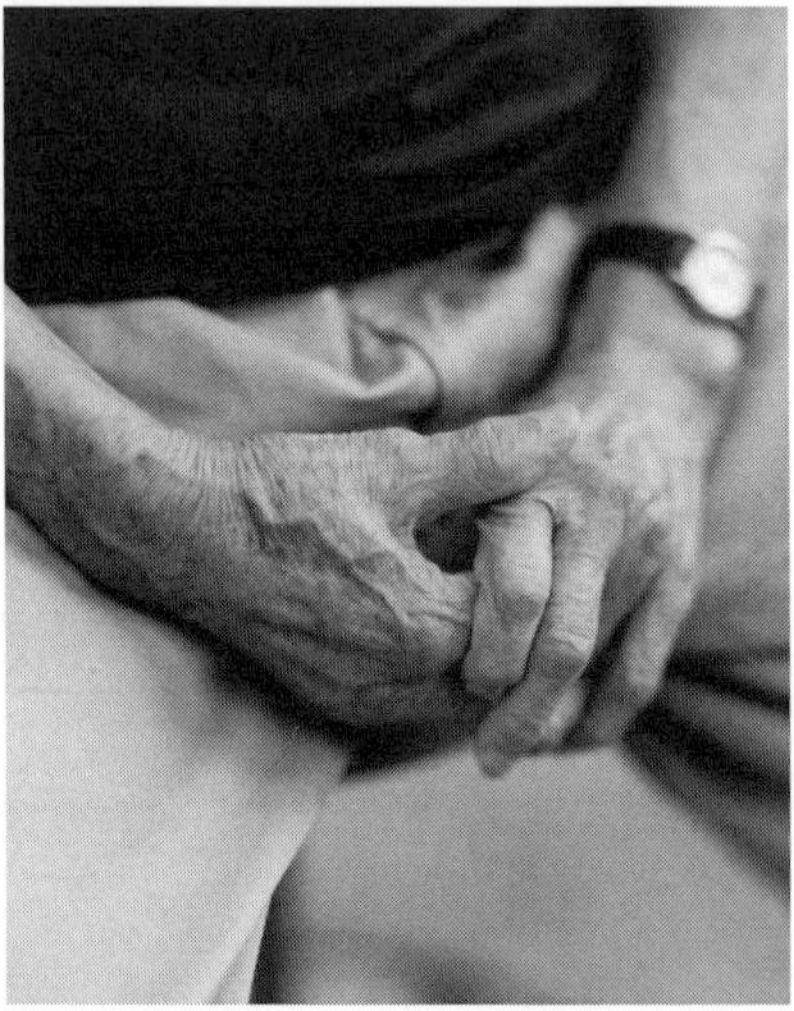

その手はまさに古木のようだった。
長い歳月の研鑽《けんさん》と苦悩を刻み込んだように
ゴツゴツとして逞《たくま》しく、
だが、私の手を包み込んでくれた
その掌《てのひら》は、あまりに柔らかく、深く、
慈愛に満ちていた。

が、それが私の偽らざる本心だった。

この人は、物事の本質を摑んだ人だ。その人は、その作品よりもなお、私の心を強く捉《とら》えて放さなかった。

心正しき、不屈の男

松山善三

（脚本家・映画監督　81歳）

松山善三（まつやま・ぜんぞう）一九二五（大正十四）年、兵庫県生まれ。岩手医専を中退後、職を転々、四八年、松竹大船撮影所入所。木下恵介監督の助監督となる。五五年、初のオリジナル脚本『美《うる》わしき歳月』が小林正樹監督によって映画化される。監督第一作は六一年、自身の原作・脚本による『名もなく貧しく美しく』。聾唖《ろうあ》者《しゃ》夫婦を主役に、台詞《せりふ》は全《すべ》て手話、画面に字幕を出すという画期的な手法は話題となり、数々の映画賞を受賞。以後、『六條ゆきやま紬《つむぎ》』『典子は、今』『虹《にじ》の橋』など。脚本は『恍惚《こうこつ》の人』『人間の証明』他、テレビ・舞台を含めると千作を超える。妻は女優の高峰秀子。

人は生涯のうちで、一体何人の人に出逢《であ》うことができるのだろう。

昭和四十五年、あるテレビCMが始まった。

「違いがわかる男の、ゴールドブレンド」。観《み》れば、壮年の男性が固い表情でコーヒーを飲んでいた。

「違いがわかる男の、ゴールドブレンド」。観《み》れば、松山善三氏である。「ふーん、この人、松山善三っていう人か」、高知の片田舎でそれを観ていた私は、中学二年生だった。

その時、まさかそのテレビの中の人を、三十年後に、「とうちゃん」と呼ぶようになるとは夢にも思わなかった。人生には、時として、夢にも思わないことが起きるものだ。

なぜ松山氏を心の父と仰ぐようになったかと言えば、それは、氏の妻・高峰秀子さんを母と慕うようになったからだ。氏は私にとって、言わば、『オリバー・ツイスト』のオリバーにおけるブラウンロー氏、あるいは『小公子』のセディにおけるドリンコート伯爵《はくしゃく》というのが近い。ブラウンロー氏の慈悲と高潔、ドリンコート伯爵の品格と気骨、そして何よりも氏に備わっている深い教導に似た姿勢による。

だが出逢った当初、私は氏が怖かった。何者をも寄せ付けぬ厳格さがあったからだ。強い信頼感を抱くようになったのは、氏に叱《しか》られた時からだ。母を癌《がん》で亡《な》くしたばか

りの私は、松山家のハワイの別荘で高峰さんにまとわりついて離れず、遂《つい》に、氏に一喝された。

「君には日本人の美徳である謙譲というものがないのか!」

私がシクシク泣き出したのを見て、氏は言った。「この歳《とし》で女を、いや女の子を泣かせちゃったじゃないか。僕はもう寝ます」。そして寝室に消えた。「とうちゃんはあんたをいいコだと思うから叱ったのよ。今晩はホテルに帰らないでうちに泊りなさい。でもマットレスは寝室に仕舞ってあって、とうちゃんを起こすと悪いから、シーツだけ敷いて……」、高峰さんが慰めてくれていると、寝たはずの松山氏が何かひきずってきた。大きなマットレスだった。

翌日、氏は日課のウォーキングに私を伴ってくれた。そしてアラモアナ公園を一周した後、「ここに座ろう」と、ビーチの白い砂に私を並んで座らせ、言った。「ジュディ・シカゴっていうアメリカの女流アーティストの詩にこんなのがあるんだよ。『女は待っている』という詩でね。『待っている。待っている。誰かが入ってくるのを待っている。誰かがつれにきてくれるのを待っている。胸がふくらむのを待っている。人生が始まるのを待っている……』」

青い海原を望みながら、氏は静かに諳《そら》んじた。私はぼんやりその横顔を見ながら、思った。道を踏み誤った少年や少女が更生していく時の気持ちはこんなふうなのかもしれない、と。

「高峰は君と長く付き合いたいと思ってるんだよ。なのに君はせっかく出た芽を自分でチョンチョン摘んでばかりいる。どうしてそんなことをするんだ。待っていればいいんだ。ただ静かに待っていればいいんだよ」

明らかにバランスを失っていた私の精神は、その時、松山氏によって救われたのだ。氏は人生の指針も与えてくれた。

「君は変っている。しかし君の文章には〝色〟がある。物書きになりなさい。物書きになれば多少変っていても許される」

そして私の文章をみてくれるようになった。

私は松山善三という人に接していると、人間の善なるものを信じられる気持ちになる。もっと言えば、己の傲慢《ごうまん》さやいい加減さがまざまざと鏡に映し出されるようで、下を向きたくなる。

ある時、こんなことがあった。松山家で夕飯を戴《いただ》いていた時だから、土曜日の夜七時頃だったと思う。傍の電話が鳴った。「いえ、結構です。うちはそういうことに興味がないので、申し訳ないけれど」、そう言って松山氏は受話器を置いた。金塊を買わないかというセールスの電話だった。「迷惑だね、食事時に」、私が言うと、氏は言った、「あの人達も大変だねぇ。人が夕飯を食べている時間もああやって働いているんだから」。私は呆《あき》れて、「だって仕事じゃない。イヤなら辞めればいいんだよ」。すると氏は悲しそうな顔で言った、「ひどい言い方をするなぁ」。私は自分が恥ずかしくなった。

こういう人はどんな育ち方をしたのだろう。

——いちばん影響を受けたと思える人は？

「やはり祖母でしょうね。僕の父親は絹織物の工場を経営してたんだけど、関東大震災で全壊してしまったんです。それで工場の再建を始めた時、二歳だった僕と四歳の姉は、千葉の佐原にいた母方の祖母に預けられたんです。忙しい時に小さいのは邪魔っけだったんだろうね」

松山氏は七人兄弟の次男で真ん中だ。長姉は幼い頃に病死、下には弟と妹二人がいる。

「姉は二年足らずで、工場の再建なった横浜の実家に帰ったけど、僕は佐原に残されたんです。その後、祖母が死ぬまで五年間、祖母と二人きりで暮らした。祖母に教えられたのは、挨拶《あいさつ》と礼儀。おはようございます、おやすみなさい、いただきます……。

そういう挨拶がきちんとできれば、まず人は間違ったことにはならないというのが祖母の考えだった。祖母には〝御詠歌仲間〟のお婆《ばあ》さんが五人いてね、僕が遊んで帰ってくると、必ず皆で御詠歌を唱えていた。そのお婆さん達がしっかり眼を光らせていたことも、今考えると僕には有難いことだったと思いますね。でも、五人の老婆《ろうば》に着物を剝《は》ぎ取られ、両手両足を押さえつけられておヘソにお灸《きゅう》を据えられた時は泣きましたねぇ。熱かったし、何より恥ずかしかった（笑）。五歳の時だけど」

善三少年が九歳の時、祖母が死んだ。そして〝幸せな生活〟は終わる。

「実家に戻った僕は、兄弟にとっては突然の闖入者《ちんにゅうしゃ》、言わばよそ者ですよ。だからいつも『貰《もら》われっ子』と言われて小突かれたり蹴《け》飛《と》ばされたりした。何しろ向こうは五人だから（笑）」

さらに父親に疎《うと》まれた。明治生まれの父親にとって大切なのは跡取りの長男だけ。長男は成績優秀、トップで神奈川県立三中に入り、悪いことにと言うべきか、弟も常に首席。善三少年は先生から「お兄さんを見なさい」ばかりか、「弟を見なさい」と言われ続けた。

「親の愛は平等だと言う人がいるけど、僕は違うと思う。僕には父親に愛された記憶がない。ある時、父のいる工場長室へ母の言伝《ことづて》を伝えに行って『お母さんがこう言いました』と言うと、いきなり殴られた。『洟《はな》をかめ！』って。僕が洟を垂らしてたんだね。父は気が小さいんですよ。だから工場の人達に体裁が悪かったんでしょう。僕も気が小さいからわかる、今になればね」

　私は松山氏が小学校一年生の頃の集合写真を見たことがある。皆が気張った顔をしている中、善三少年だけはニコニコしていた。いかにも虚弱そうに、しかしいかにも善良そうに。そんな小さな男の子が父親に殴られた時、どんな気持ちがしたか……。

――学校でも苛《いじ》められ、机の下に逃げ込んでいたとか。何が原因で苛められたんですか？

「何か理由もなくひっぱたかれた。いるよね、そういう子。苛められやすい子供」

　兄弟につまはじきにされ、学友に苛められ、そして父にも疎まれ……。だが松山氏はひねくれなかったどころか、時々、「この人には他人の悪意を悪意として認識するパーツがないのではないか」と訝《いぶか》しくなるほど、人を恨むことを知らず、悪口や攻撃とは無縁だ。幼い日から氏の心を支えてきたものは何だったのか――。

　答えは、高峰さんの著書『おいしい人間』（文春文庫）の中にある。結婚を決意した高峰さんが初めて氏の両親に対面した時の話だ。

〈松山善三とそっくりなお父さんのうしろでほほえんでいたお母さんが、はじめて口を開いた。長く患《わずら》っているリュウマチのために両手の指が曲がり、脚も不自由なので座ることができず木製の脇息《きょうそく》にチョコンと腰を乗せていた。脇息が格好の椅子《いす》にみえるほど小柄な女性《ひと》だった。

「折角、結婚なさるというのに、うちが貧乏なのでなにもしてあげられません。あなたに働いてもらうなんて、ほんとうにすみません。ごめんなさいね」

そう言ってお母さんは頭を下げた。

私は一瞬ポカンとした。お母さんの言葉をどう理解してよいか分からなかったからである。というより、その言葉をすんなりと受けつけられぬほど私の心がねじ曲がり、荒れ果てていたということだろう。

私の頭の中で、「働いてもらうなんて」という一言だけがぐるぐると廻った、そしてやがて、清冽《せいれつ》な谷川の水がうずまくようにしぶきをきらめかせて廻り続けた。長い女優生活の間、私は養母からただの一度も「仕事が辛《つら》いか？」「仕事をやめたいか？」などと聞かれたことがなかった。（略）

生まれてはじめて「優しい言葉」をかけられて、私の目に思わず涙がにじんだ。（略）私は「お姑《かあ》さん」の人柄を信じると共に、そのお姑さんに育てられた松山善三という男性を信じた。そしてそれは私自身の将来のしあわせを信じることでもあ

った〉

松山氏は述懐する。

「母だけが僕を庇《かば》ってくれたんです。だから僕は兄弟に苛められるといつも台所にいる母の所に逃げ込んだ。そして大根を刻んだり、すり鉢を押さえたり、手伝いをしてたんです」

この母は、氏の結婚後、わずか一年で逝《ゆ》く。

氏は県立三中から岩手医学専門学校（現・岩手医科大学）に進むが、化学記号が苦手で、とても進級できる見込みがないと自主退学。父は言った、「どこへでも行け。仕送りはせん」。キャバレーのボーイ、列車ボーイ……放浪の末、東京・神田の小さな出版社に入る。そこにいた一人の先輩が松山善三の運命を決めた。密《ひそ》かに脚本家を目指すその先輩は新設された松竹の脚本家養成所を受けたいのだが、一人で受けるのは心細いからと、無理やり松山青年を誘った。そして先輩が落ち、松山青年が合格した。

松山氏は中学四年の時、友達から一枚のブロマイドを貰っている。誰あろう、少女スターとして絶大な人気を博していた高峰秀子の写真だった。だが大人しい少年は、それをそっと教科書に挟んでいるだけで、ファンレターを書くでもなく、ただ遠くから憧《あこが》れていた。その時、まさかその憧れの人が自分の妻になろうとは、夢にも思わず。人生には、時として、夢にも思わないことが起きるものだ。

かくして青年はめでたく高峰さんと結ばれるのだが、私はその経緯を知り、初めて「運命」の存在を信じるようになった。映画界に入ろうなど毛ほども思っていなかった青年が、ふとしたきっかけで松竹に入り、書いた脚本が名匠・木下恵介に認められ、木下組の助監督となり、少年時代の〝ブロマイドの人〟と出逢い、結婚する。そんなこと、滅多にあるものではない。

私は、松山善三という人を心底尊敬しているが、中でも、並の男には決して成し得ない、見事だと思うことがある。それは氏が五十一年間、〝大女優・高峰秀子〟の夫であり続けていることだ。何を当たり前のことを、と言う人がいるとしたら、その人には人間がわかっていない。月給一万二千五百円の助監督が、映画一本百万円という当時で最高のギャラを取っていた大スターと結婚したのである。普通の男なら、たちまち劣等感で自暴自棄となり、終りである。

――失礼ですが、高峰さんに劣等感を抱いたことはないですか？

「ないですね。百メートル走に譬《たと》えるなら、僕がスタートした時、彼女はゴールしていた。そのぐらい開きがある。高峰は映画界の大先輩だもの。僕の妻であると同時に、先生ですよ。女性としても最高の人だと思うし。僕は高峰を好きというより、敬愛しているというのが正確だと思う。僕が劣等感を抱かずに済んだのは、高峰の努力だと思いますよ」

松山善三のオリジナル脚本による監督第一作『名もなく貧しく美しく』は、結婚六年目。聾唖者《ろうあしゃ》夫婦というハンデを背負った二人が互いに助け合い懸命に生きていく物語は、観《み》る者を滂沱《ぼうだ》の涙で濡《ぬ》らし、氏は毎日映画コンクール、ブルーリボン脚本賞など数多《あまた》の映画賞を獲得、妻の高峰秀子には毎日映画コンクール女優主演賞をもたらした。そしてサリドマイドで生まれつき両腕のない少女を描いて空前のヒットを遂げた『典子は、今』。当然のように、氏の監督作品や脚本には松山氏自身の心情がこめられている。それは、〝弱き者の中に棲《す》む強さ〟を見抜いた目ではないかと、私は思う。同情などという陳腐な目線ではない。弱き者への叱咤《しった》にも似た励まし。それは、松山氏の中にある、母から授けられた「清冽な谷川の水」ではないだろうか。

心無い人は言う、「松山善三は得をした。高峰秀子と結婚して」。私はそんな言葉を吐く人間を心から軽蔑《けいべつ》する。遂《つい》に最後まで女優という職業を好きになれなかった高峰秀子にとって、その両肩に重くのしかかる十数人の血縁を養うため、義務教育の機会さえ奪われ五歳の時からひたすら働き続けた歳月は、〝苦界〟とも言える月日ではなかったろうか。その苦界から彼女を救い出した人こそ、松山善三という男であり、彼女が求めてやまなかった〝安寧〟を与えてくれた人だった。

私は松山氏が高峰さんを叱《しか》るのを見たことがある。夫妻の親友だった中国人俳優が癌《がん》で死んだ話を高峰さんがした時、珍しく彼女が泣いた。その時、松山氏が厳しい声で言ったのだ、「やめなさい、秀さんッ。みっともない」。私は身体《からだ》が硬直した。だが高峰さんは、涙を拭《ふ》きながら幼子のように「はい」と頷《うなず》いた。その時、氏の目には慈愛の色があり、高峰さんには決して誰にも見せない微《かす》かな〝甘え〟があった。私は胸が一杯になった。この人達は、互いが父であり母であり、兄であり姉であり、弟であり妹であり、また息子であり娘でもある、そう思った。

「この人に見合う男にならねば」、その一心で腎臓《じんぞう》結核を患うほど勉強し、『乱れる』『人間の条件』『人間の証明』『恍惚《こうこつ》の人』……テレビ・舞台を含めて、実に千本を超える脚本を書いた男。そして妻に悲願の女優引退を果たさせた男。私が「あと原稿が二本もあって、締め切りが……」と吐けば、「そんなことは人に言うことじゃない。黙ってやるもんだ」、ピシャリと言い切れる男。そしてこんなことも言ってくれた。

「誰も自分を叩《たた》いてはくれないよ。自分のお尻《しり》を叩くのは、自分しかいないんだよ」

「我慢しなさい。我慢の先には必ず幸せがある」。

「君には日本人の美徳である謙譲というものがないのか！」

十年前、この人の叱責《しっせき》で私は救われた。

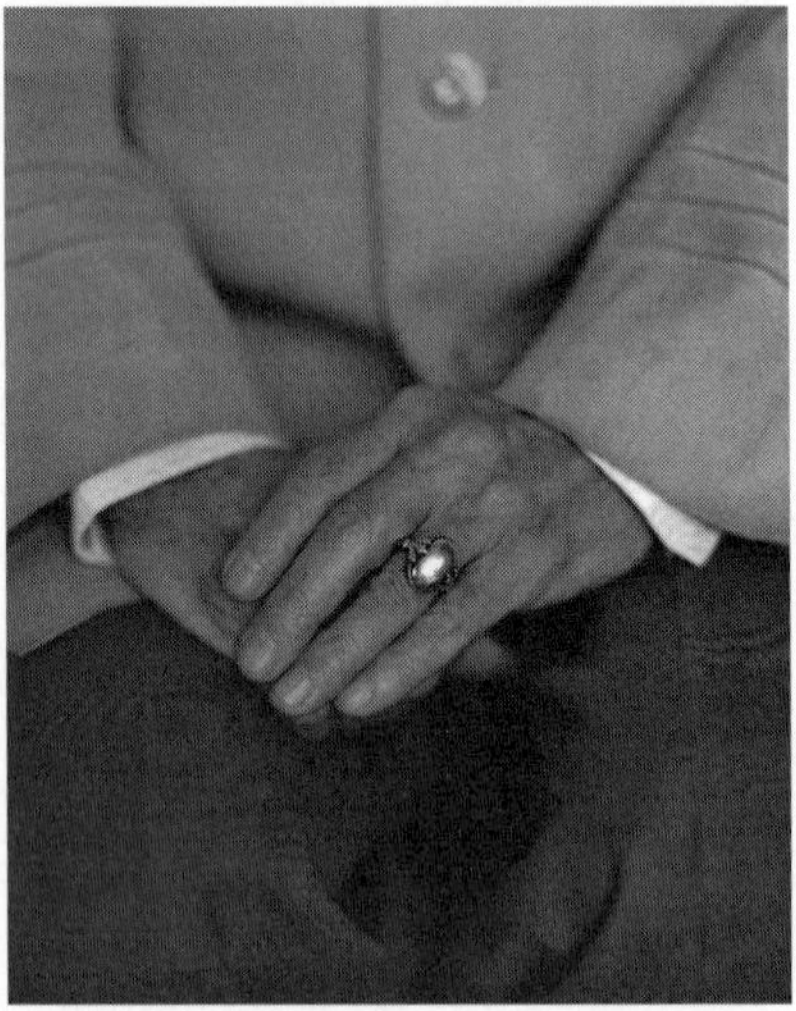

「今の社会は騒音に満ちている。
騒音は人間を破壊します」
松山家には一切、音がない。
その静謐《せいひつ》の中で高峰秀子さんと二人
規則正しい生活を送る松山氏。
その佇《たたず》まいは常に背筋が伸び、
氏の心を表すように
真っすぐである。

もし「得をした」と言うのなら、それは、松山善三という心正しき師を得た、私である。

――人生で大切にしている信条は何ですか？

「分を知る。それだけです」

松山善三、八十一歳（※二〇〇六年当時）。大女優・高峰秀子の誇りと心の安寧を守るため、今日も騎士の如《ごと》く世間の風に立ち向う不屈の男。こんな見事な男に、私は生涯、二度と出逢《であ》うことはないだろう。

二〇〇六年十二月、
私は〝生きる伝説〟に会った

王 貞治

（福岡ソフトバンクホークス
取締役会長 66歳）

王貞治（おう・さだはる）
一九四〇（昭和十五）年、東京生まれ。早実時代、投手としてセンバツで34イニング連続無失点を記録して優勝。五九年、巨人入団、一塁手に転向。荒川博コーチのもとで一本足打法をマスター。以後、シーズン55本塁打、十九年連続本塁打30本以上など数々の日本記録と、通算868本塁打の世界記録を樹立し、巨人九連覇の推進役を果たす。八〇年、現役引退。八四年より、巨人監督。九五年より、福岡ダイエー（現ソフトバンク）ホークス監督。九九年、二〇〇三年、同球団を日本一に導く。〇六年、WBCの日本代表監督として同チームを初王者に導く。第一回国民栄誉賞、台湾三等大綬景星勲章他。〇八年監督を勇退、〇九年、取締役会長に就任。

人は生まれる時代を選べない。たとえそれが戦火の境涯であれ、飽満の巷《ちまた》であれ、あらかじめ誰もそれを選ぶことはできず、ただ、長い歳月を生きたあと、改めて〝自分の時代〟が何だったか、確認するだけだ。そして改めてその時代を思う時、私達は必ず〝そこに誰を見てきたか〟に思い至り、それが無意識の中で自分という人間の大切な血となり肉となっていることに気づく。だが時代を共有するその〝誰か〟も、私達は決して自分では選ぶことができないのだ。だから、もしその中に偉大なヒーローがいたとすれば、それはあまりにも幸運な偶然であり、果報なのである。

私は、昭和三十一年、日本という国に生まれた偶然を、感謝している。まだ貧しさの残る時代だったが、少なくとも今よりは、正しいことが正しいとされ、悪《あ》しきことが悪しきこととしてみなされ、努力することを誰もが美しいと信じていた時代に子供時代を送れたことを、幸せだと思っている。

そこにはいつも〝王選手〟がいた。

毎日、宿題が終わると、白黒テレビの前に座って、彼の登場を待った。そして「四番、ファースト、王」というアナウンスに拍手し、彼がバッターボックスで右足を上げる姿を食い入るように見つめた。私は当然のようにホームランを期待し、彼はまた当然のように小さな白球を遥《はる》かスタンドの向こうに運んだ。

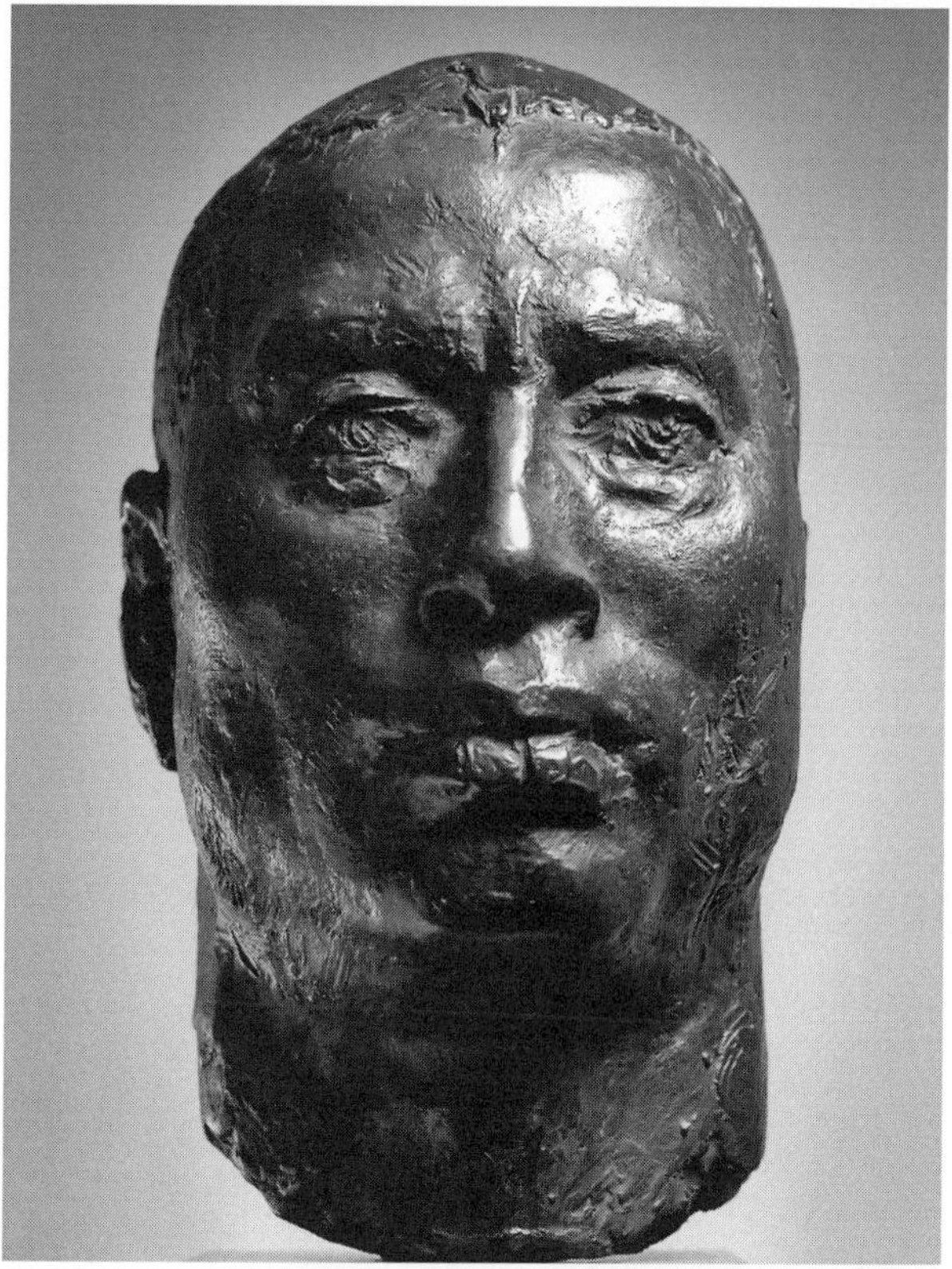

佐藤忠良・作「記録を作った男の顔」(宮城県美術館蔵) 強く荒々しい粘土のうねりに、王貞治の野球に打ち込む熱情と、その道の一流人のみが持つ孤独と苦悩が、見事に表現されている。まさに名人がヒーローを刻んだ、傑作。

あのホームラン。あの一本の放物線を、どれだけたくさんの子供が胸躍らせて見たことだろう。

〝王選手〟は、私達のヒーローだった。

彼がベーブ・ルースの714号ホームランに迫ろうとした頃、私は日々増えていくその数を数え、当時ヒットしていた『犬神家の一族』のロードショーを観《み》るため日比谷の映画館の前に友達と並んだ時さえ、小型ラジオのイヤホンを耳から放さなかった。ハンク・アーロンの755号に近づいた時は大学四年、教育実習生として郷里の母校に帰った。初日の歓迎会で飲めない酒を飲み、恩師にタクシーで家まで送ってもらいながら、それでも朦朧《もうろう》とした意識でカーラジオから流れてくる野球中継を聞いて、「打った、打った、王さんが打った」とうわ言のように言い、傍の恩師を呆《あき》れさせた。

これらは単なる、昭和三十年代に生まれた一人の女の子の想《おも》いに過ぎない。その向こうには、もっと大きな、さらに熱い想いを抱いて彼のプレーを見つめ続けた、何百万、何千万という時代の人々がいたのだ。

昭和五十五年十一月十六日、最後の試合も、ホームランだった。

二十四歳の高校教師になっていた私は、テレビの前で泣いた。そしてその日から、私は自分が年を取っていくにつれて、彼を〝王選手〟としてではなく、王貞治という一人の人間として捉《とら》えるようになるのだ。もう彼のホームランに拍手して日々を過ごしていればいい幸せな子供時代は終わり、社会人となって働き、多くの人間に接し、少しばかりの恋もして、自分という人間の身丈をイヤでも知るようになって初めて、つまり、一人の人間として生きてみて、初めて私は、王貞治という人が二十二年間の選手生活の中で成し遂げたものの、とてつもない大きさを感じるようになったのだ。

二十二年間の総試合数２８３１、年間平均１２８試合したことを頭に入れて、

・シーズン最多本塁打55本（一シーズン、ほぼ一日おきにホームランを打った）
・一試合最多本塁打４本（全打席ホームランと思っていい）
・通算最多打点２１７０点（二十二年間、ほぼ毎試合打点を上げた勘定）
・通算最多四球２３９０（ベーブ・ルースの記録２０６２を３００個以上上回る。いかに〝選球眼〟が良かったかの証明）
・シーズン30本塁打以上連続十九年（最初の三年間を除いて、毎年30本以上のホームランを打っている。引退する年も！）
・７試合連続本塁打（一週間、毎日休みなくホームランを打った）
・通算最多敬遠四球４２７（二十二年間、必ず週に一度は敬遠、つまりピッチャーが王選手を恐れて勝負を避けた）

この他、未《いま》だに日本球界で破られていない記録、つまり日本記録がなんと六十以上もある。

そして通算最多本塁打868本は、もちろん世界新記録。それも、二位のハンク・アーロンの755本に、実に100本以上水をあけて、ぶっちぎりの世界一位なのだ。

とても人間業とは思えない……。

だが、私が王貞治氏を「最後の日本人」の最たる人として尊敬するのは、この大記録もさることながら、むしろ、それを成し遂げている間の氏の〝姿勢〟にある。

派手なパフォーマンスをせず、世間を賑《にぎ》わせるような惹句《じゃっく》を吐かず、大記録を打ち立てた時も見ている私達には物足りないとさえ思える控えめな態度しかとらず、来る日も来る日も、ただ黙々と、まさに黙々とバットを振り続けた、その姿――。

そこに私は、究極の美徳を見る。


二〇〇六年暮れ、私は、その王貞治氏に会えることになった。

是非とも「最後の日本人」に出て頂きたいから手紙をしたためたのにもかかわらず、取材が決まった時、私はうろたえた。どうしよう、私は野球少年ではない、スポーツ記者でもない。言ってみれば、ただのファンだ。福岡に向かう飛行機の中でも「一体、私などが何を聞く……」、それぱかり思っていた。二十年この仕事をしている人間にはあるまじき心細さだった。

初めて見るヤフードーム（現ヤフオクドーム）は、まるでこれから会う人を象徴するかのように聳《そび》え立っていた。ビル風に吹かれながら、私は広場にあるブロンズの王氏の手と握手してみた。それで落ち着くはずもないのに。

関係者通用口から、長い廊下を案内されて、徐々に応接室が近づいてきた。あ、王さんの声がする。既に開けられたドアから、長身の姿がチラッと見えた。

王さんだ！

私の目の前に、あの〝王選手〟がいる。

「隣に座ったら？」。今回の取材を叶《かな》えてくれた元スポーツ記者の田中茂光氏が、私のファンぶりを知っていて、勧めてくれた。私はドキドキしながらその言葉に甘えた。

そして私は、いきなり「最後の日本人」に託す自分の思いと、いかに王氏がこのテーマに相応《ふさわ》しい人であるかということを、今思えば、恥ずかしいほど一気に喋《しゃべ》った。

「わざわざ福岡まで来てもらって」

王氏の第一声は、人柄そのものだった。

868本のホームランを生んだ
一本足打法。
この瞬間、王貞治という人の
肉体と精神が一点に集中し、
白球は遥《はる》かなる放物線となる。
その行方を何千万人が見つめたことか。
この勇姿を私達は永遠に忘れない。
(写真提供/共同通信社)

私などが何を聞く、そう思いながらも聞きたいことは山ほどあった。なかでも私は、氏の父・仕福氏のことを聞きたかった。

王氏の自伝『回想』（日本図書センター）にこんな一節がある。氏が引退発表記者会見を控えた昭和五十五年十一月二日、その朝、氏が新宿の実家にいる両親を訪ねたくだりだ。

〈「五時から引退発表をするんだ」というと、父は、「そうか」といっただけだった。しばらくして父はポツンといった。「お役に立ててよかったな」。私は「ウン」としか答えようがなかった。母はちょっと淋《さび》しげにいった。「わたしはもう一年やって欲しかったけど」。しかし、母もそれ以上はいわなかった。母には私の心がわかっているはずだった。

「お役に立つ」という言葉を父が私のことで他人に初めていったのは、昭和三十三年の十月、私の巨人軍への入団が決まった時、どっと押上《おしあげ》の家へ押し寄せてきたマスコミの皆さんへだった。

「先生、うちの息子はお役に立てるでしょうか」

父はマスコミの人々を〝先生〟という感じで受け止めていた。そしてその〝先生〟たちに父は、記者会見の間中、私がお役に立てるかどうか聞いて回っていたの

だ〉

父は貞治氏が幼い頃からいつも言っていたそうだ、「人に迷惑をかけるな。人のお役に立て」と。そして氏が巨人軍に入団して二十二年、毎日、テレビの前で一喜一憂しながら、ある時は「なんであのやさしい球が打てないんだ！」とテーブルを拳《こぶし》で叩《たた》き、またある時は「ようし、よくやった！」と心から喜んだ。その父が息子の引退の日にポツリと言った言葉、「お役に立ててよかったな」。貞治氏は〈これは私にとって、最高の言葉であり、何物にもかえがたい勲章だった〉と書いている。

——お父様の教えは、言葉にすれば簡単そうに聞こえますが、実行するのは非常に難しいと思います。今、こういうことを子供に教えられる親がどれだけいるだろうと。

「うちの親父《おやじ》の場合は、中国から先輩を頼って日本に来たわけです。要は中国ではもう生活が困難だったから、生きるためにこちらに来たわけですね。ですから、日本に受け入れてもらわなきゃいけないんだという気持ちがあったと、僕は思うんです。今思えば、親父、ちょっと考え過ぎじゃないかと思うくらい、日本の人というか、周りの人に良かれと思うことをしようと心がけていたんですね。例えばあの頃、うち（中華料理店「五十番」）はガスじゃないから、夜、店を閉める時には一旦《いったん》火を消しちゃうわけです。そんな時、常連さんが来ると、またラーメン一つのために火をおこすとか、親父はいつもそれを当たり前のようにしていました。とにかく自分が人のためにできることだったら無理をしてもやってあげなさい、逆に人に迷惑をかけるようなことは絶対にしてはいけない。僕ら兄弟はいつも親父にそう言われて育ちました。だから、僕ら兄弟は同じ年代の人以上に、そういうものが頭の中に強烈にインプットされた部分はありますよね」

さらに氏は、話を進めた。

「僕らの頃はまだ、自分にも良く、なおかつ人にもいいという生き方をしようというのがあったんですね。だから近所で商売をやっている人も、生活さえできれば、あとは人様に喜んでもらえることをしたいというようなね。今は生活できるどころか、凄《すご》いことができるぐらいお金を貯《た》めようという風潮があるから、品質も落ちてるし、作る側のマインドが落ちてますよね。商品やサービスに心が伴ってない。昔は全《すべ》て心がついて回ったと思うんです。昔の商売は必ず面と向かってましたから、直《じか》にお客さんに挨拶《あいさつ》もすれば、『ありがとうございます』も言う。ところが今は、人間の顔を見ないで買い物でも何でもできるでしょう。でもこれは日本だけの問題じゃなく、もともとアメリカにその傾向があって、日本に一番入ってきてほしくなかった部分が入ってきてしまったという感じがするんです。情報というのは、悪いものほど伝わりやすい。

いい情報も流れているけど、受け止める側が留めないというか。僕は、人の心を変えるような世の中の仕組みになってしまったことが大きいと思うんですよ。やっぱり戦争に負けたことが大きかったと思います。日本人はお金に目覚めちゃったという感じがありますよね、確かに」

父・仕福氏は明治三十四年、中国浙江省《せっこうしょう》の小さな村に生まれた。電気もなく医者もいない貧しい村だったため、仕福氏は、長男・鉄城氏を医師に、次男の貞治氏を電気技師にして、故郷で役に立つ人間にしたいと考えていた。長男はその願い通り医師となったが、次男は野球に秀《ひい》でていたため、父の願いは果たせず、その代わりもっと大きな夢を実現したのだ。仕福氏は中華料理店で修業中、富山県出身の登美さんと結婚、やがて自分の店を持つまでになるのだが、しかし、大正時代に日本に来た一人の中国人として、きっと数々のイヤな思いや辛《つら》い体験をしてきたはずだ。

『回想』にこんな記述がある。

〈戦後、中国人が日本人より有利に動けた一時期、目端の利《き》く人たちはこの機会を利用して大儲《おおもう》けをしたようだが、父はしなかった。いや、できなかったといっていい。父はそういう性格なのだ。この時期は中国人でも優越感を持てた時期だったのだが、父はどんな環境にあっても「人間はみな同じだ」といって、少しも生活態度を変えなかった。若い頃はずいぶん苛《いじ》められたらしいが、そんなことはオクビにも出さなかった。もし父が「ホラ見ろ、今までさんざん苛めやがって、バチが当ったんだ……」などと子供の前でいって戦前・戦中の恨みを晴らすような人間だったら、私もあるいは今とは違った人間に育っていたかも知れない〉

私はこのくだりに強い感銘を受けた。

「親父は絶対そういうことは言わなかったですね。よく覚えてるのは、僕が自分で税金を払うようになって、税務署の人と会うじゃないですか。するとその人が『昔、まだ戦後で食べ物がない頃、仕事でお店に行くと、お父さんが美味《おい》しいソバを作ってご馳走《ちそう》してくれたんです。それが今でも忘れられません』と僕に話してくれたことです。今ならおソバ一杯なんてどうってことないんでしょうけど、食糧難の時代ですからね。そんな話を聞くと、やっぱり子供として嬉《うれ》しかったですよ。親父はいいことをしたんだなと思って」

私は、王選手が756号ホームランを打った時、ナインの前で、両親に記念のフラワープレートを手渡した場面を思い出した。晴れがましい場所に明らかに戸惑っている年老いた父と母の、そのいかにも律儀《りちぎ》で誠実そうな姿が忘れられない。

「あれはね、僕、知らなかったんです。いや、二人がスタンドで観戦してることは知ってましたよ。でも、記念のプレートを渡すなんて全然聞いてなかったんです。それは両親も同じで。だから親父はまるっきり普段着だったでしょう（笑）。知ってたらネクタイしてきたと思うんだけど」

――お父様はやはり普段も、人の悪口だとか愚痴など一切言わない方でしたか？

「そうですね。僕が見ていた父は、頑丈な人で、戦後の買出しから店の仕事から、それこそ働いてばかりの人でした。だから趣味もなくて。お袋は時々酒をたしなんだり、子供を連れてショッピングとかいうのはやったけど、親父は『俺はいいよ』と言って、行かなかった。本当に何が楽しみで生きたのか。死ぬ時も、字が書けないでしょう、学校へ行ってないから、喉《のど》が悪くなって、言葉は喋れない、字が書けないから筆談もできないわけですよね。何でこんなに苦労してきた人が最後にきて苦しまなきゃいけないんだと、神様を恨みたくなりましたよ」

――でも、それでも、お兄様が立派なお医者様になった姿も、王さんが世界一になった姿もずっと見てこられたんだから、お父様は苦労された甲斐《かい》があったと……。

私はそんなことしか言えなかった。

「僕が野球界に入ったために親父はずいぶんしんどい思いをしたと思います。お袋に聞くと、テレビで試合を観《み》ながらヤキモキしてテーブルを叩いていたそうですから」

——人より高いレベルを要求される王選手だから、お父様は息子がそれに応《こた》えられない時に申し訳ないと思われたんでしょうね。

「そうですね。チームに迷惑をかけるとか、ファンの人に申し訳ないとかいうのはあったでしょうね」

そして氏の話は興味深い方向へ展開した。

「やっぱり当時の父親は本当に家族のことを考えてましたよ。そんな夫の考えを女性陣も受け入れてくれたし。でも今の社会の仕組みがそういう流れを少なくしてしまって、女性陣が受け入れなくなった。こんなことを言っちゃ悪いけど、女の人が世間のおいしいところを知っちゃったよね（笑）。ホテルなんかに行くと、奥さん達が旦那《だんな》さんよりいいランチを食べてるものね。旦那さんのほうが煙草《たばこ》代も含めて昼ご飯の予算を千円でやってる中で、奥さんは二千円も三千円もするランチを食べてる（笑）」

——全く同感です。日本の女は増長しています。女の私が言うのも変ですが。

「それはやっぱり〝知っちゃった〟んですよ、女性が。知った以上はね、今の野球選手がアメリカに行こうというのと一緒ですよ。アメリカだって、戦後、女性の社会進出が顕著になって、離婚率がものすごく上がったでしょう。だから日本はアメリカの後を追っかけてるんですよ。その代わり、アメリカの女性は旦那に皿洗いや後片付けを要求しますけどね」

——監督の場合は？

「うちの女房は僕にそういうことを求めなかったですけどね。だけど僕はラーメン屋の倅《せがれ》ですから、やればできるんですよ。うちの親父は『自分の食う物は自分で作れ』と。だから僕は中学ぐらいから、自分のラーメンは自分で作らされたんです」

——じゃ、茹《ゆ》でたラーメンの玉を柄の付いた網でザッザッと？　あれ難しいのに。

「できます、できます。それでチャーシューなんか自分用に厚く切っちゃって、メンマも多めに入れたりして（笑）」

——でも福岡で自炊はされないでしょう？

「やりますよ。ちなみに今日は、クロワッサン二つと、タンシチューの缶があったから、それを温めて半分くらい食べました」

同席していた田中氏が「タンシチュー、食べていいの？」。迂闊《うかつ》にも、そこで初めて、私は王氏が病気をされていたことを思い出した。それほどに王氏は元気で、病気のことなど私はすっかり忘れていたのだ。

「大丈夫。ゆっくり少しずつ食べるんです」

——でもまさか洗濯までは……？

「やりますよ。こっち（福岡）に来てからは食事も殆《ほとん》ど自分で作ってたし、洗濯だって、パジャマやタオルや下着は洗濯機でやればいいし。乾燥機で乾かした後、蓋《ふた》を開けて冷やしておくんです。それから畳んで」

――ちゃんと畳むんですか？

「畳みますよぉ（笑）」

私はすっかりただのファンに戻って、憧《あこが》れのヒーローの日常に聞き入っていた。

そうだ、大事なことを聞かなければ。

――ところで、ベーブ・ルースを抜き、ハンク・アーロンの記録を抜き、もはや競う相手が世界に誰もいなくなった時、つまり自分一人が未踏の空間に出てしまった後はどんな心境だったんでしょう？

「本当のことを言って、800本を超えてからは、生活のペースも野球以外の雑事が多くなりましたよね。それプラス、やっぱり打ち込む度合いというのが薄れてきました、確かに。記録は破られるためにあるから、抜くまではみんな一所懸命にやるわけですが、抜いてしまうと、張り合いのようなものが薄れるんです。だから僕は、756本打った後、868本までよく来たなと思いますよ、自分で。燃えるものが少なくなってきちゃうんですよね。それを確かに自分で感じながらやってました、最後のほうは。だから打ってもあまり嬉しくないし、打たなくても口惜《くや》しくない。僕の一番の原動力は、打てなかった時の口惜しさだったんですけどね」

――一番嬉しかった時は?

「何でしょうね……。やっぱり甲子園での優勝のほうが、プロでの成功云々《うんぬん》より嬉しかったですね、自分の価値観としては」

だが、貞治少年は国体出場を拒否された、国籍を理由に。早稲田実業高校時代、二年生の春のセンバツで投手として見事に優勝を飾り、夏には延長戦ノーヒットノーランという記録を達成しているにもかかわらず。

――こんなことを言ってはいけないかもしれませんが、私は、王さんが国民栄誉賞を受けた時、政府は国体の時のことを一言謝るべきだと思いました。

「でも僕はその時、国体のことなんか思い出しもしなかったですよ。あのね、面白いことがあるんです。僕がホームランをガンガン打っていた頃、大正製薬のリポビタンDのコマーシャルをやったんです。そしたら、当時の厚生省が『誇大広告だ』と。要するに、これを飲んでいると王のようにホームランを打てるというような表現になるから、王を使っちゃいけないと(笑)。で、結局、僕はそのコマーシャルをやめたんです」

ひどい話である。それにしても、たとえ当時の責任者ではないにしろ、国民栄誉賞を授与する時、「あの時は申し訳なかった。政府を代表してお詫《わ》びします」、そんな一言が言えるトップがいたら、日本の政治家も捨てたものではないと思うのだが……。

——逆に一番辛かったことは？

「僕は昭和四十六年に大スランプになって一年間打てなかったんです。打てていたものが打てなくなるというのは、これは辛かったですね。荒川（博）さんの指導を離れて自分一人でやったら、やっぱりガタッと落ちましたよ。でもそこを抜けたから、7試合連続ホームランとか三冠王というのに繫《つな》がった。その経験はすごく大きかったと思います。〝七転び八起き〟という言葉があるけども、本当に、転ばないと人は起き上がれないいんですよ。一旦《いったん》転ぶからこそ、前より高いステップにいける。転ぶことは必要なんだと僕は実感しました」

——一番尊敬する人は？

「やっぱり親父でしょうね。お袋さんは、本当は大事なんだけど、僕らの時代には存在しているのが当たり前みたいな感じでしたから。両親が結婚したのは昭和三年くらいで、顔もろくに見ないで結婚したみたいですよ（笑）。でも二人が喧嘩《けんか》したりなんて姿は一度も見たことないです。僕は浪花節《なにわぶし》じゃないけど、男は度胸、女は愛嬌《あいきょう》だと思ってるんです。やっぱり、男らしい、女らしいとか、〝らしい〟というのは大切だと思います。お互いが認め合って、お互いにない部分を補い合って一つになるというのがいいんじゃないかな」

——ご自分の性格を表現すると？

「不器用で、バカの一つ覚えかな。もうちょっと計算高く生きればいいのにねと思われてるんじゃないでしょうか（笑）」

王選手は毎年、契約も一発更改だった。

今なら、松坂やベッカムどころではない報酬を貰《もら》ってもいいのに、契約の時、自分から年俸を吊《つ》り上げることをしなかったのだ。

——人として一番大切にしているものは？

「誠実さですね。人はどうあれ、自分はここまで来たら変えられないし。でも生まれ変わったらわかりませんよ、不誠実かもしれない（笑）。僕はセルフィッシュな人生に魅力を感じている部分もあります」

一度聞いてみたいことがあった。

——最後に変な質問ですが、どんどん記録を塗り替えていた頃、例えば一人きりで部屋にいるような時に、ふと、「俺って、結構凄《すご》いな」と思ったことはありませんか？

「僕はそういうふうに思ったことはないですね。当事者は、自分が今やっていることだから、そんなに凄いとは感じないんですよ」

――チラッとでも？

「僕は逆に、有頂天になったら打てなくなるんじゃないか、神様に怒られるんじゃないかというのはありましたよ。今言われたような気持ちに僕がなってたら、当時、給料を倍もらってますよ（笑）」

別れ際《ぎわ》、握手してもらった氏の手は、意外に〝普通〟だった。この人は〝超人的〟だが超人ではない。当たり前の一人の人間が気力の限り努力し、「人の役に立てるように」という父の教えを実践したのだ。

私は、王貞治という人を見ていると、人間の限りない可能性を感じる。

こんな人、もう二度と現れない。

「S氏のこと」~あとがきにかえて

私の好きな映画に『十三人の刺客』がある。非道の限りを尽くす将軍の弟、明石五十五万石の藩主を暗殺すべく、老中より密命を受けた旗本・島田新左衛門《しんざえもん》が、頼む十二人とその大任を果たす物語。その中にこんな台詞《せりふ》がある。島田の甥《おい》が、加担を請《こ》いに来た侍に向かって、叔父を表する言葉だ。

「あの人はね、『困った、困った』と腹の底から思っているお人だ。そう思っていながら、顔で笑って引き受ける。誰にもできそうもないことを引き受けて、立派にやってのける。そいつがまた、叔父御のたまらないいいところだ」

何度も観《み》ているが、先日この場面にきて、ふと思った、「これはS氏のことだ」と。

私は二度失業した経験がある。一度目は、自分の短慮から高校教師を辞めた時。二度目はB社の写真誌で記者をした時。最初の失業は私自身の責任だが、二度目のそれは、単に〝間が悪かった〟だけだ。何しろ、廃刊が決まった日に私が初出社したのだから。

S氏は、私がそこへ奉職する際、窓口になった人である。

窓口になったのはたまたまであり、私の失業について氏に責めはない。だが編集部の人達が寄ると触ると「気の毒に」と慰めてくれたほど私の立場は哀れだったので、氏の人柄からして「何とかならないものか」と心を砕いてくれたのだろう。

電話をくれたのだ。「B社のSです。覚えてますか？　今度、僕は週刊誌に配属されたんですが、そこで働いてみる気持ちはありませんか？」。思いがけなかった。何の義理もない私に、しかも半年も経《た》って。

もしあの電話がなければ、私の週刊誌記者としての二十年はなく、現在の私もない。だがS氏の申し出を有難く受けたものの、私は編集者としてはズブの素人《しろうと》だった。「ちょっと椅子《いす》を持ってきて」、氏はデスク（編集長の次）である自分の席の横に私を座らせ、「今は何のことか全然わからないと思うけど、ただ見ててください」。そう言って赤ペンを取ると、原稿の句読点に「く」や、改行の箇所に「⌐」の印を手早く付けていった。「速いですねぇ」、私が驚嘆すると、「こんなことはすぐにできるようになります」と受け流して、「ホラ、この言葉は要らないね」と赤線で消して「トル」と書き、文章を詰めた。そして「文章を伸ばすのは簡単なことで、編集者は〝切る〟のが命なんだよね」と。そして私は、編集者にとって「イロハ」の「イ」、〝入稿〟という作業を知るのである。

写真のトリミングの仕方。締め切りまで間がない週刊誌に寄稿してくれそうな執筆者は誰か。夕方になると「今に誰かが『出前取りま〜す』って叫ぶから、好きな物を注文してね」と食事の心配。夜には編集部の大時計を指して「今ぐらいの時間になれば〝深夜帰宅〟としてタクシーを使っていいから。でも昼間はよほど荷物が重いとか雨がひどいとか、特別な場合以外は、できるだけタクシーは使わないようにね」等々。

何から何まで教えてくれた。

そして半年経ったある日、編集部の目立たぬ場所に私を呼んで、「局長が君を契約社員にしてあげたらって言ってるから、どうですか？　そうすれば少しだけど昇給もあるし」。

その二日後、氏が月刊誌へ異動することが発表された。

つまり、異動の内示を受けた氏は、自分が別の部署に移る前に、私の身分を定めておいてくれたのだ。私に編集者としての心得を全《すべ》て教え込んだ上で。

局長が私を契約社員にしてくれたと氏は言った。だがそんな偉い人が顔も知らない末端の私の待遇など心配してくれるだろうか。氏が私の名前を挙げない限り、あり得ない。

平成十八年にその週刊誌を辞めるまで二十年、私は氏が半年で教えてくれた知識と技術だけで、仕事をすることができた。

異動する日、氏は次のデスク、「B社にこの人あり」と謳《うた》われた、業界きっての〝文章読み〟F氏に、私を引き継いでくれた。「斎藤君です。まだ編集の専門知識は不十分だけど、談話をまとめさせたらとても巧《うま》いから。よろしく頼みます」。そして編集部を去り際《ぎわ》、サラリと私に、「デスクにはいちいち細かいことを聞かないようにね。そういうことは誰か周りの人を捕まえて聞きなさい」。それほど私は何でもかんでもS氏に聞いていた。原稿が一行オーバーしたと言えばS氏の席に走り、タイトルに迷えばS氏を探し……。

だがその後も、私は困ったことが起きると、別の部署にいる氏に内線電話した。ヒヨコがピヨピヨと親鳥を追いかけるように。

S氏は言ってみれば、「あいうえお」を教えてくれた小学校一年の担任の先生である。授業中にお漏らしをして席で泣いていると、「トイレに行きたくなったら手を挙げるんだよ。でもその前に、休み時間に済ませておきなさい」と、トイレまで連れていって場所を教えてくれた人である。

今日まで、私はS氏にどれほど相談事を持ちかけたか知れない。今さらおめおめと具体例を挙げるのは失礼なほど、その量は膨大だ。

私が尊敬する高峰秀子さんは作家・司馬遼太郎氏を「私達（夫妻）の救急車」と呼んだ。つまり「滅多なことでお出ましを請うてはいけないが、いてくださるだけで心丈夫」という存在だ。事実、長い親交の間、高峰さんのほうから司馬氏に声をかけたことは遂《つい》に一度もなかった。

だが私の〝S救急車〟はもの凄《すご》い出動回数で、よくぞエンジン・トラブルを起こさなかったものだと……私が言えた義理ではないが。

それでもS氏は、私が「近々お時間はありますか？」と電話やメール（このやり方も氏が教えてくれた）で打診すると、一度も「何の用？」と聞いたことがない。私の声の調子と文面の書き方から、その〝緊急性〟の度合いを察して、返信をくれた。そして私が無遠慮に投げかける小さなことから大きなことまで、ジャンルを問わず、万全の助言をくれた。「恩着せがましさ」など微塵《みじん》もなく。

しかし氏は「君の言う通り」と同調してくれたことも一度もない。それどころか「またそうやって一方的な情報を」「君はすぐに人のことを『いい人』だの『悪い人』だのって言うけど、そんなことどうでもいいんだよ。君に仕事をくれる人が〝いい人〟なんだ」等々。ある時など、同席した私の友人に「この人が僕を呼び出す時は、僕に諫《いさ》めてほしい時なんだよね」などと笑っている。実に心外である。

だがそこが「叔父御のたまらないいいところだ」。相手の気持を完璧《かんぺき》に理解するが、決して安直に同調しないところが。

Ｓ氏と出会って二十三年経った。

今でも私は親鳥の後を追っている。もはや始祖鳥の如《ごと》く歳《とし》も態度も巨大化した私に「ピヨピヨ」言われるのはさぞ迷惑なことだろう。

しかし、私の厚かましさは別として、これが〝幸せ〟ということじゃないかと、この頃思う。自分が〝最後の日本人〟と思える人に生涯でどれだけ逢《あ》えるかということが。

Ｓ氏の苦言が聞こえるようだ。

「いつもながら、君のその、好き嫌いを物事の判断基準にするのはいかがなものか……」

＊

〝最後の日本人〟として登場して下さった二十五名の方々、そして王貞治氏へのインタビューを実現して下さった田中茂光氏と兼岡昇平氏に、心より感謝申し上げます。

平成二十一年三月　斎藤明美

文庫版あとがき

身に余る仕事をさせてもらった。

何年かぶりに読んで、素直にそう感じた。

十年前、「最後の日本人」という私の発想に賛同して連載の機会を与えてくれた婦人画報誌の桜井氏、単行本化してくれた清流出版社の臼井《うすい》氏、そして何よりも、ここに登場してくださった二十五名の方々のお陰である。

殆《ほとん》どが、私が週刊誌の記者として何度か仕事をさせていただいた方ばかりだ。

山田太一氏に登場をお願いした時、氏は困ったように言った、「『最後の日本人』って……、すごいタイトルですねぇ。そう呼ばれるであろう方は何人か知っていますが、僕は違います」。「いえ、先生がどう思うかはどうでもいいんです。私がそう思うんだから、いいんです」、今思えばずいぶんと乱暴なことを言って、私は押し切った。

他の方々も、私の依頼に異口同音のことを言った。最後の「S氏」など徹底抗戦した。しかし遂《つい》には、どの方もその顔と声音が苦笑していた、「この人は言い出したらきかないからなぁ、しょうがないなぁ……」と。

緒形拳《おがたけん》さんは私の依頼状を読んだあと、思いがけず携帯に電話をくれた。

「斎藤は俺のこと、そう思ってくれてるわけ？」

「もちろんです」

「でもさぁ、俺、若すぎない？」

高峰秀子、双葉十三郎、吉行あぐりという高齢の方々に続く、連載第四回目に登場をお願いした時だった。

「そんなことありませんよ。緒形さんだってもうすぐ七十歳でしょう」

すると緒形さんが電話の向こうで、

「俺、まだ四十だよ、知らなかった？」

私は笑った。

言った緒形さんも笑っていた。

「嬉《うれ》しいよ。じゃ、またさ、二人で煙草《たばこ》、山のように吸いながらやろう」

その緒形拳はもういない。

大好きな人だった。

他にも亡《な》くなられた方がいる。

娘にしてもらえるなど夢にも思わなかった高峰秀子も、いない。

このあとがきを書くために改めて読み返しながら、何度も泣いた。

大事な場面でよく泣いてしまう私を、みっともない、見苦しい、自己憐憫《れんびん》、人が非難しているだろうことは知っている。

高峰の死の直後には、じかに嘲《あざけ》られた。「会って伝えなさい」と託されていた高峰のいわば遺言を伝えるためにその人に会った。

処理しなければならない松山家の雑事に忙殺されて、泣く余裕さえなく、やっと何カ月か後に息がつけた時だった。

この人なら高峰の死を一緒に泣いてくれる。

高峰から常々話を聞き、高峰と長い親交があった女性を私はそんな風に思っていた。

だが、その人は関西弁で言い放った、

「初めて会《お》うた人の前で泣くんやから、斎藤さんがどういう人かわかりましたわ」

私が愚かだった。

その人にとって高峰は大切な存在であっても、養女だからと言って私など「どこの馬の骨」だ。

私の涙を軽蔑《けいべつ》する人は、涙を蔑《さげす》むのではなく、私という人間を嫌悪《けんお》しているから、唾棄《だき》するのだ。

他の人間が泣いても、誹《そし》りはしない。そのぐらいの理屈がわからなかった自分を恥じた。

高峰との約束は果たした。それでいい。

だから、二十五人の方々について書いた文章を読んでいて泣いてしまった私は、やはり見苦しいのだろう。

でも仕方ないじゃないか、泣こうと思って泣くんじゃない。だいたい、くしゃみと涙はこらえるのが難しいんだ。それに、私はもともと見苦しい人間なんだからさぁ。もう直らない。出来の悪い人間が急に出来がよくなることは、ない。

指の間からこぼれ落ちていく砂の、もはやとめようもない勢いを、この連載を始めた時より痛く感じたから、泣いたのだ。私みたいな人間に、心から話をしてくれたこの二十五人の誠実が、十年前より一層身にしみたから泣いたのだ。

だがやはり、人は泣いてはいけないのかもしれない。

親が死のうと、どんな目に遭《あ》おうと、涙を見せぬのが、私が憧《あこが》れてやまない〝日本人の美徳〟なのか。

今回、文庫にしていただいて、さらに広く読者に読んでもらえると、私は喜んだ。

だが、まず読むべきは私自身だった。

なぜ「最後の日本人」を発想したのか、どんな心構えでこの二十五人と対峙《たいじ》したのか、何を考えながら一文一文書いていったのか。

十年前の自分と私は向き合うべきだった。

少なくともあの時の自分は、今より真っすぐだったのではないか。

誰よりもこの二十五人の言葉をかみしめるべきは、書いた私だったのだ。

泣きながら、ゾッとした。

今一度、登場してくださった二十五人の先達に、心からの敬意を捧げます。

平成二十五年六月　斎藤明美

◎撮影

操上和美（高峰秀子　p.13）

渞　忠之（吉行あぐり、双葉十三郎、緒形拳、石井好子、山田太一、中村小山三、安野光雅、伊東四朗、澤地久枝、佐藤忠男、サトウサンペイ、出久根達郎、鈴木史朗）

ZIGEN（永六輔、戸田奈津子、森英恵、岩谷時子、野村万作、天野祐吉、佐藤忠良、松山善三）

大野純一（山田洋次）

海田　悠（水木しげる）

秋元　茂（佐藤忠良・作　宮城県美術館蔵「記録をつくった男の顔」）

p.20,28は著者提供写真

この作品は二〇〇九年七月清流出版株式会社より刊行された。

斎藤明美著
高峰秀子の捨てられない荷物
高峰秀子を敬愛して「かあちゃん」と慕い、ついには養女となった著者が、本人への綿密な取材をもとに描く、唯一無二の感動的評伝。

高峰秀子著
わたしの渡世日記（上・下）
日本エッセイスト・クラブ賞受賞
昭和を代表する大女優には、華やかな銀幕世界の裏で肉親との壮絶な葛藤があった。文筆家・高峰秀子の代表作ともいうべき半生記。

高峰秀子著
にんげんのおへそ
撮影所の魑魅魍魎たちが持つ「おへそ」とは何か？　人生を味わい尽くす達人が鋭い人間観察眼で日常を切り取った珠玉のエッセイ集。

高峰秀子著
台所のオーケストラ
「食いしん坊」の名女優・高峰秀子が、知恵と工夫で生み出した美味しい簡単レシピ百二十九品と食と料理を題材にした絶品随筆百六編。

高峰秀子著
にんげん蚤の市
司馬遼太郎、三船敏郎、梅原龍三郎…。人生の名手・高峰秀子がとっときの人たちとの大切な思い出を絶妙の筆で綴る傑作エッセイ集。

山田太一著
異人たちとの夏
山本周五郎賞受賞
あの夏、たしかに私は出逢ったのだ。懐かしい父母との団欒、心安らぐ愛の暮らしに――。感動と戦慄の都会派ファンタジー長編。

水木しげる著
ほんまにオレはアホやろか
子供の頃はガキ大将で妖怪研究に夢中で、入試は失敗、学校は落第。そんな著者が「鬼太郎」を生むまでの、何だか元気が出てくる自伝。

澤地久枝著
琉球布紀行
琉球の布と作り手たちの生命の物語。沖縄に住んだ著者が、琉球の布に惹かれて訪ね歩いて知った、幾世代もの人生と多彩な布の魅力。

吉行淳之介著
原色の街・驟雨
芥川賞受賞
心の底まで娼婦になりきれない娼婦と、良家に育ちながら娼婦的な女――女の肉体と精神をみごとに捉えた「原色の街」等初期作品5編。

吉行淳之介著
娼婦の部屋・不意の出来事
新潮社文学賞受賞
一娼婦の運命の変遷と、〝私〟の境遇の変化を照応させつつ描いて代表作とされる「娼婦の部屋」。他に洗練された筆致の多彩な作品集。

吉行淳之介著
砂の上の植物群
常識を越えることによって獲得される人間の性の充足！　性全体の様態を豊かに描いて、現代人の孤独感と、生命の充実感をさぐる。

吉行淳之介著
夕暮まで
野間文芸賞受賞
自分の人生と〝処女〟の扱いに戸惑う22歳の杉子に対して、中年男の佐々の怖れと好奇心が揺れる。二人の奇妙な肉体関係を描き出す。

最《さい》後《ご》の日《に》本《ほん》人《じん》

新潮文庫　さ - 78 - 2

平成二十五年八月一日発行

著者　斎《さい》藤《とう》明《あけ》美《み》

発行者　佐藤隆信

発行所　株式会社新潮社

郵便番号　一六二―八七一一
東京都新宿区矢来町七一
電話　編集部(〇三)三二六六―五四四〇
　　　読者係(〇三)三二六六―五一一一
http://www.shinchosha.co.jp

価格はカバーに表示してあります。

乱丁・落丁本は、ご面倒ですが小社読者係宛ご送付ください。送料小社負担にてお取替えいたします。

印刷・株式会社光邦　製本・株式会社植木製本所

ISBN978-4-10-138682-9 C0195